A Library of Academics by PHD Supervisors

博士生导师学术文库

风险、危机与灾害

基于文化视角的解读

主　编　王郅强
副主编　尉馨元
　　　　彭　睿

中国书籍出版社
China Book Press

图书在版编目（CIP）数据

风险、危机与灾害：基于文化视角的解读／王郅强主编．—北京：中国书籍出版社，2020.4
　ISBN 978－7－5068－7792－3

　Ⅰ.①风… Ⅱ.①王… Ⅲ.①社会管理－风险管理－研究－中国 ②突发事件－公共管理－研究－中国 Ⅳ.①D63

中国版本图书馆CIP数据核字（2019）第293683号

风险、危机与灾害：基于文化视角的解读

王郅强　主编

责任编辑	水　木　李雯璐
责任印制	孙马飞　马　芝
封面设计	中联华文
出版发行	中国书籍出版社
地　　址	北京市丰台区三路居路97号（邮编：100073）
电　　话	（010）52257143（总编室）　　（010）52257140（发行部）
电子邮箱	eo@chinabp.com.cn
经　　销	全国新华书店
印　　刷	三河市华东印刷有限公司
开　　本	710毫米×1000毫米　1/16
字　　数	256千字
印　　张	18
版　　次	2020年4月第1版　2020年4月第1次印刷
书　　号	ISBN 978－7－5068－7792－3
定　　价	95.00元

版权所有　翻印必究

前　言

本书是华南理工大学地方风险治理研究中心在风险文化研究领域的重要成果。该中心是一个集科研、咨询和培训为一体的跨学科研究机构。中心的宗旨是紧密跟踪当前风险治理理论和实践的最新发展趋势，关注转型时期我国地方风险治理迫切需要解决的实际问题，力争尽快建设成为国内一流的、开放式的风险治理研究和教育平台，积极推动地方风险治理能力提升。

中心依托华南理工大学公共管理学院，整合国内外风险治理研究的相关学者，组成了一支高水平、跨学科的研究队伍。中心的主要研究领域包括风险治理相关前沿理论、风险治理体系构建、地方风险治理实践与发展的实证、中国传统危机文化和应急智慧、风险治理决策模拟与桌面推演、风险治理典型案例库和文献数据库等。在前期研究阶段，中心已经与有关政府部门和国内外有关机构建立了良好的合作关系和密切的联系渠道，为研究中心掌握大量第一手材料和进行实证研究奠定了良好的基础。下一步中心研究建设目标是：逐步发展成为华南地区风险治理研究的重要研究基地和重要智库。

中心主任由王郅强教授担任，特别邀请著名危机管理专家薛澜教授、吴江教授、彭宗超教授、吴克昌教授担任中心学术顾问。

本书收录的学术论文，主题均聚焦于文化视角下国内外风险、危机、灾害等领域的相关研究,作者来自清华大学、中国科学院、中国人民大学、吉林大学、华南理工大学、中央民族大学、空军航空大学、云南大学、河南理工大学等我国著名高校,作者的学科背景以公共管理学为主,涵盖政治学、社会学、人类学、科技政策、安全工程等多个领域,撰写与发表时间主要集中于2015年到2017年,绝大多数成果已经发表于国内重要期刊上。

在应急管理研究领域,"风险""危机""灾害"是三大核心概念。来自社会科学的"风险",指的是损失发生的可能性,它是引发危机、灾害的原因;"危机"是政治学与管理学的概念,它指代的是明确发生的损失与后果;而"灾害"则应用于工学领域,指的是各种自然、人为的重大不幸事件[1],在实务界也常用"突发事件"代替。因此,本书以文化为视角,围绕这三大核心概念,收集整合了当前国内学界优秀的研究成果,希冀借此能对我国应急管理领域的学术研究,乃至于我国应急管理实务部门的工作开展,予以一些帮助与启发。

本书分为四个部分:

第一部分为中国传统危机文化研究。该部分首先对中国传统危机文化中"底线思维"以及"天人感应"的历史内涵以现代价值予以思考,分析古代国家仪式中祭祀在传统危机管理中的价值,讨论应如何在传统中国文化中汲取风险治理智慧,厘清我国"风险""危机""灾害"的词源内涵,对《周易》中先民治理危机的全流程思想开展介绍,梳理我国起源于兵学的传统军事危机文化发展脉络,并且以中国传统文化中的危机预防为视角,对比了儒家、法家、道家、兵家各自的危机管理思想。

第二部分为国外风险文化研究。该部分首先对西方风险文化理论的

---

[1] 童星、张海波:《基于中国问题的灾害管理分析框架》,载《中国社会科学》,2010年第1期。

发展脉络进行梳理并提炼了社会学范式特征，分析了日本的各类灾难与日本文化及其民族特性之间的关系，比较与分析中日两国在建构地震灾害记忆空间过程中的差异、特点与原因，最后对突发事件事前和事后态度下的四种应急文化及典型代表国家开展介绍并探究原因。

第三部分为人类学视角下灾害文化研究。该部分主要基于人类学的学科视角，首先从西南少数民族的灾害神话为切入点，分析跨文化灾害认知异同及对当代社会的功能，探索了干旱灾害这一文化现象下不同地区、文化背景的应对方式，并以云南少数民族文化为代表，探讨民族传统知识的防灾减灾价值所在，最后以羌族民间故事为文本，从灾害人类学视角来揭示地震灾害的文化内涵。

第四部分为我国当代风险文化研究。该部分首先以现代性的结构变异为视角，认为走出风险社会的结构困境，建构合理的风险文化不失为一条重要路径，并从我国传统危机文化的六个方面，提出对构建现代危机管理体系的启示、借鉴与重构，最后在介绍国外应急文化发展经验与内涵的基础上，提出我国社区应急文化体系建设的框架。

本书是2016年度教育部重大攻关项目"我国社会治理体系构建及其运行机制研究"（项目编号：16JZD026）、2015年度国家社科基金重点项目"中国传统危机文化及其现代价值研究"（项目编号：15AZZ002）阶段性成果。本书在汇编过程中，得益于许多专家、学者的大力支持与宝贵指导，使本书顺利汇编完成，在此诚挚地向各位表示感谢！由于时间有限，本书尚有一定的缺陷与不足，在此恳请学界同仁、实务工作者以及读者朋友们不吝指教。愿能与各位协力推动我国风险文化研究与实践的进步。

王郅强
2019年6月·广州

目 录

第一部分 中国传统危机文化研究 ········· 1

"底线思维":历史寻根与现代价值 2 （王郅强 尉馨元）

一、求稳:"底线思维"的内在心理需求 3

二、忧患:"底线思维"的意识前提 6

三、务实:"底线思维"的动力来源 9

四、预防:"底线思维"的行为导向 12

五、禁忌:"底线思维"的文化前身 14

六、"底线思维"对社会发展的现代价值 16

中国传统危机的释因逻辑、行为塑造与文化特征

——以"天人感应"思想为分析视角 20 （王郅强 尉馨元）

一、"天人感应"思想的内涵及与传统危机之间的关系 21

二、"天人感应"思想对中国传统危机的释因逻辑 25

三、"天人感应"思想对中国传统危机应对的行为塑造 32

四、"天人感应"思想影响下中国传统危机的文化特征 37

五、结语 40

古代国家仪式在传统危机管理中的作用
——以祭祀为研究对象 42　　　　　　　　　　　（王郅强　尉馨元）
一、祭祀的起源和存在形式 43
二、祭祀在自然灾害危机管理中的作用 44
三、祭祀在社会性危机管理中的作用 49
四、祭祀仪式对现代危机治理的启示 55

在传统中汲取风险治理智慧 57　　　　　　　　　　（王郅强　尉馨元）

风险、危机、灾害的语义溯源
——兼论中国古代链式风险治理流程思路 59　　　（刘宝霞　彭宗超）
一、风险、危机与灾害概念的产生 60
二、有关概念的相互关系 68
三、先秦风险治理策略举隅 70
四、先秦风险治理的基本原则 74
五、小结 76

《周易》危机管理全流程思想初探 78　　　　　　　　（刘宝霞）
一、《周易》简介 80
二、阴阳与危机管理 82
三、卦爻辞与危机管理 85
四、爻辞分布与危机管理 87
五、小结 89

中国传统军事危机文化的发展脉络、成因及特点 92　（张扬　汤中彬）
一、中国传统军事危机文化的发展脉络 93
二、中国传统军事危机文化的成因 96

三、中国传统军事危机文化的特点 99
结论 102

中国传统文化中的危机管理思想 105 （刘刚 雷云）
　　一、引言 105
　　二、儒家"生于忧患"思想与危机管理 108
　　三、法家"奉法则强"思想与危机管理 111
　　四、道家"道法自然"思想与危机管理 115
　　五、兵家"全胜"思想与危机管理 118
　　六、结论 121

第二部分　国外风险文化研究 …………………… 123

西方风险文化理论：脉络、范式与评述 124 （王郅强 彭睿）
　　一、西方风险文化理论的萌芽与形成 125
　　二、风险文化理论的拓展与延伸 131
　　三、西方风险文化理论的范式整合 138
　　四、对西方风险文化理论的评述 140

西方脉络与中国图景：风险文化理论及其本土调适 143
　　　　　　　　　　　　　　　　　　　　（张广利 王伯承）
　　一、从"实在风险"到"风险感知"：风险文化理论的滥觞 144
　　二、理性重塑与信任建构：风险文化理论的价值 148
　　三、从西方理论到东方经验：风险文化理论的局限 151
　　四、传统复兴与本土调适：风险文化理论的新生 154
　　五、小结 158

灾害文化的中日比较——以地震灾害记忆空间构建为例 160 （王晓葵）

导言 160

一、作为综合防灾策略一环的灾害记忆 164

二、灾害记忆的资料收集和公开 167

三、灾害记忆空间的构建 170

四、灾害记忆的建构与政治文化 172

五、日本的灾害记忆空间 174

结语 176

第三部分 人类学视角下灾害文化研究 ······ 179

灾害场景的解释逻辑、神话与文化记忆 180 （李永祥）

一、灾害场景、神话传说与文化记忆 180

二、灾害神话类型与历史记忆内容 183

三、灾害神话、历史记忆与场景解释 187

干旱灾害的西方人类学研究述评 190 （李永祥）

一、引言 190

二、干旱灾害及其后果的人类学界定 192

三、不同地区、不同文化背景的干旱灾害应对方式 198

四、干旱灾害的人类学解释框架与方法论 203

五、小结 209

民族传统知识与防灾减灾
——云南少数民族文化中的防灾减灾功能探讨 211 （李永祥）

一、传统知识的防灾减灾研究背景 211

二、民族建筑知识与防灾减灾 214

三、地质地貌等环境知识与防灾减灾 216

四、民族生态知识与防灾减灾 219

五、民族宗教知识与防灾减灾　221
　　六、小结　223

地震灾害与文化生成
　　——灾害人类学视角下的羌族民间故事文本解读　224　　（张曦）
　　一、人文学科的灾害研究　225
　　二、地震灾害与羌族民间传说　229
　　三、文化的生成与弱者的武器　232
　　四、余论　235

第四部分　我国当代风险文化研究　237

风险社会的结构性困境与风险文化的建构
　　——一种拓宽当代风险社会理论的视角　238　　（刘岩　宋爽）
　　一、两种现代性的冲突与结构变异　239
　　二、风险社会的结构性特征　240
　　三、结构性风险与社会风险控制的结构依赖　241
　　四、走出风险社会结构性困境的风险文化建构　243

基于传统危机文化的现代危机管理体系之
　　构建　246　　（汤中彬　张扬　吕兴江）
　　一、传统危机文化的起源及观点　247
　　二、传统危机文化对现代危机管理的启示　252
　　三、现代危机管理体系的传统借鉴与重构　254
　　四、总结　259

城市社区应急文化体系构建研究　261　　（张华文　陈国华　颜伟文）
　　引言　261

一、国外应急文化发展经验　262

二、应急文化的基本内涵及特点　263

三、社区应急文化体系塑造策略　266

四、结束语　271

> # 第一部分
中国传统危机文化研究

"底线思维"：历史寻根与现代价值[①]

王郅强[②] 尉馨元[③]

习近平总书记在2012年底中央经济工作会议上的讲话中指出："要善于运用底线思维的方法，凡事从坏处准备，努力争取最好的结果，做到有备无患、遇事不慌，牢牢把握主动权。""底线思维"一经提出便成为实务界和学术界关注的热点词汇，在全社会引起广泛共鸣。如何理解"底线思维"的实质内涵，如何运用"底线思维"这一科学的思维方法，成为当下重要的时代课题。任何一种新观念的提出，都不是无源之水、无本之木，"底线思维"的形成也不是"断层式"的突发奇想，而是孕育在丰富的历史文化之中的。本文以"内在的心理需求—潜在的意识认知—外在的行为表现"为线索对"底线思维"进行深入剖析。首先探究了"底线思维"根植于中国几千年的农耕文明之中而隐含的求稳图安的内在心理需求；然后分析了基于求稳心理

---

① 原刊于《马克思主义与现实》2016年版第3期。2015年度国家社科基金重点项目"中国传统危机文化及其现代价值研究"（项目编号：15AZZ002）阶段性成果。
② 王郅强，华南理工大学公共管理学院教授、博士生导师，华南理工大学地方风险治理研究中心主任，清华大学中国应急管理研究基地兼职研究员。
③ 尉馨元，现为华南理工大学公共管理学院助理研究员、博士后。

而产生的忧患意识，即"底线思维"的意识认知前提；进而探究了将忧患意识转化为预防行为的动力来源，即务实自强。基于以上分析发现"底线思维"的内在逻辑与传统禁忌文化不谋而合，可以说禁忌文化是"底线思维"的文化前身，"底线思维"是禁忌文化的现代性超越。文章最后回归现实，讨论了"底线思维"的现代价值意蕴。总之，"底线思维"是对传统文化诸多方面的高度凝练，体现了社会的智力、智慧和智能水平。

一、求稳："底线思维"的内在心理需求

农耕文明，或者以农业为主的生活方式是原始人对自然环境的适应和选择的结果。黄河、长江流域作为中华文化的主要发源地，气温适中，雨量充沛，适合于农耕产业的发展，所以中国自古就是以农耕为主的农业国家，农业也一直被看作治国安邦的"本业"。人们为了适应生产和发展的需要创造了多样性的农业生产方式和丰富博大的农耕文化，可以说在中国的传统文化中，无论是物质还是精神方面，都是以建立在农业生产基础上的农耕文明为主导的。农耕文明自身就是安稳的，钱穆先生在《中国文化史导论》[①] 一书中根据自然环境之别将人类文化分为三类：游牧文化、商业文化和农耕文化。在比较三者的区别时将农耕文化的特点概括为：安、足、静、定。认为农耕经济自给自足，无事外求，相对于游牧生活的流动变迁，务农者更加追求安定、稳固。务农者的生活状态影响着其心理对外界的感知，最终产生了静定的、保守的、安足的传统民族心理。

因农业对土地的依赖而形成的安土重迁的乡土性是求稳心理形成的物质成因。中国人历来与土地亲近，传统小农经济自给自足的生产方式使得土地的重要性不言而喻，土地是中国人安身立命的根本。农民种地谋生，也就被

---

① 钱穆：《中国文化史导论·弁言》，商务印书馆1998年版。

束缚于土地上，土地的非流动性限制了农耕者的流动性，进而形成了古代社会人与人之间稳定的社会关系。这种基于土地所形成的家庭关系、宗族关系、乡邻关系，造就了"'生于斯，长于斯，老于斯'的稳定的乡土社会和安土重迁的乡土观念"[①]。费孝通先生在《乡土中国》一书中指出"中国的社会是乡土性的"，而"乡土社会是安土重迁的"。[②] 黎民的本性是安土重迁的，骨肉之间相附相依满足了人们的情感需求，"安土重迁，黎民之性；骨肉相附，人情所愿也"[③]。安土重迁的乡土观念是中国传统求稳心理的直接体现，在其作用和影响下，国人逐渐形成了求稳图安的传统民族心理。

　　基于乡土社会的稳定性而形成的宗族制度是求稳心理形成的精神成因。传统的乡土社会基本上是一个人口相对稳定的封闭区域，人们聚群而居，经过对长期相对安稳的生活实践的不断探索和总结，逐渐形成了稳定的宗族制度。宗族是一种由父系亲属组成，族人之间大都相互有血缘关系，祭祀共同的父系祖先，彼此相亲相爱、互通有无，并受共同的族规族训约束，长幼尊卑有序的家族聚居组织。"宗者，尊也。为先祖主者；宗人之所尊也……古者所以必有宗何也？所以长和睦也。大宗能率小宗，小宗能率群弟，通其有无，所以纪理族人者也。……族者，凑也，聚也。谓恩爱相流凑也，上凑高祖，下凑玄孙。一家有吉，百家聚之，合而为亲，生相亲爱，死相哀痛，有会聚之道，故为之族。"[④] 宗族制度之所以长久稳定地存续，一是因为宗族满足了人们生活上的需要。宗族可以为农耕者及其家族提供包括养老保障、教育保障、贫困救助、灾荒救助甚至于住房救助等各个方面的宗族保障。而且宗族实施内部救济，许多族训都明确要求"有患难则相救恤，有疾病则相

[①] 田欣、赵建坤：《安土重迁观念的产生及其变化》，载《河北师范大学学报（哲学社会科学版）》，2005年第3期。
[②] 费孝通：《乡土中国·生育制度》，北京大学出版社1998年版，第6、50页。
[③] 《汉书·元帝纪》。
[④] 班固：《白虎通义》。

扶持"①，通过族产对贫困、耄老、幼小、残疾等的族人进行必要的帮助，以此来发挥其制度的优越性。"以周族之贫者，老废疾者，幼不能生者，长不能嫁者，粜其余谷，为钱若干缗，以佐族之女长不能嫁者，鳏不能娶妻者，学无养者，丧不能葬者，而又凶馑袳礼于斯，延师养子弟于斯，旌节劝孝宾兴于斯，察奸罚不肖寓焉，合食亲亲厚族寓焉。"② 二是因为宗族满足了人们精神上的需要。宗族通过族训来约束人们的行为，通过祭祀共同的先祖来统一人们的信仰，通过密切的人际关系来增强族人相互之间的联络，满足了族人精神上的认同感和归属感。这样一种制度的存在，不仅维持了族人的生活秩序，而且通过对族人的行为和心理的双重约束，使得族人追稳求安的意识更加强烈。

统治阶级采取的重农抑商及户籍管理制度等是求稳心理形成的制度成因。国人求稳的民族心理的形成离不开统治阶级的制度安排下的约束。小农经济自给自足、安定保守、不喜变动的特点正是封建统治者所要求的，历代王朝进行了一系列以保障农业生产、稳定小农经济从而稳定国家基层社会秩序的制度安排，如重农抑商政策、户籍管理制度等。中国的重农抑商思想始于战国时期，由秦国最先建立起制度体系，并在秦汉时期进一步强化成形，在后代的演进中又不断自我强化一直延续到清末，"农为天下之本务，而工贾皆其末也。市肆中多一工作之人，即田亩之中少一耕稼之人……唯在平日留心劝导，使民知本业为贵"③，最终成为整个中国封建社会最重要的经济制度之一。重农抑商是统治阶级为了维护其统治地位而极力推行的经济制度，除了农业可以为其统治活动提供财力、物力资源外，推行重农抑商制度还可以将人口绑定在土地上，限制人口的流动，避免大批流民的存在而导致社会动乱。为了让农民安于农业生产生活，统治阶级采取诸如休养生息、减

---

① （嘉靖）《休宁西门汪氏族谱·遗墨》，[日]多贺秋五郎《宗谱の研究·资料篇》，东京，东洋文库，第602页。
② 王日根：《明清民间社会的秩序》，岳麓书社2003年版，第63页。
③ 《清世宗实录》卷五十七。

免赋税徭役、抑制土地兼并等多种措施来保障农事的顺利进行，同时还限制商人的各种权利，甚至提倡"士之子恒为士""农之子恒为农""工之子恒为工""商之子恒为商"① 的稳定代继，以防止社会变动的发生。户籍管理制度是统治阶级控制人口流动的另一种制度设计。中国的户籍管理制度也始于战国时期的秦国，由商鞅创立推行，通过县下设乡，乡间"民为什伍""什伍连坐"，形成完整的户籍管理制度。户籍编制的目的是"使民无得擅徙"②，历朝历代都沿用了户籍制度来对臣民进行管理以控制人口随意流动。通过统治阶级一系列的制度设置，国人的求稳心理被外力进一步强化定型，延续千年。

以上这些基于农耕文化而形成的物质、精神以及制度等的多重影响，对国人追求安稳、不喜动乱心理的形成具有非常重要的作用。农业安稳的生产方式营造了安定的生活环境，形成了农人静定的生活方式，从而内化成追稳求安的传统民族心理，而这种求稳的民族心理也促使人们为了维持安稳而进行各种思考和尝试，影响着国人的思维方式和价值选择。"底线思维"便是在内在求稳心理的作用下形成的，其潜在心理需求就是底线安全感，在"保底"的前提下开展其他活动，避免破坏"最基本安稳"状态的情况发生。

二、忧患："底线思维"的意识前提

忧患意识指由于对国家民族命运或个人前途成败的深切关注而产生的紧迫感和危机感，是"中国传统文化与伦理道德所倡导的一种高度自觉的主体意识，一种时刻自我警惕、自我提升、以天下为忧的精神，一种深厚的社会责任感和历史使命感"③。忧患意识一直是中国传统文化极为重要的价值观

---

① 《国语·齐语》。
② 《商君书·垦令》。
③ 徐复观：《中国人性论史》，华东师范大学出版社 2005 年，第 34 页。

念,于"底线思维"对底线安稳的担忧有重要的意识导向作用。

中国传统的忧患意识由来已久,在殷周之际,中国哲人就已产生忧患意识,表现为对人生和宇宙命运的关怀。"忧患意识是中国古代思想家开始思索天人关系的产物,它直接萌发于殷亡周兴的现实政治剧变。"① 在天人关系的内在逻辑中,帝王的地位和权力由天神赋予,受天命而统治人间。如果帝王的统治不当,其天命便会被收回而另赋可托之人。殷亡周兴,周初统治阶级总结夏商两朝的兴衰更替认识到"天命不常与",所以从掌权之初便对政权安稳怀有深深的忧虑。先秦时期忧患意识逐渐发展成熟,面对着剧烈变动的社会现实、变幻无常的人生世态,诸子百家的代表人物都怀有不同的程度的危机感与责任感,形成了各具特色的忧患意识。如儒家孔子对"道"的忧患,认为"君子忧道不忧贫"②;孟子对执政的忧患,认为"生于忧患而死于安乐"③;法家韩非子对君臣关系的忧患,认为"人主之患在莫之应,故曰'一手独拍,虽疾无声'……人臣之忧在不得一"④;道家老子的"忧而无为",认为"大道废,有仁义;慧智出,有大伪"⑤ 等,都是传统忧患意识的凝练精华。

强烈的忧患意识是一个民族赖以生存和发展的重要因素,体现着勇于担当忧患的悲悯情怀和崇高的社会历史责任感。中国传统的忧患意识首先表现为居安思危,即安稳时不忘忧患,盛世中不忘动乱。《系辞传》中有论述曰:"危者,安其位者也;亡者,保其存者也;乱者,有其治者也。是故君子安而不忘危,存而不忘亡,治而不忘乱,是以身安而国可保也。"⑥ 安危、存亡、治乱是相互依存、相互转化的,告诫人们对自己的处境和现状要时刻抱

---

① 夏乃儒:《中国古代"忧患意识"的产生与发展》,《上海师范大学学报》1989 年第 3 期。
② 《论语·卫灵公》。
③ 《孟子·告子下》。
④ 《韩非子·功名第二十八》。
⑤ 《道德经》。
⑥ 宋祚胤:《周易》,长沙:岳麓书社 2000 年版,第 309 页。

有警惕忧患之心，只有这样才可以安身守国。因为"利端始萌，害渐亦芽"①，当事物的福端开始发展的时候，它的祸兆也就开始发生，所以顺境中也要时刻警惕，避免乐极生悲，故"君子得意而忧，逢喜而惧"②。其次，"思危"不仅仅表现在对"患"的担忧，而是积极探寻产生忧患的原因及解决忧患的途径。"若能思其所以危，则安矣；思其所以乱，则治矣；思其所以亡，则存矣。"③ 再者，只有平时保有深深的忧患意识才能在真正出现"患"的时候无所惧怕，所以君子应"虽知今日无事，亦须思其终始"④，始终保持强烈的忧患意识。"古之圣人无事则深忧，有事则不惧。夫无事而深忧者，所以为有事之不惧也。"⑤ 还有最重要一点，解除"患"的最佳时机是在祸患还没有成形之前将其扼杀于摇篮中，所以要"防患于未然，除祸于未形。制治于未乱，保邦于未危"⑥。

"底线思维"是一种后顾性的思维方式，着眼于负面的影响因素，在认真分析现实情况和自身能接受的最坏结果的基础上确立底线，并时刻以底线为警戒，不放松，不懈怠，不偷片刻之安。"忧患"是"底线思维"的意识前提，在这种意识的作用下，产生了对底线安稳的深深忧虑。因为这种忧虑而产生的不安全感使人们可以时刻保持警惕，思考并努力做出超前的防范，着眼全局，居安思危，防微杜渐，采取积极的措施守住底线以避免任何可能影响底线安稳的势态发生。

---

① 汉·蔡邕《释诲》。
② 明·吕坤《呻吟语》卷一《礼集》。
③ 陈荣：《应急管理史鉴》（上），浙江人民出版社2012年版，第159页。
④ 唐·吴兢《贞观政要·慎终》。
⑤ 陈荣：《应急管理史鉴》（上），浙江人民出版社2012年版，第138页。
⑥ 《尚书·周官》。

三、务实:"底线思维"的动力来源

随着实践活动的开展,人类对自然和社会运行规律有了基本的了解,对自身的能动性也有了进一步的认知,自我意识不断提升,越来越"重实际而黜玄想"①,注重现实、崇尚实干,从实际出发,实事求是,务实性增强。关于人的主观能动性的认知是一个由破到立的过程,破除了对幻想出来的自然神力的盲目崇拜和过度信仰,反观自照,开始了对命运和世事的哲学性思考。这种哲学性思考首先表现为人的自我意识的觉醒,即开始思考人立足于天地间的意义。《易经》里强调"天行健,君子以自强不息""地势坤,君子以厚德载物"②,认为人要效法天地,在天道、地道的启发下,积极探究人道,要充分发挥自身的生命活力,将命运掌握在自己的手中,如天地运行般奋发进取、自强不息。其次,表现为对天命鬼神的怀疑和否定。作为务实轻卜的无神论者孙子就具有较强的不事鬼神的务实理念:"天道鬼神,视之不见,听之不闻,故智者不法,愚者拘之。……不看时日而事利,不假卜筮而事吉,不待祷祠而福从。"③ 他反对靠求神问鬼预卜战争的吉凶,也反对靠主观臆想推测战争的胜负,他觉得必须依靠自己,从了解敌人详情的人口中得到敌军的真实情况,才是进行科学预见的先决条件。"不可取于鬼神,不可象于事,不可验于度,必取于人,知敌之情者。"④ 最后,表现为对自身能动性的肯定。荀子认为"天行有常,不为尧存,不为桀亡"⑤,即自然运行规律是客观存在的,不以人的意志为转移。他还提出"从天而颂之,孰与制

---

① 杨文新:《汉代乐府诗中人物肖像"夸饰"描写思想探微》,载《西北民族大学学报(哲学社会科学版)》2011年第4期。
② 《易经·乾》。
③ 《孙子兵法·计篇》。
④ 《孙子兵法·用间篇》。
⑤ 《天论》。

天命而用之"①的主张，认为人在天（自然）面前不能一味地顺从与敬畏，而应该在了解和掌握自然规律的基础上，运用自然规律来为自身服务。

中华民族一直具有"大人不华，君子务实"的务实精神，强调"利无幸至，力不虚掷，说空话无补于事，实心做事必有所获"。②从根本上讲中华民族的务实精神来源于农耕者"一分耕耘，一分收获"的农耕实践。在耕种活动中，农耕者遵循时节时令，因土地种类、天气变化、作物类别等制宜，强调适时提早，不违农时，重视自然规律，讲究实效。《把胜之书》说："种禾无期，因地为时。"《劝农书》中记载："地力不同……皆须相其宜而耕治布种之，苟失其宜，则徒劳气力。"所有这些经验的累积都是农耕者不断探索的结果，反映了传统农业的科学性，表现了农人积极探索自然规律的务实精神。另外对自然灾害的积极防范和应对也是民族务实精神的体现，虽然传统社会受天人感应说、五行灾异说等的影响，占卜、祭祀一直被作为重要的应灾方式被使用，但历代荒政中也不乏积极务实的救灾制度和措施，如赈济、蠲缓、安辑、兴修水利、重农抑商等，这些制度和措施表明人们在强大的自然面前积极作为，努力改进改善自身的生活环境，与天灾人祸积极抗争，务实自强。

除了对自然规律的把握，传统的务实精神在对社会运行规律的探究中也发挥了重要的作用，主要体现在由"以神为本"到"以民为本"的治理理念的转变。殷商时期，先民还未开化，统治阶级在"万物有灵论"③的影响下，形成了"以神为本"的治理理念，其统治活动大多基于对自然力的神化和崇拜进而顺从并屈服于自然神祇。祭祀、占卜等能够通神的行为活动被高度重视，"尊神，率民以事神，先鬼而后礼"④的思想盛行。《洪范·五行

---

① 《天论》。
② 张岱年、方克立主编：《中国文化概论》，北京师范大学出版社，2002年第8期，第335页。
③ "万物有灵论"认为自然界中的所有物体，有生命的动、植物，没有生命的山石河水，都像人类一样有内在灵魂存在。
④ 《礼记·表记》。

传》中记载："故天子亲耕以供粢盛,王后亲蚕以供祭服,敬之至也。"① 天子、王后的所作所为只是为了让天地神灵高兴,表现出极其虔诚的敬畏。西周建国以后,愈发重视农业,以农业为本,神本文化开始发生转变,虽然仍保留了对天地神灵的敬畏,但统治阶级越来越重视人的因素,重视民的因素。《尚书·泰誓》中周武王认为"天视自我民视,天听自我民听"②,即人民的视听反映了上天的视听,表明周代统治者已将"保民"上升到如同"敬天"的高度了。"保民以敬天"可以说是"民本思想"发展的第一个阶段,虽然这一阶段"保民"是统治阶级"敬天"的辅助手段,但是统治阶级已经开始认识到"得众动天,美意延年"③,开始思考民的重要性,为"民本思想"的发展奠定了基础。"民本思想"进一步发展表现为对民、君、社稷三者之间关系的辩证比较,孟子认为"民为贵,社稷次之,君为轻"④。汉初贾谊提出"民为政本"的主张:"闻之于政也,民无不为本也。国以为本,君以为本,吏以为本。故国以民为安危,君以民为威侮,吏以民为贵贱,此之谓民无不为本也"。⑤ 认为民是国家、君王、官吏的根本,所以君王、官吏在统治和治理过程中都应该重视民的因素,而且民是国家安危的保障,不能为了君主之私利而害其民,那样如同自取灭亡,"刻民以奉君,犹割肉以充饥,腹饱而身毙,君富而国亡"⑥。在对民的重要性有了深刻的认知以后,"民本思想"继续发展,君王开始对安民、利民有了各种思考,"凡治国之道,必先富民",民富则国强。"天下事有利于民者则当厚其本,深其源;有害于民者则当拔其本,塞其源。"⑦ 为民兴其利、除其患成为为政治国的指导思想,至此,"民本思想"基本成熟。以农、以民为本,务本即务实,"从

---

① 《洪范·五行传》。
② 《尚书·泰誓中》。
③ 《荀子·致士》。
④ 《孟子·尽心下》。
⑤ 《新书·大政》。
⑥ 《贞观政要·务农》。
⑦ 清·钱泳《履园丛话·水利》。

殷商的神本文化,到最早以农立国的西周的人本文化,中华文化基本上成熟定型,她是一种非宗教型、以人为本的务实的文化"①。由通过祈求上天,认为只要采用最隆重最尊敬的态度来祭祀就可以免除灾难、安享太平的"神本",到重视民众在社会运行中的作用、考虑民众能动性的"民本"思想的转化,是古代统治者对社会运行规律的总结和认知,是其务实精神的重要体现。

当然不管是对自然运行规律还是社会运行规律的探求,务实精神的根本还在于随着人们自我意识的提高而对自身主观能动性的肯定和重视。"底线思维"承认风险客观存在但更加注重人的主观能动性对风险或危机的演化产生影响,在自身的能力范围内做出积极的防备。它以务实为内在动力,相信并依靠人自身的能力,掌握真实情况,遵循经验,分析客观规律,科学地预见问题,从而确立底线,并努力去做好应对预知风险的准备。所以"底线思维"是务实的,其务实性首先表现为重视人的因素,发挥人的主观能动性,不依靠运气等非可控因素,根据对实际情况的了解和把握去解决实践中的问题与挑战。其次,务实的前提是确定"实"是什么,体现在"底线思维"的运用之中则是确定好"底线"在哪里,要确定"底线"就要认清现实、勇于面对问题、正视问题,不逃避、不避讳、不惧怕。最后,以"底线"为实,做好充足的准备,掌握事态发展的主动权。

四、预防:"底线思维"的行为导向

预防就是采取一定的措施防止祸患的发生和发展。预防是一种积极的自我保护行为,意在将危机或祸患消解于萌芽状态,强调提前从自身做好准备

---

① 夏培文:《中国文学的务实精神与田园理想——农耕经济与中国文学》,载《南京理工大学学报(社会科学版)》2005年第3期。

和防范，从而保有遇难呈祥、克敌制胜的主动权。"凡事预则立，不预则废"①"谋先事则昌，事先谋则亡"②"惟事乃其有备，有备无患"③等都是预防理念的体现。中国传统思想中对预防的重要性有非常深刻的认知，并将其作为上上之策加以强调："先其未然谓之防，发而止之谓之救，行而责之谓之戒，防为上，救次之，戒下。"④ 不管是为人还是处事，都要在发现不良苗头的时候及时制止或者对可以预见的祸患采取措施积极防范，凡事预防为上，以免因对微小隐患的纵容和无视而造成大的祸端。"人皆轻小害，易微事，以多悔。患至而后忧之，是犹病者已倦而索良医也，虽有扁鹊、俞跗之巧，犹不能生也。"⑤ 不注重预防，任由机体发生病变、社会产生动乱后才想要治病、治乱则为时已晚，等到大的祸端出现后才想要救治，往往会付出沉重的代价。

在中国古代大到治国用兵，小到为人处事，到处渗透着预防理念，谋划于事前，提前做好准备，从而临阵沉稳、遇乱不慌。占卜是历史上最具代表性的预防行为，因为对未知的恐惧，通过占卜求问神灵旨意并依其意志行事从而避免祸端。祭祀仪式中的常祀也是一种预防行为，通过对神灵祖先的例行祭奠而求得佑护，避免天灾人祸的发生，另外历代荒政中也有很多预防灾害的政策措施。在军事上更加重视战前的准备工作，强调预防的重要性，孙子认为"昔之善战者，先为不可胜，以待敌之可胜；不可胜在己，可胜在敌"⑥"不可胜在己"，所以善战的人必先做好充足的准备，确保自身立于不败之地，然后才可与敌周旋。故"用兵之法，无恃其不来，恃吾有以待也；无恃其不攻，恃吾有所不可攻也"⑦，认为用兵之道，既不要寄希望于敌人

---

① 《礼记·中庸》。
② 汉·刘向《说苑·谈丛》。
③ 《尚书·说命中》。
④ 《荀子》。
⑤ 高诱注：《淮南子》，上海书店1986年版，第305页。
⑥ 《孙子兵法·军形第四》。
⑦ 江小涛：《孙子兵法》，北京燕山出版社1995年版，第98页。

不来进攻，而是要依靠自己做好充分的准备，严阵以待；也不要寄希望于敌人不会进攻，而是要依靠自己有使敌人无法攻破的充足准备。

"底线思维"的作用结果就是预防行为的产生，除了对可以预知的风险进行积极的防范，其重心更在于防止突破底线的最坏情况发生。现代社会环境越来越复杂，导致矛盾和冲突的因素越发多样，除了可以预见的隐患，人们面对的往往是更多不确定甚至不可预知的风险因子。在这样的情况下，想要提前做好防范完全控制事态的发展几乎是不可能的，这就要求人们从大局出发，更多地从自身的需求和能接受的最糟糕结果入手，确定底线，在行为选择和决策制订时以底线安稳为前提，做好充足的准备，提前预防预警，避免因底线失守而造成可怕的后果。

五、禁忌："底线思维"的文化前身

禁忌文化是一种普遍的文化现象，有着广泛而持久的影响力，渗透在社会生活的方方面面。"禁忌是人与自然、人与人、人与社会的联系中，由人类自己建立起来的、借助象征符号使之成为社会成员代代相传的、具有一定约束力的行为规范。"[1] 禁忌的对象很多，外界的自然现象、节气、动植物禁忌，自身的饮食、居住、社交、嫁娶、死生禁忌等；表现形式也多种多样，语言禁忌、行为禁忌、思想禁忌等。总的说来"禁忌一方面指的是'神圣的'或者'不洁的'、'危险的'一类事物；一方面又是指言行上被'禁止'或者心理上被'抑制'的一类行为控制模式"[2]。

最早的禁忌起源于原始人因无知而产生的对自然的崇拜和畏惧。在认知能力有限的情况下，生老病死、四季交替、风雨雷电等所有自然现象都会让

---

[1] 林虎英：《青海民间禁忌文化的特点及社会功能》，载《青海民族学院学报（社会科学版）》2009年4月第2期。
[2] 任聘：《民间禁忌》，天津人民出版社2004年版，第8页。

原始人感觉不可思议，在其有限的认知内去理解无限的问题，很容易演化出一种解释，那就是冥冥之中存在一些超自然的神力在左右着世间的一切，掌控了人类的命运和自然规律的运行。他们对每种事物都怀有莫名的恐惧，生怕其中包藏着祸害，为了自我保护、避免这些臆想的超自然力量带来的灾祸，便产生了对这些超自然神力的笃信、敬畏和崇拜，并在自然崇拜、图腾崇拜、祖先崇拜等一系列原始信仰过程中产生了各种原始禁忌。

在人类蒙昧时期产生并流行的各种各样的习惯性禁忌习俗，并未经过分析和证明，只是在某种无法解释的神秘现象面前，形成的约定俗成的自我限制，表现为因对未知神秘力量的恐惧和崇拜而产生的毫无根据的迷信。但伴随着人类社会的发展，禁忌也在不断扬弃与转化，后来越来越多禁忌的产生不再是盲目的自保性的回避，而是基于对事物的深入认识和了解之后，依据科学与唯物的经验有意识规避不良后果的产生而进行的自我心理和行为的约束。无论是盲目的迷信还是科学性的经验，几乎所有禁忌都有一种共同的功能和特性，即通过对神秘的自然力和自我悟性经验的感知，对臆想的危险、灾祸进行自我限制、自我约束，是一种神秘而多属消极的精神防卫现象。"禁忌的主体是对未知事物心怀畏惧的人，主体通过主动的自我限制、自我防备来期待消除危险和灾难，是超前的回避行为，满足了人们精神上的需要。"[①] 通过约束自身而预防和制止潜在的危险，从而达到避凶趋吉、保护自身的目的。

"底线思维"要求事先确立"底线"，在实际工作中，"底线"对人的决策和行为进行引导和警戒，既定的"底线"不可逾越，否则会产生可怕的后果，这与禁忌文化的内在逻辑是不谋而合的，也即"底线"本身就是一种禁忌。比较禁忌文化与"底线思维"，两者都是因为主体对某一对象的惧怕而进行的超前应对，设置不可逾越的界限，规范和约束主体行为，提醒主体小心行事，以此来防止祸患的发生。所以，"底线思维"是禁忌文化现代性的

---

① 陈辉：《中国文化史》，科学出版社2010年版，第173页。

延续，与禁忌文化一脉相承。但"底线思维"又不局限于禁忌文化，"底线思维"更加务实，"底线"的确立是基于对自身和外界的各种条件、各种因素综合、科学的分析之上的。面对"底线"也不是消极、被动地超前回避，而是提前预防，做好充足的超前准备，在确保"底线"安稳的基础上争取更好的结果，所以"底线思维"是对禁忌文化的能动性超越。

六、"底线思维"对社会发展的现代价值

"底线思维"是在多种文化和民族心理、民族意识的共同作用下形成的。基于追稳求安的心理需求，虽然惧怕风险和祸患但不回避，仍然勇敢地面对问题、正视现实，在全面分析各种决策因素的基础上，评估自身能接受的最坏情况，设定不可逾越的底线，做好事前预防，避免破坏底线安稳的情况出现，做到遇事不慌，掌握事态发展的主动权，并积极争取最好的结果。对"底线思维"进行历史文化、传统民族心理、意识认知等方面的深层次梳理，有利于现实实践中更好地利用"底线思维"指导决策、应对处理各种风险和挑战。

首先，"底线思维"缘于对"底线"的敬畏，其根本在于底线的不可逾越性。运用"底线思维"是因为心中对可能发生的最坏情况造成的后果有所惧怕，因为惧怕所以要提前确定"底线"，并做好准备，防止突破底线的情况出现。底线是能接受的最差情况，突破底线后果不堪设想。所以底线之上可以适当放松，逾越底线的行为是绝对不可以纵容放任的。"事有可以过者，有不可以过者。而身死国亡，则胡可以过？此贤主之所以重，惑主之所以轻也。"[①] 圣明的君主会重视任何威胁"身死国亡"的因素，因为"身死国亡"是国之底线，不能让步。同时，底线的防守是一个持续的行为，在决策实施

---

① 参见《吕氏春秋·知化》。

的整个过程中都要时刻保持警惕，始终坚守底线，不放松，不动摇。"民之从事，常于几成而败之，慎终如始，则无败事。"① 若想不失败，则必须自始至终不能有丝毫懈怠，否则容易前功尽弃，图万全于始，防万一至终，唯此才能确保底线安稳。

其次，"底线思维"要求勇于正视现实，立足最坏情况争取最好结果。"底线思维"承认惧怕的存在，但主张不能回避最坏情况发生的可能性，而应该有充分的心理准备，勇敢地面对最坏的结果。古人云："闻死而愠，则医不敢斥其疾；言亡而怒，则臣不敢争其失。"② 生病的人不能一听到医生说死就发怒，帝王君主不能一听到臣子提及亡国就大发雷霆，这样只会让医生不敢如实指出病人所患的疾病，让臣子不敢进谏批评帝王执政的过失。勇于面对问题是解决问题的前提，讳言危险的存在，只会使危险扩大而迅速到来，运用"底线思维"必须有认识最坏情况、面对最坏情况的勇气。"底线思维"做最坏的打算，但要争取最好的结果。郭化若在研究《孙子兵法》时指出，面对战争"孙子认为要把主要方面放在两种准备上，即必须看到有最好的可能，提高胜利的信心；同时又要做最坏的打算，准备应付不利情况的发生"③。又说："智者之虑，必杂于利害。杂于利而务可信也；杂于害而患可解也。"④ 智者考虑问题，必须"杂于利害"，除了对害的防患，对利的向往更加重要，唯此方能有信心、有动力，努力争取最好的结果。

第三，"底线思维"要求在决策前对情况有全面的了解，需要进行双向、双面的思考。所谓双向思考，既要考虑自己能接受的最坏结果，又要考虑自己能争取的最好结果；双面思考是既要对自身的能力和现有资源进行评估，又要对外界环境或事情可能的发展态势、可能造成的严重后果进行评估。"知彼知己，胜乃不殆；知天知地，胜乃可全。"⑤ 孙子认为"知"是一切军

---

① 参见《老子·第六十四章》。
② 陈荣：《应急管理史鉴》（上），浙江人民出版社2012年版，第172页。
③ 司马琪：《十家论孙》，上海人民出版社2008年版，第27页。
④ 《孙子兵法·九变》。
⑤ 《孙子兵法·地形第十》。

事计谋的前提，想要制订计策必须先了解面对的情况，在未战之前，必先知道己、彼、天、地的各种情况，再决定计划行动，唯此方可取胜。并且在决策过程中，要对掌握的情况进行全面的分析和评估，在了解情况的基础上做出慎终的考虑和研究，做到未战先谋，知而后战，在确保底线安全的前提下，做出决策。

第四，"底线思维"意在掌握主动权，以防御为前提，积极主动地应对问题。运用"底线思维"可以以不变应万变，确定并死守不变的底线，灵活主动地应对变化莫测的现实情况，"计者，由我而定，百世不变之原则也；势者，视敌而动，随时随地至变而不定者也"①，对于设定好的底线，弄清可能影响底线安稳的各种因素，提前做好应对预案，以便在突发情况发生时能够有章可循、冷静沉着。实践中可能会发生各种各样的突发情况，如果没有"底线"，则很容易被动地疲于应对突发情况，因受其影响和误导而迷失最初、最根本的意图和应该坚守的原则，只有坚守底线才能沉着冷静，于复杂的现实环境中不变初心，掌握主动权。

可以肯定的是"底线思维"是一种符合经济社会转型期的科学思维方法，其逻辑严谨，适用性、实用性极强，可以用其谋改革发展全局。首先，有利于对中国社会改革发展现状的清醒认知。运用"底线思维"可以克服改革发展过程中的恐惧和畏难心理，鼓励人们勇于面对现实和矛盾，对自身所处的环境有更加清醒的认知，摆正应对困难、解决矛盾的心态，预见并接受可能出现的最差情况，做好准备，做到心中有底，坚定改革发展的信心。其次，有利于应对复杂多变的风险和挑战。运用"底线思维"可以转换治理的目标，从自身需求出发，明晰自身的底线在哪里，以自身能接受的最坏情况为准做好预防准备，使不确定性风险的最坏可接受后果确定化，这个最坏可接受后果便是行事的"底线"。在"底线"之上做出努力，从而增强风险的人为可控性，为决策主体在进行决策选择时提供依据和方向。最后，有利于

---

① 司马琪：《十家论孙》，上海人民出版社 2008 年版，第 22 页。

明确改革发展的方向。运用"底线思维"可以使改革发展有章可循,以"底线"为准则,立足全局、突出重点,应对当前、兼顾长远,让人明白什么对己才是真正重要的,从而善于取舍,看到改革发展的远景,明确改革发展的方向,谋划改革发展的全局,牢牢掌握改革发展的主动权。

中国传统危机的释因逻辑、行为塑造与文化特征
——以"天人感应"思想为分析视角

王郅强　尉馨元

"天人感应"思想是中国古代史上一个巨大的有形事实和无形感知的存在，将人、社会以及自然统统纳入其理论体系内。在中国传统危机文化形成过程中，作为一种共识性的理论前提，使人们按照"天人感应"的基本思路去认知和应对危机，从而在思维方式跟社会民族心理方面彼此接近，形成了我国独特的传统危机文化。"天人感应"思想是一种既维护又制约皇权的理论体系，面对的对象主要是帝王等统治阶级，所以本文探究天人感应思想对传统危机的认知和应对，主要是探究传统社会帝王及官僚统治阶级对危机的认知和应对。基于此，本文首先从广义跟狭义上对"天人感应"思想的基本内涵做了简要梳理，寻找它与传统危机之间的关系，进而从"人副天数""君权神授""同类相应"三个方面对应"天人感应"思想对人与自然、天道与王道、自然灾异与社会性危机之间的逻辑。并在分析"天人感应"思想

对传统危机的认知和应对产生的影响的基础上，总结了在"天人感应"思想影响下中国传统危机文化的特征，以期对现代危机文化的重塑提供一些借鉴与启示作用。

一、"天人感应"思想的内涵及与传统危机之间的关系

"天人感应"思想是人们在探究人与自然、人与自身以及人与社会关系过程中的产物，是人们认知发展的一个重要阶段，与传统危机休戚相关。

（一）"天人感应"思想的内涵

广义上讲，"天人感应"思想是古代人们探究天人关系的一种认知视角。传统社会对"天人关系"有三种认知，即"天神决定论""天人感应论"和"天人相分论"，这三种认知均在先秦时期就已经产生。"天神决定论"源于"万物有灵"思想，认为世间万物都受控于以天为代表的超自然的神力，在天人关系中人类处于被动、卑微的地位，"至上神的意志被认为是捉摸不定的，'上帝'随意地降'蛋'（灾）降'若'（福），看不到任何规律、法则，神的意志只能通过频繁的占卜得以了解，没有其他的推测方法"[①]。周以前人的祸福完全是由帝、天的人格神所决定，而人完全处于被决定的地位。"即使由周初开始，帝、天的人格神对人的祸福退居于监督的地位，把决定权让给各人自己的行为，但人类行为的好坏，只由人类自己领受应有的结果，断不能影响到人格神的自身。"[②]"天人相分论"主要以荀子为代表，强调天人各司其职，互不干扰，天、地、人各有各的运行规律，"天不为人之恶寒也辍冬，地不为人之恶辽远也辍广，君子不为小人之匈匈也辍行。天有常道矣，地有常数矣，君子有常体矣"（《荀子·天论》）。只要做好人事，就可

[①] 冯禹：《天人感应思想的四个类型》，载《孔子研究》，1989年第1期。
[②] 徐复观：《两汉思想史》（第二卷），华南师范大学出版社2001年，第245页。

以免受自然灾异之苦,"强本而节用,则天不能贫;养备而动时,则天不能病;修道而不贰,则天不能祸"(《荀子·天论》)。相反,如果人事未做好,那天也不能使之规避灾祸,"本荒而用侈,则天不能使之富;养略而动罕,则天不能使之全;倍道而妄行,则天不能使之吉"(《荀子·天论》)。"天人相分论"已经非常理性地在分析天人关系,但是在生产力水平较低、人的能动性较弱的历史时期,人们对天人关系的整体认知并不能达到完全理性的程度,所以这两种"天人关系"虽然存在但是并没有产生深远的影响。在中国传统的社会中,"天人感应论"才是"天人关系"的主线。

"天人感应论"在解释"天人关系"时,认为人类不再处于被动从属地位,天人是相对平等的地位,天人之间相互影响,相互决定,并且由人决定天的意义更重。人,这里主要指帝王,可以通过修为德行,来积福避祸,能动性明显增强。早在西周时期,《诗经·小雅·十月之交》《诗经·小雅·小旻》《诗经·大雅·绵》《国语·周语》等就已经将灾异与人事联系到一起,人神可以相互感应的思想已经萌芽。到了春秋战国时期,人们更是相信自然灾异与人事有着密切的关联。鲁文公十四年,"秋七月,有星孛入于北斗"(《春秋经·文公十四年》),内史叔服依此预言:"不出七年,宋、齐、晋之君皆将死乱。"(《春秋左传正义》)到春秋中晚期,有关天象变异与人事相应这种灾异观已深植人心。战国末期,("《吕氏春秋·十二纪》中以阴阳、四时、五行相互配合,提出了'四时禁令'来诠释灾异事件,《吕氏春秋·应同篇》里更是详细的叙述了五行相生相克、天运转移、物类相应的原理")[①]。

狭义上讲,"天人感应"思想是董仲舒在诸多学派探究天人关系的理论基础上整合形成的"天人感应说"。汉武帝继位之后问:"三代受命,其符安在","灾异之变,何缘而起","性命之情"为何有善恶良莠之分?为了回应汉武帝对天命何在、灾异何起、生死何异等问题的疑惑,董仲舒上谏《举

[①] 董仲舒:《〈春秋〉学之灾异论深讨》,[Eb/Ol]. Http://Blog. Xuite. Net/Lyy. Ccw/Takeeasy/28170563.

贤良对策》，又称《天人三策》，而"天人感应说"便是其中的主要内容。后来他又在《春秋繁露》中具体阐述了这一学说。"他既沿袭了西周的以德释天命、天命随人德转移的思想，又继承了《左》《国》《诗》《吕览》等用阴阳论自然，用自然论人事的天人感应思想，更发展了墨子关于天志爱民、赏贤罚暴的思想。……利用了流行于汉代的阴阳五行思想，并以此为建构体系的理论原则。"[①] 董氏"天人感应说"包含了"人副天数""君权神授""同类相应""强勉修德"等多重含义，下文会具体论述。本文所探讨的"天人感应"思想是以董仲舒的"天人感应说"为主，但又不局限于此，更多的是讨论一种同类互动、同类相应逻辑层面上的"天人关系"，进而探讨在这种逻辑下人们对危机的解释认知和行为应对。

（二）"天人感应"思想与传统危机之间的关系

传统社会所面临的危机从其成因来看，可以用"天灾人祸"四个字概括，即可以分为由不可抗外力导致的自然灾害性危机以及由人为因素导致的社会性危机两大类。在封建君主专制统治时期，自然灾害并不轻易就能直接进入统治阶级的议事议程，因为直接受害者是普通百姓。帝王及统治阶级关注的重点是社会性危机，更确切地说是处于社会性危机核心位置的政治性危机，因为直接关系到他们的政权，危及帝王的统治权威和统治地位。传统社会性危机应对一直是围绕着政权为核心展开的，按照利益相关主体呈圆形向外扩展辐射原理，"天人感应"思想恰好为这种圆形辐射提供了动力。（参见图1）

---

① 李宗桂：《论董仲舒的天人思想及其文化史意义》，载《天津社会科学》，1990年第5期。

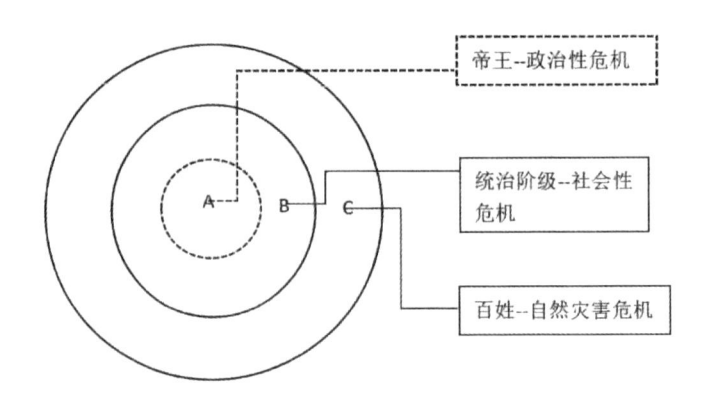

图 1　危机类型及其相关主体图

"天人感应"思想与天灾人祸之间有着密不可分的联系，应该说天灾人祸本身就是其理论构建的基本元素。首先，"天人感应"思想认为"人副天数"。人是天的副本，人的形体、德行、思想、生命周期都是"天"按照自己的特点塑造的，人的喜怒哀乐的情绪也与自然界中的四时相互对应，人是为了体现天的意志而被创造出来的。"人之形体，化天数而成；人之血气，化天志而仁；人之德行，化天理而义；人之好恶，化天之暖清；人之喜怒，化天之寒暑；人之受命，化天之四时。人生有喜怒哀乐之答，春秋冬夏之类也。"（《春秋繁露·为人者天》）如此便将天与人归为同类，建立起人与天（自然）之间的联系。

其次，"天人感应"思想认为"君权神授"。帝王是天之子："三书者，天地与人也，而连其中者，通其道也。取天地与人之中以为贯而参通之，非王者孰能当是？"（《春秋繁露·王道通三》）古代人造字，"三"代表天地人，而"王"字则表示帝王能够参透天地人之间的关系，是沟通天地与万民的渠道。帝王奉天命来统治人世，君威与天威一样具有天然的合法性和神圣不可侵犯性，"唯天子受命于天，天下受命于天子，一国则受命于君"（《春秋繁露·为人者天》），上天可以利用"天道"来约束帝王的行为，又通过

"王道"来规范百姓的行为。这就建立起了天与帝王之间的关系。

最后,按照"同类互动"逻辑,指出同类事物之间可以相互感应。天人同类,上天可以感知人事,人亦可以通过各种现象感知上天的意图,由天变可知人事,由人事也可知天变。上天通过降下灾异祥瑞来表达其意志,人世间的不端行为上感于天,天降灾害以示惩戒,"凡灾异之本,尽生于国家之失。国家之失乃始萌芽,而天出灾害以谴告之;谴告之而不知变,乃见怪异以惊骇之,惊骇之尚不知畏恐,其殃咎乃至"(《春秋繁露·必仁且知》)。这样便将"天灾"与"人祸"联系到一起,最终架构起了人与自然、天与帝王、自然灾异与社会性危机之间的桥梁。所以,"天人感应"思想与传统危机关系密切,是研究中国传统危机文化的重要线索,在中国传统危机文化的形成和发展过程中具有引导和推动作用,对危机的认知和应对方面均产生了重要的影响。

二、"天人感应"思想对中国传统危机的释因逻辑

"天人感应"思想的"感应"具体表现为同类互动、同类相应。"今平地注水,去燥就湿,均薪施火,去湿就燥。百物去其所与异,而从其所与同。故气同则会,声比则应,其验,皦然也。"(《春秋繁露·同类互动》)其对危机的认知也是遵循这种逻辑。"美事召美类,恶事召恶类,类之相应而起也。"(《春秋繁露·同类互动》)天象失序,会造成人类社会的紊乱;人事失序也会反映在自然现象之中,天与人之间可以相互感应、相互影响,"天灾"与"人祸"也能联动反应。对传统危机的认知逻辑有三种不同的概括。

(一)灾异天谴说

帝王作为上天选定的统治人间的代表,其行为举止与天的意志之间可以

产生直接的相互感应。所谓"灾异天谴说",主要是指上天会依据帝王德行及治国得失进行奖赏罚惩,灾异是帝王德行有亏或者治国有失的警戒与谴责。"王者,人之始也。王正则元气和顺、风雨时、景星见、黄龙下。王不正则上变天,贼气并见。"(《春秋繁露·王道》)帝王为政得人心,所感召的天象变化是元气和顺,风雨适时,景星出现,黄龙下降;为政不得人心,则天变色,贼气并出,产生灾异。国家治理失道的萌芽阶段,上天会先降下灾害来谴责警告帝王,如果帝王无动于衷,不知反省,则会进一步出现怪异之事来让其受到惊吓,如果依然不能发现失道之变,就会真的产生伤败,危及其政权安稳。由"灾害"转变为最终的"殃咎"是一个渐进的过程。"天地之物有不常之变者,谓之异,小者谓之灾。灾常先至而异乃随之。灾者,天之谴也;异者,天之威也。谴之而不知,乃畏之以威。"(《春秋繁露·必仁且知》)天降灾以示警,降难以示罚,示警为微,若不防微杜渐,则会引发祸难。(参见图2)

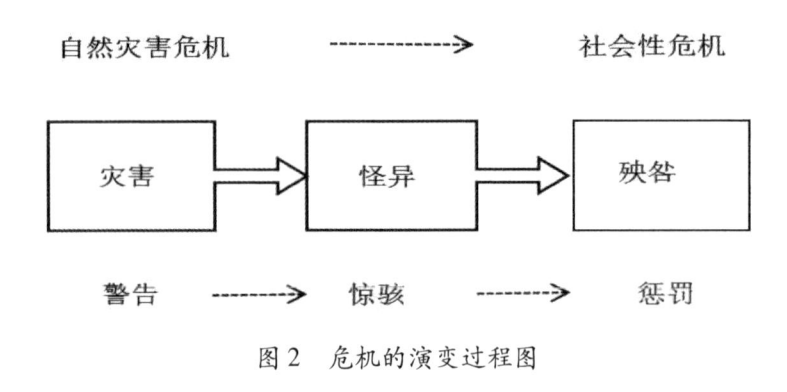

图2 危机的演变过程图

"灾异天谴说"借助自然灾异来规范、约束帝王的行为,但又不能让帝王对灾异产生反感的情绪,因而在其学说体系中,虽然灾异是帝王德行有亏或治国有失造成的,但是天降灾异的本心并不是为了惩罚,而是警示、告诫,提醒帝王及时反思自身的德行和治国之失,避免殃及政权安稳的祸难发生,"国家将有失道之败,而天乃先出灾害以谴告之,不知自省,又出怪异以警惧之，尚不知变，而伤败乃至。以此见天心之仁爱人君而欲止其乱也"（《汉书·董仲舒传》）。在这种意义上，天灾不仅不是对帝王的惩罚，反而是善意的提醒，意在帮助其保全统治地位和权威，有灾异发生是好的现象，楚庄王曾经因为没有灾异而进行祭祀祈祷，认为不见灾异是上天不再给他善意的警戒，是要使他灭亡的征兆。"《春秋》之法，上变古易常，应是而有天灾者，谓幸国。……以此观之，天灾之应过而至也，异之显明可畏也，此乃天之所欲救也。"（《春秋繁露·必仁且知》）天降灾异实为挽救其政权，如此才能让帝王心甘情愿地反思反省，并做出积极的改过和调整。

（二）阴阳灾异说

所谓"阴阳灾异说"，是认为世间事物可归为阴阳两大类，两类事物之间可以相互制衡、相互影响，而阴阳失衡则会导致灾害的发生。人作为万物之长，能够通达天地之气，人类社会中的"治乱之故，动静顺逆之气"会导致天地间阴阳损益的变化，若能"世治而民和，志平而气正，则天地之化精，而万物之美起"；若"世乱而民乖，志癖而气逆，则天地之化伤，气生灾害起"。（《春秋繁露·天地阴阳》）阴阳失衡的表现有阴盛阳衰、阳盛阴衰、重阳、重阴等。

在人类社会中"君为阳，臣为阴"，君臣之间尊卑、强弱失衡会出现阴盛阳衰或者阳盛阴衰之应。以水、旱灾害为例，水是极阴之物，所以与水相关的自然灾害是阴盛阳衰之应。臣子举兵反叛、宠信小人、宦官内臣掌政、妻妾强盛干政等都会引起这些灾害的发生。"阴之盛而凝滞也。木者少阳，贵臣象也。将有害，则阴气胁木，木先寒，故得雨而冰袭之。木冰一名介，介者兵之象也"（《洪范·五行传》）；旱灾、常燠是天干少水，阳盛所致。阳盛表现为帝王的骄横寡恩、大兴土木、劳役繁重、民怨沸腾等。"君持亢阳之节，兴师动众，劳人过度，以起城邑，不顾百姓，臣下悲怨。然而心不能从，故阳气盛而失度，阴气沉而不附。阳气盛，旱灾应也。"（《洪范·五行传》）同样，若出现此类自然灾异，帝王要反思是否存在以上问题，以便

及时调整修正,恢复统治秩序的平衡。(参见图3)

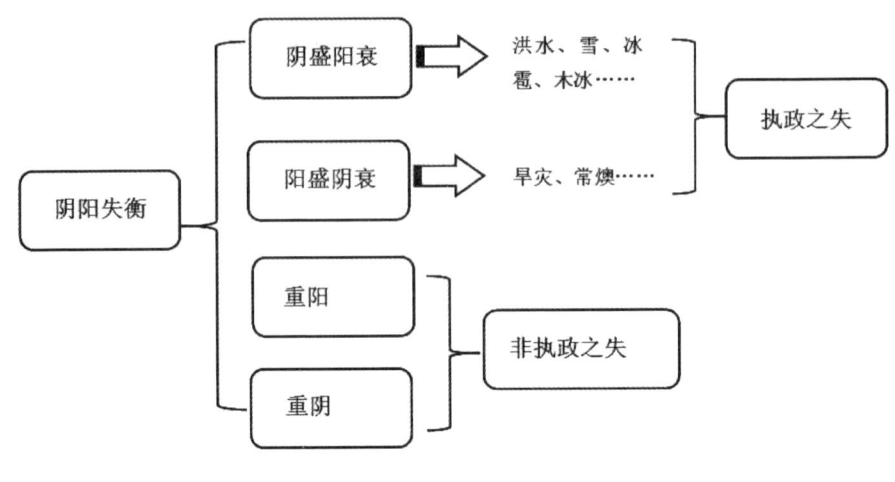

图3 阴阳失衡与灾异关系图

但是阴阳失衡并不全是国家治理失序所造成的,阴阳从失调到恢复常态的过程也会出现灾害,这个过程中产生的灾害不仅不是帝王的过错,反而是帝王德行的彰显,所以不能一味地遇到灾害就反思自身的德行或治国之道,要具体问题具体分析。"毋以适遭之变疑平生之常,则所守不失,则正道益明。"(《春秋繁露·暖燠常多》)比如大禹时期的洪水,是因为视民如子的尧帝去世,百姓如丧考妣,三年时间举国悲恸导致"阳气于阴,阴气大同",这是"重阴"之应,因此才会产生大洪水之灾,并非尧帝无德。再比如商汤时期的大旱,是因为夏桀的暴政为阳盛阴衰之势,商汤继位大行善政又是阳盛之势,所以"天晴除残贼而得盛德大善者再,是重阳也,故汤有旱之名"(《春秋繁露·暖燠常多》)。

"阴阳灾异说"认为人的行为能够引起自然界中同类事物的联动,人类的行为偏向于阴,则自然界便会生阴,人类的行为偏重阳,则自然界便会随之阳盛,"天有阴阳,人亦有阴阳。天地之阴气起,而人之阴气应之而起;人之阴气起,而天地之阴气亦宜应之而起,其道一也"(《春秋繁露·同类互动》)。如此，凡是阴盛所导致的灾害，治理的方式就是通过人类的行为活动使阳盛于阴；同理，如果灾异是阳盛所导致的，那其治理方式便是损阳以盛阴。"明于此者，欲致雨，则动阴以起阴；欲止雨，则动阳以起阳。"(《春秋繁露·同类互动》)既然洪水是阴盛所致，那治理洪水的方式就是"动阳以起阳"，而想要应对旱灾，则要"动阴以起阴"。

(三) 五行灾异说

"五行灾异说"相比于"阴阳灾异说"是在更加广泛、更加具体的程度上构建了自然灾异与社会治乱、客观物质世界与主观精神世界之间的感应互动。自然界中五行元素各有属性，其特性规律同样适用于人类社会同类属的事物，五行元素相生相克维持自然界中万物的平衡，形成一个稳定的自然生态系统，同样人类社会五种类属事物间也相生相克以实现社会秩序的平衡，形成一个稳定的社会生态系统。"五行灾异说"就是认为自然界五行元素中任何一种元素的过度、失序都会打破原有的平衡，演变成自然灾害；按照同样的原理，人类社会同类属事物的失序也会造成社会性危机。并且，两个系统之间同类属的元素也可以相互感应、相互影响，但这个过程中人是占据主动地位的，人类社会的失序会先影响自然界中五行元素的平衡，导致自然灾害，人们可以通过自然灾害来预测相同属类的社会性危机的产生。

"《吕氏春秋》中将五行配入到四时中去，并融入了与四时相应的政令与思想，建立了以阴阳五行为依据的宇宙、人生、政治的特殊构造。董仲舒由此把阴阳四时五行的气，认定是天的具体内容，伸向学术、政治、人生的每一个角落，完成了天的哲学大系统。"[1] 并在《春秋繁露·五行相生》跟《春秋繁露·五行相胜》中将五行元素与东南西北中五个方位以及朝廷的司农、司马、司营、司徒、司寇五类官职相对应，又在《春秋繁露·治乱五行》中给出五行元素相互冲突会导致的灾变类型（参见图4）：

---

[1] 徐复观：《两汉思想史》（第二卷），华南师范大学出版社2001年版，第182页。

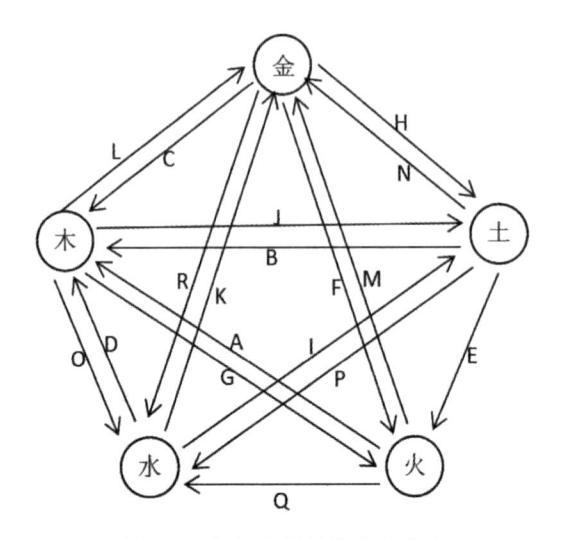

风险、危机与灾害——基于文化视角的解读 >>>

图4 五行相克导致的灾异关系

A：蛰虫蚤出，雷蚤行；B：胎夭卵鸟虫多伤；C：有兵；D：春下霜；E：多雷；F：草木夷；G：地动；H：五谷伤，有殃；I：夏寒雨霜；J：虫不为；K：鱼不为；L：草木再生；M：草木秋荣；N：五谷不成；O：冬蛰不藏；P：蛰虫冬出；Q：星坠；R：冬大寒

当然，"五行灾异说"也被用来规范帝王的行为，在对灾异进行具体解释时，将帝王的行为也划分为"五事，一曰貌，二曰言，三曰视，四曰听，五曰思"，各类行为不当会相应产生不同的灾异类型。若有"王者听不聪"，如"简宗庙，不祷祠，废祭祀，逆天时"等失序行为，则"水不润下"，进而导致"夏多暴雨"的自然异象；若"王者与臣无礼，貌不肃敬"，如"田猎不宿，饮食不享，出入不节，夺民农时，及有奸谋"，则"木不曲直"，导致"夏多风暴"的自然异象；若"王者言不从"，如"好战攻，轻百姓，饰城郭，侵边境"，则"金不从革"，伴随出现"秋多霹雳"的自然异象；若"王者视不明"，如"弃法律，逐工臣，杀太子，以妾为妻"，则"火不炎上"，导致"秋多电"的现象；若"王者心不能容"，如"治宫室，饰台榭，内淫乱，犯亲戚，侮父兄"，则"稼穑不成"，导致"秋多雷"的现象。

(《春秋繁露·五行五事》《汉书·五行志上》）对于"五行"失衡导致的灾异，救治也要依据各自的特征分类应对。"五行变至，当救之以德，施之天下，则咎除。不救以德，不出三年，天当雨石。"（《春秋繁露·五行变救》）不同类型的变异对应不同的救治方式，不过依然是本着因灾而反思反省，通过提高自身的德行、以德行政使五行元素重新恢复平衡（参见表1）：

表1　五行变、救表

五行生变	自然及社会乱象	社会根源	救治方式
木变	春凋秋荣。秋木冰，春多雨	繇役众，赋敛重，百姓贫穷叛去，道多饥人	省繇役，薄赋敛，出仓谷，振困穷
火变	冬温夏寒	王者不明，善者不赏，恶者不细，不肖在位，贤者伏匿	举贤良，赏有功，封有德
土变	大风至，五谷伤	不信仁贤，不敬父兄，淫无度，宫室荣	省宫室，去雕文，举孝悌，恤黎元
金变	毕昴为回，三覆有武，多兵，多盗寇	弃义贪财，轻民命，重货赂，百姓趣利，多奸轨	举廉洁，立正直，隐武行文，束甲械
水变	冬湿多雾，春夏雨雹	法令缓，刑罚不行	忧囹圄，案奸宄，诛有罪，旧五日

"天人感应"思想对灾异的归因，不论是天谴还是阴阳失衡抑或"五行"过度，都以人们的德行为落脚点，其原理都是将自然灾异与社会性危机按照同类互动的逻辑关联到一起，通过自然灾异来反思人事，通过天威来制约帝王的权力，规范约束帝王的行为。但是，在封建君主专制制度下，对灾异的解释权还是归统治阶级所有，当某些认知观点与当权者的利益相冲突时就会被其他的释灾学说取代，比如到了唐朝武则天时期，"阴阳灾异说"产生的舆论压力不利于武则天的统治权威，她便借助佛教的传入而大肆宣扬"祥瑞灾异说"。总之，古代中国，灾害从来都不是人与自然的关系问题，而更多的是人与自身、人与社会的关系问题。

三、"天人感应"思想对中国传统危机应对的行为塑造

认知影响人的行为选择。"天人感应"思想对危机的释因也直接作用于传统危机应对的行为方式。在"天人感应"思想的释灾逻辑下,虽然危机的解释认知借助了天人关系,但是落脚点都在人类自身,危机产生的根源在于失德,在于帝王自身德行有亏或者治国德政有失。那化解危机就要做好两件事:一方面要迎合、达到上天的要求,通过占卜、祭祀等行为积极地与天沟通联系,将自身的德行、政绩、反思等上告于天,以得其认可和宽宥;另一方面要从自身寻找产生危机的根源,修身敬德,及时更革治国之失,推行德政,消灾弭祸。

(一) 祓禳弭灾

与天进行沟通的主要途径不外乎卜筮、祭祀,人们通过卜筮来提前探知天神的意志,趋吉避凶,以求无祸;通过祭祀来讨好天神,虔诚敬畏,以求佑护。这两种途径早在"天人感应"思想产生之前就已经存在,构成传统社会祓禳弭灾的主要方式。虽然"天人感应"思想本质上对危机归因于人类自身行为的得失,但是囿于当时社会的整体认知水平,人们还无法摆脱天命的束缚,依然热衷于通过"祓禳祈祝"来救急应灾。

1. 卜筮以先验预测,趋吉避凶

传统社会早期,特别是在以神为本的原始社会,卜筮在人们的生活中扮演着极为重要的角色,大到预知社稷荣衰、战事胜败,小到预测命运贵贱、事之吉凶,几乎是"无神不卜,无兆不卜,无事不卜"[①]。不过,随着人类社会的发展,人们越来越看重自身的能动性,开始不满足于对吉凶的探知,

---

[①] 富育光:《萨满教与神话》,辽宁大学出版社1990年版,第149页。

而是积极地探寻逢凶化吉、转危为安的方法，对占卜的结果进行非逻辑性的变通，认为"祥者福之先者也，见祥而为不善，则福不生；殃者祸之先者也，见殃而能为善，则祸不至"（《说苑·君道》），即可以通过修身敬德、行善积福等方式改变未来的吉凶。

在"天人感应"思想的释灾背景下，除了通过占卜探究上天的意图，更流行的方式是灾异预言，即根据异常的天象占卜人事，预测人事的祸福，认为"灾异以见天意。天意，有欲也、有不欲也。所欲、所不欲者，人内以自省，宜有惩于心；外以观其事，宜有验于国"（《春秋繁露·必仁且知》）。"预言灾异是根据某种迹象预测灾异的发生，乃至发生的时间、地点"，"也能够通过灾异预测人事"①。京房就曾通过大风天气预言兵变的发生，"角日疾风，天下昏。不出三月中，兵必起"（《易飞候》），是岁魏军人钟离。

2. 祭祀以示好求助，防灾救难

为了达到天人之间的沟通，除了通过卜筮来探知天意，祭祀也是一种重要的行为方式。"天人感应"思想认为上天是有意志的、人格化的至上神，是人和自然的最高主宰，是帝王行为的监督者和评判者。灾异为帝王失德或治国失序所致，那通过庄严、规范的祭祀仪式向上天表达帝王等统治阶级内心虔诚的顺服、敬畏和反思，同时将帝王的文武政绩上告于天，以得到上天的谅解、庇佑和指引，便是一种非常合理的消灾避难的途径。

传统社会祭祀已经成为一种半制度化的设置，祭祀仪式丰富多样，适用范围广泛，涉及传统危机应对的各个方面、各个阶段，通过"四时祭、社稷祭祀等常祀可以与神灵例行沟通，祈福求好；通过雩祭等非常祀可以在危机发生时祈求神灵帮助，消灾弭祸；告祀则在灾后通过答谢神灵的方式标志灾难的终结，慰藉民心"②，在自然灾害危机和社会性危机的管理实践中均发挥着重要作用。

---

① 陈侃理：《京房的〈易〉阴阳灾异论》，《历史研究》，2011 年第 6 期。
② 王郅强、尉馨元：《古代国家仪式在传统危机管理中的作用——以祭祀为研究对象》，《南京社会科学》，2014 年第 2 期。

被禳救灾从原始社会早期便为人们所创造并热衷，早已根深蒂固地存在于人们的认知中。被禳救灾一方面可以起到安抚民心的功效，民众在面临灾害时，因自身无力而产生的极大不安全感需要获得超越自身力量的神灵的助祐；一方面可以达到人神之间的沟通、联系，将人世间的祈祷上告于天，以获得天神的庇佑；加上这种救灾方式不需要付出太多的努力，相比于其他实质性的荒政救灾措施，被禳实为最轻松、最简单的方式。因此，虽然"自秦汉以后，人们已有比较切实可行的治灾救荒的思想，被禳救灾已不是人们唯一的选择了，但各种治灾救荒的思想也还是处在天命主义被禳论的统驭之下"[①]。

（二）修身敬德

无论是将灾异归因于天谴还是阴阳五行失衡，其根本原因都是帝王自身德行有亏或者德政治国有失，所以救灾应急的关键还在于"德"，认为"修德足以来福而远祸，不修德则福去而祸临。而修德与否，端在正身以爱民。人君能正身以爱民，则天瑞应诚而至；不正身以爱民，则天降灾害以谴告"（《汉书·董仲舒传》）。所以灾祸降临后，上至皇帝下至官吏都应该反省修德，正身爱民，力行德政以近福远祸。

1. 天道尚德，借异树德

"天人感应"思想将灾异归因于帝王失德、政治失序，但是灾异并非天要亡其政，恰恰相反，"自非大亡道之世者，天尽欲扶持而全安之，事在强勉而已矣。强勉学问，则闻见博而知益明；强勉行道，则德日起而大有功：此皆可使还至而立有效者也"（《汉书·董仲舒传》）。天有劝勉、扶持之德，所以在遇到灾异时，帝王要强勉自身，增加见识，博闻强记；修缮德行，以德为政，采取自省自罚、更革时弊等方式来重塑德行，答谢天恩。

在"天人感应"思想的影响下，帝王对由自身过错导致天降灾祸的论断

[①] 邓云特：《中国救荒史》，河南大学出版社2010年版，第134页。

敬畏不已，历朝历代都有帝王因灾反思自身德行、罪己谢天的记载。而反思最直接的表现就是下"罪己诏"：帝王通过下"罪己诏"，一是反思自己德行有失，如宋文帝的罪己诏："朕德不类，不能上全三光之明，下遂群生"；二是反思执政之失，认为"岂声利未远而谗谀乘间欤？举措未公而贤否杂进欤？赏罚失当而真伪无别欤？抑牧守非良而狱犴多兴欤？封人弛备而暴客肆志欤？道殣相望而流离无归欤？"下诏的同时一般还会有自惩的具体方式，比如"爰避正殿，减常膳，以示侧身修行之意"（《宋史全文·卷三十三》），以此树立顺天应人的良好形象。当然帝王罪己谢天只是态度上一个良好的开端，在罪己之后往往还会采取措施更革时弊，将注意力转移到推行德政、为民造福上来，巩固自己的统治权威。

而德政的推行，关键在于吏治的好坏。"吏不良，风俗薄，灾异数见。"（《汉书·龚胜传》）具体表现为：一是进贤退奸，惩治贪官，因灾而敦促百官廉洁奉公。受"天人感应"思想影响，汉代因灾而求贤举士是很常见的。比如："汉诸帝，凡日蚀、地震、山崩、川竭天地之变，皆诏天下郡国举贤良方正、直言极谏之士，率以为常。"[1] 设立的"察举选官制度中举贤良方正、敦厚、举文学高地者、明阴阳灾异者、有道术者"[2] 等特科常常是在灾异屡臻、阴阳失调等情况下推行；二是广开言路，因灾而要求百官针砭时弊，直言不讳。晋武帝在太康七年（286年）下诏说："比年灾异屡发，日蚀三朝，地震山崩，邦之不善，实在朕躬。公卿大臣各上封事（注：用袋子封缄的上书），极言其故，勿有所讳。"（《二十五史·晋书》）

推行德政的另一个重要表现是爱民："天之生民，非为王也，而天立王以为民也。故其德足以安乐民者，天予之；其恶足以贼害民者，天夺之。"（《春秋繁露·尧舜不擅移、汤武不专杀》）爱民的首先表现是重视对民众的道德教化，孔子曰："不教而诛谓之虐。""天人感应"思想认为"天下和

---

[1] ［唐］杜佑：《通典·选举一》，北京中华书局1984年版，第314页。
[2] 魏爽：《自然灾害与汉代的官吏选拔模式——以察举制为中心考评》，载《北方论丛》，2015年第1期。

平，则灾害不生。今灾害生，见天下未和平也。天下所未和平者，天子之教化不行也。"(《春秋繁露·郊语》)灾害产生于天下不够太平，而天下不太平缘于对民众的教化不足。爱民的第二个表现为统治民众宽猛相济，省刑罚。"刑罚不中，则生邪气；邪气积于下，怨恶畜于上。上下不和，则阴阳缪盭而妖孽生矣。此灾异所缘而起也。"(《汉书·董仲舒传》)通过重审冤狱、释放宫女、大赦天下等方式减少民怨的积累。爱民的第三个表现为为民造福。通过薄税敛收，节约开支，减轻力役，招抚流民，力行荒政等散财以收民心，重植邦本。

2. 天道示君，借灾参政

"天人感应"思想为约束皇权提供了一条途径，天公正无私，惩恶扬善。认为"天子有善，天能赏之；天子有过，天能罚之"(《墨子·天志下》)，因而灾异被用作反对君主独裁、制衡王权的工具。"天之爱民甚矣，岂使一人肆于民上。若乃司牧之重政治或失必示灾祥以申警戒圣帝明王睹而……"(《册府元龟·帝王弭灾》)帝王对天降灾异的忌惮成为官员臣子借异参政、议政的手段。

灾异出现，常有官员借机上书。比如"禹、汤罪己，其兴也勃焉；桀、纣罪人，其亡也忽焉"(《左传·庄公十一年》)，请求皇帝更革时弊，回应上天。"古帝王以功举贤，则万化成，瑞应著；末世以毁誉取人，故功业废而致灾异。宜令百官各试其功，灾异可息"(《汉书·京房传》)，建议天子通过审核百官，因功行赏，来修善自身的统治以消弭灾祸。对于高度集权的专制政权来说，只有"天命"能够约束帝王不敢过多作恶，所以帝王畏惧"天命"虽属迷信，却也为臣子利用怪异灾变约束皇帝的行为、制衡其至高无上的政治权力提供了可行性。

以上只是根据"天人感应"思想的释灾逻辑梳理的救灾应急行为，这些行为主要集中在修缮德行以及推行德政方面，大多属于改良社会秩序而非直接的救灾应急行为。当然这并不是历史救灾实践的全部，自秦朝便形成并在后世逐渐发展完善的荒政政策虽然不是本文讨论的重点，但是赈济、调粟、安辑、兴修水利、植树造林等荒政措施在对传统灾异的救治过程中也发挥了举足轻重的作用。

四、"天人感应"思想影响下中国传统危机的文化特征

"天人感应"思想与中国传统危机密切相关，对传统危机的认知、应对均产生了重要的影响，围绕这一"天人关系"形成了中国传统危机文化独有的特征。

（一）自我意识：中国传统危机文化的主体观

分析"天人感应"思想对中国传统危机文化的影响，可以看出人们对危机的认知和应对均具有极强的自我意识，强调自我本位。表面上看"天人感应"思想将危机看作天在警示、惩戒人类，但事实上始终是以人类自身为出发点去分析危机产生的缘由，危机虽然产生于上天对人事失序的警戒，但是上天的意志也是以人事为依据的，而非无端任意地惩戒，所以造成危机产生的罪魁祸首还是人类自身。"（天人）互相影响，互相决定，而由人决定天的意义更重"，"他所以如此，是要把人镶在整个天的构造中，以确立人的不可动摇的地位，及不可逃避的责任"。[①] 也就是说"天人感应"思想虽然以"天""人"为两大主体，但是在其对危机的具体认知和分析的过程中，"天"不过是为了制约和规范帝王行为而存在的，对除去帝王以外不能直接与天相对应的其他人，是靠"德"去约束的。"董仲舒一方面肯定了天对人的根源性、本体性、目的性，另一方面又强调天的一切作用是基于人事而发生作用的，人事具有优先性、主导性、主体性。他之所以如此竭力地以人比附天，是想将人提升到天的高度，以天的神圣性来强调人的神圣性，是对天

---

① 徐复观：《两汉思想史》（第二卷），华东师范大学出版社2001年版，第244—245页。

地人三才并立，以人为主体的深入论证。"①

中国传统危机文化自我意识更淋漓尽致地表现在，不仅认为社会性危机是人为因素所导致，连自然灾害也是人为因素导致的。"天人感应"思想将自然灾异也投射到人类社会，认为自然灾异的产生也是人类行为失序导致的，所以通过调整人类自身的行为，修善德行、推行德政不仅能避免社会性危机的发生，还可以避免自然灾害的产生。人们不仅有能力管理好人类社会，而且可以干预天的意志，左右自然事物的发生发展。当然，不能否认的是"天人感应"思想构建的将自然灾异与人类行为相互对应的危机认知理论是缺乏科学依据的，其本质上的出发点还是从人类自身去寻找危机产生的原因、探究危机治理的方法，因此中国传统危机文化一直是以人与自身、人与社会的关系为主。

中国传统危机应对也是一种内求性的行为选择。虽然对天具有无上的敬畏之情，但是危机应对并不单纯依赖于超自然的神力，不是一味地遵从上天的安排，而是努力寻找通过自身行为的调整来救灾应急的方式，积极思辨，自强不息，渴望掌控事态发展的主动权，掌握人类自身的命运，充分调动人的能动性。

（二）以德治灾：中国传统危机文化的行动观

在殷亡周兴之初，统治阶级总结夏商两朝的兴衰更替已经认识到"天命靡常，惟德是辅"的社会历史发展规律，"以德治国"逐渐成为传统封建专制社会的主流政治态度。"天人感应"思想也是"以德治国"的忠诚拥护者，认为"天道有阴阳，人间有德刑。天以阳气为主，以生养为德；人亦应以德政为生，以生成为意"（《汉书·董仲舒传》）。"天德施，地德化，人德义……天地之精所以生物者，莫贵于人。人受命乎天也，故超然有以倚。物疢疾莫能为仁义，唯人独能为仁义。"（《春秋繁露·人副天数》）所以，天

---

① 韩星：《董仲舒天人关系的三维向度及其思想定位》，《哲学研究》，2015年第9期。

地之德表现为施与、化育，人受命于天，集天地之精华，能行德为义。

天依据对帝王德行以及帝王德政的评判决定是否降灾异示警，对帝王行为的规范也是依靠"德"的标准，救灾应急并不是处理好人与自然的关系就可以，而是要处理好人与自身（德行）以及人与社会（德政）之间的关系。"以德治灾"是"天人感应"思想救灾应急的根本原则，也是传统危机应对的主要思路。中国传统危机文化的形成超越不了特定历史时期人们的整体认知水平，危机的认知与应对折射了传统的德、义观。

用现代应急管理的话语来解释，借助灾异反思自身、调整人事，通过改良社会环境来增强民众的抗灾能力，其实是在增强社会的总体韧性，恰恰是相当于从问题根源上治理危机。"以德治灾"并非没有科学性，帝王推行德政，勤政爱民，百姓自给自足、国泰民安自然不容易受到极端自然现象的冲击，如此便不足以成灾；政治清明，百官各司其职，社会秩序良好，社会性危机也可以避免。只不过因灾而推行的德政措施只是暂时性的应急反应，并没有形成制度化的、规范性的改良社会秩序的模式，所以其产生的效果也是暂时性的。

（三）同类互动：中国传统危机文化的整体观

中国传统危机包括天灾、人祸两大类，但是严格来说，"天人感应"思想并没有将自然灾异定义为危机。"天人感应"思想虽然具有限制王权、规范帝王行为的作用，但是其基本前提还是为了维护封建专制统治，为了维护帝王的统治地位和统治权威，统治阶级才是其服务的对象。而对统治阶级来说，自然灾异不过是上天初步的警告跟恐吓，帝王置之不理、不思悔改才会导致危及其政权统治安稳的"殃咎"，而"殃咎"也即社会性危机才是真正的危机。

"天人感应"思想中并没有直接关于应对自然灾害的论述，并不涉及具体的应灾措施及政策，但是通过同类互动将自然灾异与社会性危机联系到一起，使两者成为一个整体。而且自然灾异在社会性危机之前出现，统治阶级为了防止社会性危机的产生就要将自然灾异治理好,所以说是社会性危机驱动自然灾害的应对。

　　回归当时的历史条件,不得不承认"天人感应"思想是一种积极的指导应灾的思想。"天人感应"思想指明了自然灾异与帝王德行之间的关系,将灾异归咎于帝王德行或执政之失,极大地提高了帝王对灾异的重视程度,有数据统计显示,"汉武帝以后对灾害的记载明显增多"①,表明人们越来越关注灾异。在《汉书》《后汉书》的记载中,除了个别有为的皇帝外,王朝政治的内容几乎都是与灾异相关开展的,这种关注无疑是有利于应对灾异的。

五、结　语

　　"天人感应"思想对中国传统危机文化的形成产生了重要的影响,可是放眼人类自身和社会发展的整个历程,这种思想对中国传统危机管理活动的阻滞也是很明显的,需要后人的反思和规避。首先,天人感应思想从一定程度上讲具有愚民的弊端,其释灾逻辑让民众在灾害面前更加相信和依赖外在神力的佑护以及统治阶级的救助,限制和约束了民众自我救助的追求和自信。其次,"天人感应"思想的长期存在无疑加重了人们的回避意识,回避问题的本质。上至帝王下到黎民,安于既有的对灾害的解释归因,阻碍了对灾害成因科学探究的步伐。再者,"天人感应"思想将危机归因于帝王的治世得失,危机的应对依赖于君王个人的素质、道德修养和认知水平。"文武之政,布在方策。其人存,则其政举;其人亡,则其政息"(《礼记·中庸》),这种对个体的依赖,不仅容易导致国家的盛衰兴亡,而且使社会管理特别是灾荒年份的救治活动增加了极大的不确定性。同时,救灾工作的开展过于依赖帝王的个人德行,也难以形成稳定有效的救灾机制。

---

　　① 杨振红:《汉代自然灾害初探》,《中国历史研究》,1999年第4期。

中国传统危机文化是一个复杂的系统，在其发展演变的过程中，是对传统危机中诸多文化的高度凝练，传承了我国几千年的民族文化心理，体现了社会的智力、智慧和智能水平，构成了中华民族特有的心理特征。文化基因代继相承，深刻影响着华夏民族的世世代代，所以要把握好对传统危机文化的评价、对传统危机文化的作用和未来传统危机文化努力发展的方向。仅从社会建构主义的视角来看，不同社会环境、不同文化背景下会对危机有不同的建构和认知，所以危机管理工作的有效开展需要基于特定的社会文化背景，做好我国危机管理工作需要构建一套具有中国特色的危机管理体系，而这一体系必须建立在中国国情、民族性格和文化共识的基础之上，扎根于中国传统危机文化，继承和发扬其中优秀的危机思想和应急智慧。

古代国家仪式在传统危机管理中的作用
——以祭祀为研究对象[①]

王郅强　尉馨元

中华民族历史文化悠久,其丰富的文化中包含了极其有价值的传统危机文化。在当今社会矛盾愈发尖锐、突发公共事件愈发频繁的大背景下,危机管理越来越受到重视。在积极引进和学习国内外先进危机管理理论和方法的同时,对我国古代传统危机文化的挖掘、整理和继承也同样重要。本文选取祭祀这一贯穿中国历史长河的仪式行为作为研究对象,通过对祭祀的起源和存在形式的梳理和分析,就其在自然灾害性危机和社会性危机的应急管理过程中的表现和作用进行了讨论。最后,基于现实回应的需求,提出需要辩证地看待祭祀在历史发展中的作用,并要充分考虑现代危机情景下国家仪式对危机治理的启示和借鉴。

---

① 原刊于《南京社会科学》2014年第2期。

<<< 第一部分　中国传统危机文化研究

一、祭祀的起源和存在形式

祭祀是一种起源很早的通神行为，是古人向天地、神灵、祖先祈福消灾而采取的传统礼俗仪式。在人类认知能力还很低下的远古时代，自然界的严寒酷暑、风霜雨雪、山崩地裂、洪涝干旱、电闪雷鸣、瘟疫病害等天灾人祸时刻威胁着人们的生命财产安全。在自然强大的威慑力面前，人们不断进行认知的探索，总结出一套"万物有灵论"的理论来解释这些不确定性现象。而祭祀，就是古代人类基于"万物有灵论"对自然界中"怪异现象"合理解释后采取的一种能动性行为。

"万物有灵论"认为自然界中的所有物体，有生命的动物、植物，没有生命的山石河水，都像人类一样有内在灵魂。"每一块土地、每一座山岳、每一面峭壁、每一条河流、每一条小溪、每一眼源泉、每一棵树木以及世上的一切，其中都容有特殊的精灵。"① 生活中运气的神秘莫测以及自然威力的无法抗拒，加上缘于无知而产生的极大的不安全感让人类直观地认为冥冥中有些他们不可触摸的伟大的神灵在安排主宰着人世的一切，即相比于其他的灵性，人类是相对较弱的一方。特别是在天灾人祸面前，"原始人认为灾害的发生是由于他们触怒了这些天地间的精灵，为了讨好精灵使他们息怒，人类便发明了祭祀"②。所以说人们对未知领域的恐惧、敬畏和祈福求好是祭祀产生的直接原因，也就是说祭祀本身就是人们在面对未知事物时趋利避害的产物。

祭祀在产生伊始主要是人类恐惧自然、祈福求好的一种形式，在发展过程中又融入对祖先的崇拜和敬畏，并且由此产生了强大的内在约束力。因而

---

① ［英］爱德华·泰勒：《原始文化》，连树生译，上海文艺出版社1992年版，第553页。

② 林河：《中国巫傩史》，花城出版社2001年版，第187页。

43

历史上祭祀主要有两种存在形式：一种是用于求好祈福、禳灾避祸的通神仪式。人们通过祭祀与天地神灵进行沟通，传达人类对天地神灵的敬畏之情以及人类祈求神灵保佑的良好意愿；另一种是作为教化礼制存在，是国家宗法体系的重要组成部分，引导、约束和规范着人们的行为。"凡治人之道，莫急于礼。礼有五经，莫重于祭。"① 在《周礼·春官·大宗伯》中将礼分为"吉、凶、宾、军、嘉"五大类，其中居于首位的便是"吉礼"，吉礼就是指祭祀之礼。这两种存在形式共同作用于传统危机管理的各个方面。通神仪式，为人们提供了心灵慰藉的依托，使人们在面对自然灾害和未知事物时能够减少不安、沉着冷静。教化礼制，则规范和约束着人们的行为，在维护社会稳定、规范社会秩序方面具有特定历史环境下的作用。

二、祭祀在自然灾害危机管理中的作用

中国数千年来灾害频仍，"我国历史上水、旱、蝗、雹、风、疫、地震、霜、雪等灾害，自公元前1766年（商汤十八年）到纪元后1937年止，计3700年间，共达5258次，平均约每六个月便有灾荒一次"②。北宋经济学家邢昺曾言："民之灾患，大者有四：一曰疫，二曰旱，三曰水，四曰畜灾。岁必有其一，但或轻或重耳。四事之害，旱暵为甚，盖田无畎浍，悉不可救，所损必尽。"③ 在灾害严重的年份，灾民的生活极其艰辛，甚至还会发生食人、食土、食木、食野菜野果等返祖行为。如此频繁的自然灾害，再加上灾害导致的严重后果，使得古人对自然灾异充满了恐惧之情。但是在传统农业社会，科技落后、生产力低下，人们自身抵御自然灾害的能力极其有限。面对天灾，古人常是无助的、茫然的，这就使封建迷信的盛行得以流行。人

---

① 参见《礼记》祭统。
② 邓云特：《中国救荒史》，商务印书馆2011年版，第47页。
③ ［元］脱脱：《宋史》，中华书局2012年版，第698页。

们渴望借助比自身强大的神灵力量来防灾、抗灾，因此，祭祀作为古代应灾的一种重要手段便经久不衰。

祭祀的种类很多，表现形式各异，从应对灾害的角度来看，古人采用的祭祀种类主要有三种：常祀、非常祀和告祭。常祀，即指每年固定的时期对特定的神灵进行祭祀，周期性循环；非常祀，则指没有固定的祭祀时间，也没有特定的祭祀对象，是在面对突发情况、临时应急时举行的祭祀仪式；告祭，则是一种为答谢神灵救助而进行的回报性祭祀仪式，也称为报祭。这三种祭祀形式在灾害应对的不同阶段起着不同的作用，共同构成了古代运用祭祀应急救灾的整个过程。参见下表：

种类	举例	目的	作用	对应的危机管理阶段
常祀	四时祭、祈俗、社稷祭祀、常雩等	1、表达敬畏与崇拜 2、祈福保佑、避免灾害的发生	1、获得心理慰藉，减少对未知的恐惧 2、彰显政绩	预防阶段
非常祀	祈雨、祈晴等灾中祭祀	1、祈求救灾 2、息怒消灾	1、稳定民心 2、转嫁责任 3、政绩考量	处理阶段
告祭	谢雨、谢晴、送福礼等事后祭祀	1、答谢救助 2、还愿以得到持续的佑护	1、灾后信仰重建、统一思想认识 2、宣告天威、重建社会秩序	恢复阶段

（一）常祀：预防灾害的祭祀仪式

对灾害的恐惧感和应灾的无力感使古人积极地寻求预防灾害发生的方法。既然已经将灾害的产生归咎于天地神灵的喜怒哀乐，那么只要满足了天地神灵的要求就可以避免灾害的发生。在这种求好预防意识的指引下，他们创造出许多种常祭仪式，用以敬神求好，祈求佑护，避免灾害的发生。

常祀的种类很多，如"四时祭""常雩""祈俗""社稷"祭祀，还有各种节日祭祀等。通过四时之祭，分别在春夏秋冬四个季节进行祭祀，"以春祠享先王，以祠夏享先王，以尝秋享先王，以烝冬享先王"①。表达对祖先神灵的敬畏，同时也含有对祖先佑护的感激之情，通过祭祀与祖先共享太平盛世。雩祀，是中国古代用于祈雨的祭典仪式，又分为大雩和常雩等。东汉时，雩祀被列为国家祀典，并为以后的许多朝代所沿袭。清乾隆时期设立"常雩"，"四月雩祭系每年常行之典"②，每年孟夏（农历四月）择吉日由皇帝亲自或派遣官员定期举行祈雨仪式，以祈谷实、风调雨顺，避免遭受旱灾。在其他常祀如祭天、祭祖、节日祭祀等祭奠过程中也会融入风调雨顺、五谷丰登、国富民强等各种美好的祈望。

有的常祀带有强烈的区域特点，并被地方官员用来彰显功绩，表达对地方经济发展的支持，宋代泉州的海祭祈风即是如此。泉州地处东南沿海，宋元时期地处东南沿海的泉州是海上丝绸之路的起点，航海贸易繁盛。由于人们出海经商和官员出使的需要，海神信仰十分盛行。为保海路畅通，航海顺风扬帆，泉州的地方官员每年都要在各种海神祠堂举行祈风祭典，一般十月至十一月举行"遣舶祈风"，四月举行"回舶祈风"。地方官员的《祈风文》中记载："舶之至，时与不时者风也。而能使风之从律，而不愆者，神也。是以国有祀典。稗守土之臣，一岁而再祷焉。呜呼！郡计之弹，至此极矣，民力之耗，亦既甚矣。引领南望，日需其至，以宽倒垂之急者，唯此而已矣。神其大彰厥灵，俾波涛晏清，舶妒安行，顺风扬帆，一日千里，毕至而无梗焉。是则吏与民之大愿也，谨顿首以请。"③ 从祭文可以看出，当时人们认为神可以驾驭风，使风能够按照人们的意愿有规律地产生和停息。官员带领民众对神灵进行祭祀，祈求风顺，求得旅途平安，避免出航遇到灾难，这

---

① 中国孔子网：《周礼·春官宗伯第三》，[OL]. 2008. http：//www.chinakongzi.org/rjwh/lsjd/zhouli/200806/t20080602_ 3656510_ 1. htm。

② 中国第一历史档案馆编：《乾隆朝上谕档》（第1册），档案出版社1998年版，第842页。

③ 方豪：《宋泉州等地方祈风》，《台大文史哲学学报》1953年第3期。

种集体仪式不仅使渔民可以安心出航,而且也有利于地方官树立亲民形象。

(二)非常祀:应对灾害的祭祀仪式

在自然灾害面前,祭祀也是古人采用的一种常见的救灾手段。受封建迷信思想的影响,帝王百官既不能用科学的观点解释各种自然现象,又无力组织民众抗拒自然灾害的袭击,面对灾难只好祷告天地神灵,祈求神灵救助和恩赐。而同样无知的普通民众是自然灾害的直接受害者,灾害对他们的影响也最为严重,在灾难中他们迫切需要找到可以依靠的精神支柱,也期待着统治阶级有所作为。通过祭祀神灵进行救灾不仅迎合了当时人们的认知和需求,而且也巧妙地将救灾的责任转嫁给天地神灵,使统治阶级抽离矛盾漩涡,让天下百姓见"仁主忧民之旨,圣人恤物之心"[1],所以祭祀也成为帝王百官乐享其成愿意在自然灾害中采取的一种普遍的施政方式。

非常祀,主要是为应对各种自然灾害而临时采取的祭祀仪式,例如洪涝灾害中祭祀龙王等水神以祈晴,因久旱不雨而举行的大雩礼,以及航海中面对风暴而紧急性的设坛祭祀等等。史料中关于非常祀的实例记载也有很多,大约涉及民间自发组织的祭祀仪式、地方官员带领百姓一起举行的祭祀仪式以及帝王亲自参与主持的祭祀仪式三种形式。民间自发组织的祭祀仪式,表明面对自然灾害人们不是完全无助的、被动的承受,而是尽力去应对和解决灾害。通过祭祀可以增强人们对灾害的可控感,为内在的压力提供一个释放的渠道,找到可以依赖的精神力量,减少内心的恐惧。地方官员带领百姓一起举行的祭祀仪式,作为应对自然灾害过程中的一种施政方式,可以很好地增强官民之间的凝聚力。而帝王亲自参与主持的祭祀仪式往往所求能够得到应验,"因久旱未雨,农事堪忧,皇上以祷雨率诸王、文武群臣素服,步至南郊斋宿,是日早四际无云,顷刻之际,阴云密布,甘霖大需"[2]。这种应验可以宣示其与天神之间的神秘关系,增强人们对其权威的认可。

---

[1] 沈志华、张宏儒:《资治通鉴文白对照》,中华书局 2009 年版,第 232 页。
[2] 《清实录》(第三册)《世祖章皇帝实录》,中华书局 2012 年版,第 1275 页。

除了虚化的神灵外，人们还祭祀许多真实的人物，他们生前或者具有一技之长，或者德高望重。赵新所撰《续琉球国志略》中记载："神苏姓，名碧云，系福建同安县人。生于明季天启年间，读书乐道，不求仕进。晚年移居海岛，洞悉海道情形，海船均蒙指引平安。残后，于海面屡著灵异，兵商各船，均祀香火。每岁闽省巡洋，偶遭危险，一经吁祷，俱获安全。"① 人们祭拜熟悉自然规律的人，自然会对其事迹有所了解，这样在遇到危害的时候，既可以心有所依、沉着冷静，又可以理智地采用科学的方式去化解危机。所以在对这些先祖进行祭祀祈福的同时，也受到所推崇者各种能力和品质的影响和熏陶，使自身的素质和应事能力得到提高。

（三）告祭：灾后处理的祭祀仪式

古人在通过祭祀求好和救灾后，还要进行告祭以报答神灵的庇佑和恩惠。通过报祭进行还愿，在灾后灾民心理信仰重建过程中有重要意义。帝王和百官共同参与祭祀仪式，借助上天与神灵的力量消灾、救灾，并对偶见成效的祭祀大加赞扬，使得灾民混乱的心理统一在天神保佑的思维方式下，并对这种力量深信不疑，虽然这种思维对减灾、救灾的实际作用不大，但它却能消弭人们灾后的心理创伤，稳定灾民情绪，重建社会秩序。

告祭作为一种回报性的祭祀，往往举行于所求有所得之后。常祀中的四时祭就含有回报祖先福佑的意图。此外，祈雨后如果下了雨，要报祀，即"谢雨"；久雨不停，要进行祈晴祭祀，待天晴后，仍然要报祀，即"谢晴"。宋代庆历五年（1045年）二月辛亥，宋仁宗"祈雨于相国、天清寺、会灵、祥源观"，两日后，即甲寅"雨"，乙卯"幸相国、天清寺、会灵、祥源观谢雨"②。古代渔船航海过程中遇到危险祭祀祈祷，在安全返航的过程中，经过有海神庙的港口或去处，都要举行祭祀仪式，用以酬谢或"送神"。在渔船平安到达当天，船老大的妻子会备三牲、香烛、纸钱、鞭炮等供品，去妈

---

① 赵新：《续琉球国志略》，《台湾文献丛刊》1970年第293期。
② [宋]李焘：《续资治通鉴长编》，中华书局2004年版，第3748—3869页。

祖庙或关帝庙酬谢神明，俗称"送福礼"。有时祭祀的祈文中也会直接包含酬神的内容，"当备牲醪以酬神惠，绘像以肃其威仪，立石以纪其本末"[①]，许以丰厚的祭品，绘制画像以彰显其威严，并承诺立碑以为后传。

常祀、非常祀、告祭三种祭祀形式贯穿于古代应急救灾的整个过程，其系统性和完整性很好地体现了古人的危机管理思想和应急智慧。

三、祭祀在社会性危机管理中的作用

社会性危机，主要指人为因素造成的危机，包括政权合法性危机、社会矛盾和战乱等。祭祀，作为一种国家宗法礼制在社会性危机的应急管理过程中具有很强的教化作用，统治阶级利用祭祀礼制对人们的思想和行为进行规范和引导，使其合于常规，减少社会动乱和冲突。同时随着观念的转变，统治阶级也不断调整和改变行为，由祭祀衍生出许多切实可行的应急政策和措施。

（一）祭天祭祖：避免政权合法性危机的产生

古代朝代更替、皇位传让甚至造反起义都会涉及一个问题，这便是新旧政权的合法性问题。政权具有合法性才会获得人们的支持和认同，统治者才能具有权威性，社会秩序才能依照帝王的意愿按部就班。未取得合法性的政权会给其他组织以推翻的借口，引发社会的动荡和不安，所以政权的合法性是统治阶级安身立命的根本。在获得和巩固政权合法性的过程中，祭祀是古代帝王用来教化下民的重要方式。翻查史料，古代政权合法性的来源主要有两种：一是政权的天然合法性；一是政权的血缘合法性。参见下图：

[①] 黎中辅等：《大同县志》，山西人民出版社1992年版，第186页。

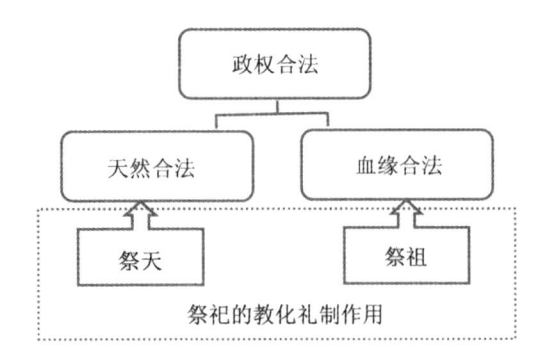

```
         ┌──────────┐
         │ 政权合法  │
         └─────┬────┘
         ┌────┴────┐
    ┌────┴───┐ ┌───┴────┐
    │ 天然合法 │ │ 血缘合法 │
    └────▲───┘ └────▲───┘
         │          │
    ┌────┴───┐ ┌────┴───┐
    │  祭天  │ │  祭祖  │
    └────────┘ └────────┘
      祭祀的教化礼制作用
```

天是统治阶级和普通百姓共同认可的人间事物的最终裁定者，是统治阶级获得政权天然合法性的来源。统治阶级利用下民对天的崇拜来确立和巩固其统治地位。天赋皇权，强调皇帝作为天子，是上天派到人间管理人间事物的代表。清代学者秦蕙田在《五礼通考》中说："礼莫重于祭，祭莫大于天。天为百神之君，天子为百姓之主，故惟天子岁一祭天。"皇帝靠着垄断祭天的权力，以证明其感天而生，权威来源于天。古往今来无论朝代怎样更迭，祭天大典作为一种彰显帝王统治地位的国家仪式一直存续着。古代帝王通过祭天大典来强化百姓对天帝的信仰和崇拜，又利用百姓对天的敬畏和崇拜来从精神和思想上进行教化，减弱普通民众对其政权合法性的质疑和反抗意识。既然在人们心中上帝是无所不能、主宰一切的神，那么与上帝有亲缘关系的帝王也就是不用质疑也不可质疑的合理存在了。可见，祭天仪式有利于维护政权稳定，以宣示政权天然合法性。

承祖归宗，体现的是血缘合法性问题。新政权的合法性缘于旧有政权合法性的延续。古代三皇五帝被看成是人类的始祖，受到广泛的推崇和认可，后代祭典中黄帝的地位愈发凸显，汉代司马迁在《史记·帝王本纪》中认为夏、商、周的始祖都是黄帝后裔，并在各诸侯国纪传中对各诸侯国的始祖与黄帝之间的血缘关系也做了清晰的记述，不仅如此，秦、楚、越、匈奴、朝鲜等各族群的始祖也都脉承黄帝，所以黄帝成了中国各民族共同的血缘始祖，成为统治者极力攀附、垄断的"符号资源"。许多古代帝王都曾祭祀过黄帝，在新帝嗣位改元、皇帝大寿、战争告捷等重大庆典中，都会遣使御祭黄帝。确立与黄帝的血缘关系是获得政权合法性的又一渠道，祭祀黄帝在皇家祭祖的宗庙体系中，发挥着昭示正统、祈祖福佑、孝治天下的作用，有利于江山政权的稳固。

祭天和祭祖，是封建帝王应对社会性危机和社会教化的重要手段，影响和统治着人们的思想，不断强化普通百姓对其政权的认可。古代皇位更替、朝代更替方式各样，在各种常规的、非常规的政权交替过程中，以祭祀为表现形式的宗庙礼制可以增强其政权的合法性。帝王的更替不影响皇权的至高无上，"奉天法祖"的传统政权模式有效地加强了皇权血缘合法性地位。

（二）缓和社会矛盾：祭祀救灾的衍生品

在以农耕为本的社会里，严重的自然灾害，轻者导致农业生产的歉收，重者甚至会引发政局动荡。为了避免因自然灾害而导致的社会性危机，统治阶级也在不断对执政行为做出积极调整，以缓和社会矛盾和冲突。比如，古代君王通过"罪己谢天"和"恤刑弭灾"等方式，以缓解因自然灾害危机而导致的社会动荡危机。参见下图：

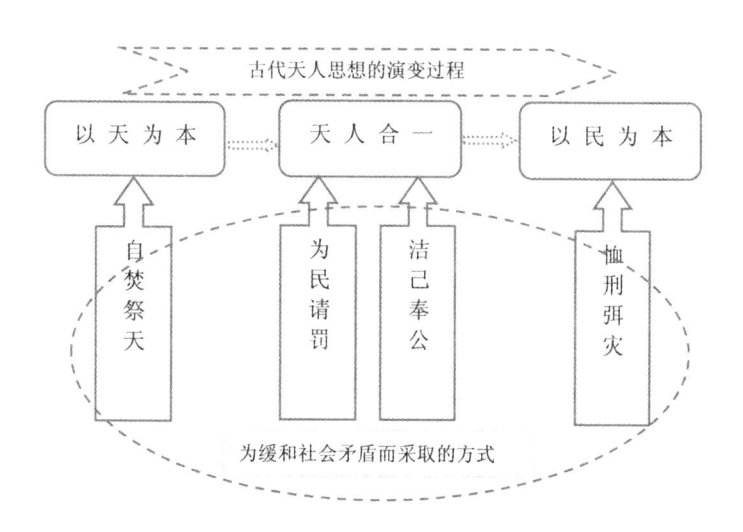

古代天人思想的演变过程：以天为本 → 天人合一 → 以民为本

为缓和社会矛盾而采取的方式：自焚祭天、为民请罚、洁己奉公、恤刑弭灾

传统儒家认为，灾荒的降临应是统治出了问题，所以上自皇帝下至一般

官吏都应该深刻反省自己的罪过,及时改正,奉行德政。所谓"灾者天之谴也,异者天之威也,谴之而不知,乃畏之以威……凡灾异之本,尽生于国家之失"①。在这种思想支配之下,当自然灾害发生时,统治阶级首先想到的是自己有过错,触犯天威,为感天治民,便通过"自焚祭天""为民请罚",要求百官"洁己奉公"等方式答谢天谴。

《淮南子》记载:"汤时大旱七年,卜用人祀天。汤曰:我本卜祭为民,岂乎自当之。乃使人积薪,剪发及爪,自洁,居柴上,将自焚以祭天。火将燃,即降大雨。"②为了救灾,商汤通过"自焚祭天"的方式以谢天谴。在以天为本思想的指导下,人的行为主要是为了满足天的要求或者平息天的愤怒,为此不惜以自我牺牲为代价。明朝洪武七年五月,天久不雨,朱元璋在祭文中道:"方今仲夏,当农民渴雨之期,予心惶惶,莫知所措,故祈诸神,特降雨泽,神不我弃,为达上帝,苟有罪责,宜降朕躬,毋为民灾,神其听之。"③从祭文看,朱元璋虽然没有采取实质性的自罚措施,但是也明确表示愿"为民请罚",甘受天谴,使百姓脱离旱灾之苦。清顺治帝时期,"今年三春不雨,入夏亢旱,农民失业,朕甚忧之意朕躬有缺失欤。祀享有不诚,诏令有不信,政事有未当欤。抑大小臣工、怀偏私,重贿赂,不肯实心为国旷废职业,以致膏泽不下逮欤。抑当言不言,不当言而言,沽名钓誉持禄养交无济于实事欤。抑民间疾苦无所控诉地方各官,不以实上闻欤。……著顺天府官,督率所属,竭诚祈祷,应行事宜"④。认为天灾的产生除了皇帝自身有所缺失,大小臣工或收受贿赂不秉公处事,或谄媚邀功不以实政为民,或民间疾苦未能如实上达。要求官员对天竭诚祈祷,对民尽职尽责,"洁己奉公"。

---

① 钟哲点校:《春秋繁露义证》,中华书局1992年版,第259页。
② 楼劲:《汤祷传说的文本系统》,《中国社会科学院历史研究所学刊》,2010年版第23-25页。
③ 思兔在线阅读:《大明太高皇帝实录》,2009.129. http://book.sto.cc/mbook-71810-129.html。
④ 李向军:《清代荒政研究》,中国农业出版社1995年版。

在天人思想发展的过程中，以天为本逐渐转变到以民为本，"民之所欲，天必从之"。《尚书·皋陶谟》中说："天聪明自我民聪明，天明畏自我民明威。"① 这就是说，上天考察天子政治得失是以黎民百姓的视听为标准的，上天对天子的奖励惩罚也是依从黎民百姓的好恶。面对灾害，统治阶级不再仅靠"罪己谢天"的方式应灾，而是将注意力转移到为民造福方面。"恤刑弭灾"就是统治者在面临天灾时，通过减免刑罚来体恤百姓，企图"恤刑悯囚"以缓和因天灾而变得愈发紧张的社会阶级矛盾的一种措施。

乾隆二年（1737年），水旱频发，乾隆帝悯念民生，降诏大赦天下。"著该部立速通行各省，除必不应赦者，仍行通缉外，其与赦款相符者，一概免其通缉，有在本案牵连待质之犯，亦即予释放，至现今刑部羁禁之人，有似此等牵连待质者，无论赦前赦后，或释放，或取保，著该堂官，即行酌量办理，以示矜恤。"② 为了巩固封建统治，强化皇权，重刑酷狱成为历朝历代的治世手段。酷刑本来就容易导致阶级矛盾的激化，在自然灾害发生时对特定对象予以体恤赦免，无疑会在一定程度上缓和尖锐的阶级矛盾。

这种以天人关系为出发点，根起于祭祀的罪己行为，经过"自焚祭天""为民请罚"，到要求百官"洁己奉公"，再到"恤刑弭灾"的不断发展，形成了在自然灾害之后，缓和社会关系、避免矛盾激化的一套理论和价值体系。

（三）祭祀在古代战乱中的表现和作用

历朝历代，战争始终是一个残酷而又难以避免的社会现象。古代战乱是威胁社会稳定的一大因素，是社会性危机的重要组成部分。"国有大故、天灾，弥祀社稷祷祠。大师，宜于社、造于祖、设军社、类上帝。"③ 可见古人

---

① 《尚书》，《十三经注疏》，中华书局1980年版。
② 康沛竹：《灾荒与晚清政治》，北京大学出版社2002年版，第102页。
③ 中国孔子网：《周礼·春官宗伯第三》，2008年，http://www.chinakongzi.org/rjwh/lsjd/zhouli/200806/t20080602_3656510_5.htm。

祭祀不仅限于应对天灾，在天子率军出征时，也要遍祭所有重要神灵：社、祖、上帝、山川，还要设置随军社主。"国之大事，唯祀与戎"①，祭祀与军事是古代国家的主要事务，两者有着密切的联系。在科技落后主要靠人力作战的情况下，古代国家政权一方面在军事斗争中常利用人们对神灵信仰的神威来赢得战争的胜利；另一方面利用群众对神明广泛尊崇的心理，既能宣示战争的正义性，证明发起的战争乃顺合神意，以获得百姓支持和认可，又能鼓舞战士的作战士气，表示战争得到神灵的佑护，使必胜的信念深入人心。

古往今来，战争的发动者都要事先制造或寻找一些理由或借口，以表明自己师出有名或敌人罪有应得，显示战争性质的神圣和目的高尚，争取舆论的主动，得到更多的支持。在古人看来，战争的正义性多是由"天"评定的，所以利用人们对天的崇拜和信仰，借由各种承天的口号或者自命为天命所授之人，证明战争或起义的正义性，便成了许多战争或起义首领们惯用的手段。东汉黄巾起义以"苍天已死，黄天当立"为口号，宋代农民起义中宋江打出"替天行道"的旗帜，明代农民起义领袖刘惠自称"奉天征讨大元帅"。通过这些口号或封号，不仅宣示了起义的正义性，使之获得民众支持，同时也确立了其统治权威的合法性。

祭祀还被用来鼓舞士气。出战之前或者应战过程中对神灵进行祭祀，让士兵们认为此次出征是受到神灵佑护的；心里有了寄托的对象，仿佛取得必胜的保障，从而士气倍增，甚至可以无往不利。明朝著名抗倭将领俞大猷在剿灭海寇曾一本之前曾求神祷告："谨率大小将领，以牲醴祭于敕封天妃娘娘之神……愿我神明，临战之祭助我顺风，稗此丑贼无一遗遁"②。

---

① 杨柏峻：《春秋左传注》，中华书局2009年版，第130页。
② （清）孙诒让：《周礼正义（第5册）》，中华书局1987年版，第1330页。

四、祭祀仪式对现代危机治理的启示

在古代农业社会，生产力低下，人们抵抗自然灾害的能力很弱，借助神力祈福应灾一直是人们凭借的重要方式，祭祀这种通神、敬神、谢神的行为一直活跃在历史舞台上，展现了古代危机应对的历史文化、精神信仰和价值观念。但是作为一种国家仪式，不论是常祀、非常祀或是告祭，发起者为了表达自身信仰的虔诚，为了尽可能地获得神灵祖先的佑护，其仪式往往极尽奢华，铺张浪费非常严重。严苛的赋税又进一步压迫灾难中的百姓，使其生活更加水深火热。另外，祭祀仪式偏重对神灵力量的依赖，导致切实有效的、科学的应急措施的发明和创造受到阻碍，不利于人们对自然的探索和对社会运行规律的发掘，所以应该辩证地看待祭祀的作用。

中国古代祭祀仪式在危机治理过程中主要的心理导向作用有三点：一是建立和巩固人们的国家认同和政治认同。祭祀仪式饱含天人思想、君民观念，潜移默化地影响着人们的国家认同和政治认同。特别是在危机情景下，人们的心理脆弱，需要强大的力量牵引，此时通过祭祀仪式产生的国家、政治认同更容易而且认同感更强烈。二是提高人们的心理承受能力。灾害中强烈的恐惧感和精神危机是受灾者共同的心理现象，通过祭祀获得情感依托，使得人们在面对突发性灾难的时候可以沉着应对，找到有效的应灾措施，减少灾害中的伤亡和财产损失。三是提供情绪疏泄的途径。受灾者在灾害中焦虑程度上升，很容易影响到日常生活。祭祀仪式解释了危机产生、发展的原因和过程，使受灾者理解目前的处境和遭遇，灾民内心的恐惧和不安可以通过祭祀仪式达于祖先神灵，借由祖先神灵的佑护产生抗击灾害的勇气和信心，不仅可以让其重拾生活的信心和勇气，而且对灾后社会秩序的恢复和重建也有非常重要的作用。参考祭祀仪式在危机治理中的作用，建构现代危机治理中的国家仪式也要兼顾以上心理干预的三方面功效，通过仪式满足人们在危机情景下的心理需求。当然，对于危机情景下国家仪式的构建还需要有法律法规来规范其程序，防止国家仪式过度或者泛化，避免因此而造成负面影响。

借鉴古代祭祀仪式在危机情景下的表现形式，要建构和完善适用于现代危机治理的国家仪式，应该做到如下几点：首先，要有周期性的国家仪式，比如节假日的典庆活动或是对历史事件的祭奠活动，以此来获得和巩固政治和历史的认同与合法性。其次，灾难也是一种社会动员的政治资源。"国家，或者政治家和政客们，也经常会充分利用这一资源来赢取民心，为权力的合法性立言和寻求支持。"[1] 要充分利用灾难性事件对受灾者心理的影响，通过国家仪式来慰藉受灾者的心灵，使其找到心理的依靠和归属感。最后，也要关注灾难后的纪念仪式，形成对受灾人群的全方位引导和求助。

---

[1] 范可：《灾难的仪式意义与历史记忆》，《中国农业大学学报（社会科学版）》2011年第1期。

在传统中汲取风险治理智慧[①]

王郅强　尉馨元

　　风险社会的到来，为治理体系和治理能力带来了新挑战。提高政府的风险治理能力，有必要汲取传统文化的精华和智慧。《关于实施中华优秀传统文化传承发展工程的意见》指出："实施中华优秀传统文化传承发展工程，是建设社会主义文化强国的重大战略任务。"对于现代治理而言，这一要求也同样适用。

　　中国文化产生于特定的社会历史条件和自然环境，人们在应对各种风险、危机的实践探索中，逐渐形成了规律认识和文化思考。例如，恶劣的自然生态迫使人们不断适应，也产生了"祸福相依"等朴素的辩证唯物主义思想，彰显出传统文化的博大内涵与现实魅力。可以说，中国优秀传统文化源自实践，应该能为现实治理提供"药方"。

　　理性的认知思维引导正确的治理行为。将优秀传统文化融入现代风险治理中，首要的是转变现代风险认知的思维方式。习近平总书记指出："要善

---

① 原刊于《人民日报》，2017年3月23日。

于运用底线思维的方法，凡事从坏处准备，努力争取最好的结果，做到有备无患、遇事不慌，牢牢把握主动权。"居安思危、有备无患，这正体现了传统文化在现代治理中的运用。实践中，有些地方片面地理解改革发展稳定的关系，没有在治理过程中保持"底线思维"。而底线思维，就是一种积极的风险认知思维，其中包含忧患意识，更强调务实自强、积极预防，是传统文化的当代体现。

没有一定的价值认同和历史认同，现代风险治理很难取得共识和实效。这就有必要在历史文化的语境中，把现代风险治理的原则阐述清楚，让人们更易理解、接受和践行。如传统文化中"天覆地载，万物悉备，莫贵于人""圣人深虑天下，莫贵于生"等都是"以人民为中心"发展思想的体现，与现代风险治理坚持的"生命第一原则"相契合。同样，现代风险治理强调预防、责任、诚信、沟通等原则，都可以在传统文化中找到相应内容。传承中国文化精髓是一场与历史的对话，在文化吸引中读懂过去、认识现在、照见未来，对推动风险治理从理念到实践的延伸大有裨益。

"制度是文化的沉淀，文化是制度的精华。"现代风险治理从优秀传统文化中汲取营养，要更加侧重完善风险治理的制度设计，充分挖掘传统社会的忧患意识和应急智慧，将其内在逻辑纳入风险治理制度安排中。比如，利用传统的危机预防意识进行顶层设计，通过"关口前移"的制度安排及预案体系的完善进行源头治理；发挥传统和合文化缓解社会矛盾的功效，进行应急管理"安全阀"的制度设计；利用"祸福相依"的辩证危机观，重塑社会大众的危机认知和危机心理等。

"不管我们的生活组织得多么好，生活中仍然充满着危机。"现代社会既需要面对突发事件临危不乱的治理体系，又需要高度警觉与高度负责的文化氛围。这种文化意识不仅属于现代文明，更映照着历史传承的影子。在现代治理中挖掘并阐发好优秀传统文化，任重道远。

<<< 第一部分 中国传统危机文化研究

风险、危机、灾害的语义溯源[①]
——兼论中国古代链式风险治理流程思路

刘宝霞[②] 彭宗超[③]

"风险""危机""灾害"是应急管理领域被广泛使用的基础概念。尽管国内学界对这些基本概念都下过专业性定义，但大都对中文语境中三者的来源和流变语焉不详，如人们常根据字面意思将"危机"解释为"危险加机遇"，同时常将"危机"与"风险"等同，认为"危机"包含"风险""危险"等概念，也常把"灾害"与"突发事件""危机""灾难"等同。[④] 从概念的起源探究三者的相互关系，梳理其发展脉络，借以了解中国风险治理思想与文化的源头，对今天的风险治理有重要的借鉴意义。因此，本文拟追溯"风险""危机"和"灾害"等概念的产生，结合典籍对先秦风险治理经

---

① 原刊于《清华大学学报（哲学社会科学版）》2016年第2期。
② 刘宝霞，清华大学公共管理学院中国应急管理研究基地（北京哲社办资助）博士后。
③ 彭宗超，清华大学公共管理学院教授、中国应急管理研究基地主任。
④ 童星、张海波以"突发事件"涵盖"灾害"这一概念，并将其置于等同的位置，认为二者是引发"危机"的关键节点。参见氏著：《基于中国问题的灾害管理问题框架》，《中国社会科学》2010年第1期。我们认为，"突发事件"的确是使"风险"和"危机"之间潜在关系显性化的"导火索"，但在中文语境下，"灾害"应是"危机"状态下事态的进一步恶化。

验进行探究。

一、风险、危机与灾害概念的产生

（一）"风险"概念的产生

"风险"的本质是不确定性。从中世纪晚期向现代早期转换的过程中，由于海上贸易的巨大利益驱动，人们想方设法规避这些不确定发生的危险，于是在西方，"风险"概念就作为一个关键性概念范畴被创造出来，形成了一种认识上的理性自觉，后逐渐在制度上加以体现，也就是保险制度的发明。①从此，"风险"概念被赋予现代意义上的丰富内涵，代表如贝克认为风险是"系统化地处理现代化自身引致的危险和不安全感的方式。风险与危险相对，是与现代化的威胁力量以及现代化引致的怀疑的全球化相关的一种后果。它们在政治上是反思性的"②。中文语境下，现代意义上的"风险"概念是伴随着"风险"一词的意义演变而形成的，其产生背景和发展轨迹与西方相似，产生较晚。"风险"一词经历了"风"和"险"两个单音节词组合进而词汇化的进程。由于风没有固定的形状，当它作用于无形的对象时，便产生"自由的，不确定的，无根据的"意义。中古时期，这一意义开始应用于与传播有关的语境中，如"风言风语"。险，本义为地势险峻或道路崎岖，文献中使用的环境多与地势或道路有关。"风险"一词产生于清代中叶，最初指的是"行船遇风之险"。③19世纪后期的《申报》中，"风险"常作为一种灾害类型，与"火灾"并提。如：

---

① 刘岩：《风险概念的历史考察与内涵解析》，载《长春理工大学学报》，2007年第3期。
② [德]乌尔里希·贝克：《风险社会》，何博闻译，南京：译林出版社2004年版。
③ 刘宝霞、彭宗超：《风险、危机、灾害及其相关概念的词源学辨析》，见彭宗超等：《中国应急管理研究报告》，清华大学出版社2014年版。

<<< 第一部分　中国传统危机文化研究

（1）保险之法，或则保房屋之火险，或则保海中之风险。（《保命说》，1889年7月24日）

（2）水之为害，除自尽失足而外，或遇天灾，或遭风险，究非常有之事。而火则一不自慎即成燎原。（《论轮船装勇宜预防火患》，1895年11月27日）

由于该词中"风"的意义既可指自然界的风，也可以指不确定性，"风险"的意义逐渐由航海中经常遭遇的自然界的风浪，扩展至这一过程中的其他不确定性危险，尤其是财产上的损失和人员伤亡，即某项旨在赢利的行为可能承担的利益损失。

19世纪末20世纪初，中文语境中的"风险"一词始用于拍卖、银行等经济业务中，指的是不确定的损失，与西方"风险"概念的出现领域相同，时间也几乎同期。[①] 经济学界最先对"风险"展开系统研究，"风险"成为经济学的一个重要概念和研究对象。20世纪30年代，著名经济学家赵人儁曾发表《风险问题》一文，明确指出"风险之起源由于不确定"[②]。

目前，学界普遍认为"风险"概念源自西方，"风险"一词也是20世纪初日语翻译英语"risk"后才传入中国的，但对其传播路径语焉不详。结合上文的考察，中文的"风险"一词经历了由普通名词逐渐发展为经济术语的过程，其原因固然与西方资本的入侵有着千丝万缕的联系，但有其自己的发展轨迹；遍查日本《国语大辞典》以及19世纪和20世纪外国传教士编辑的《英华词典》，均不见"风险"一词。[③] 可见，"风险"一词也非日源，应为

[①] 1895年，美国学者Hayens在Risk As An Economic Factor一书中最早提出风险的概念并加以分类；在他看来，风险是潜在的损害或损失的机会或可能性。参见景怀斌：《公共危机心理——Sars个案》，社会科学文献出版社2006年版。

[②] 赵人儁：《风险问题》，载《太安丰保险界》1936年第2卷第8期。

[③] 感谢日本成城大学陈力卫教授帮忙查阅"风险"一词在日本《国语大辞典》及早期传教士词典中的收录情况。

汉语自源。19世纪末20世纪初的《申报》中，现代意义上的"风险"的例证便已多见，标志着现代意义上"风险"概念的成熟。例如：

（3）本公司在香港立案，准为有限公司，故各股东之风险，照所得之股为限，存本共一百万。（《上海火险公司》，1898年10月10日）

（4）定于本月廿九日午后三点钟即在该处拍卖，拍定即付现银，如有错误及一切风险，拍后均归得主自理。（《拍卖趸船》，1902年10月19日）

（二）"风险"概念的萌芽："幾""微"

"风险"概念形成较晚，但其萌芽是很早的事情。从西周时期开始，人们的信仰逐渐发展成为典型的天命信仰①，"天"对整个社会生活进行干预，成为绝对的操纵者。周人在"信天命"的同时包含着"畏天命"的观念和心理，一方面认为只有顺应天意，才能消除灾祸，否则便会招致灾难；另一方面，对"天命"的疑虑、不确定感和不安全感又使其相信如果"有德"，就能"格知天命"。人们在社会生活中表现出的对上天的敬畏、对未知事物的谨慎乃至恐惧以及对细小事物的重视，其实可以算是"风险"意识的萌芽。文献中不乏此类论述，如《尚书·益稷》："帝庸作歌，曰：敕天之命，惟时惟幾。"意为帝王顺应天命来治理天下，主要应顺应时势和谨小慎微，着重强调了"时"和"幾"的重要作用。其中，"幾"指的是细微不容易察觉的事物，常用于表示事情的苗头或预兆，且往往是不好的结果的预兆。《说文·幺部》："幾，微也，殆也。"《尔雅·释诂》："啺、幾、灾、殆，危也。"二者均将"幾"看作一种危险，与"灾（灾害）""殆（危殆）"属于一类。《庄子·人间世》："戒之！慎之！积伐而美者以犯之，幾矣！"意指屡次夸耀自己的长处，会冒犯君主，非常危险。《墨子·修身》："本不固末必幾，雄而不修者其后必惰，原浊者流不清，行不信者名必耗。"强调根本不

---

① 冯钢：《论殷周"天人关系"的形成及其心理基础》，载《社会学研究》，1988年第6期。

牢固，枝节也会很危险。《周易·系辞传》为《易传》的一部分，相传为孔子所作。《易传》特别强调"幾"，并对"知幾"一事的重要性进行了集中阐述。《周易·系辞上传》："夫《易》，圣人之所以极深而研幾也。"韩注："极未形之理则曰'深'，适动微之会则曰'幾'。"《周易正义》："幾，微也……事物初动之时，其理未著，唯纤微而已。若其已著之后，则心事显露，不得为幾；若未动之前，又寂然顿无，兼亦小得称幾也。幾是离无入有，在有无之际。"这段论述明确指出"幾"是事物最初的隐微苗头，这种苗头非常微小，似有若无，非常不明显。

上古文献中，与"幾"意义近似的还有"微"。微，本义为隐匿、逃窜。《说文·彳部》："隐行也。"段注："微，匿也。"《尔雅·释诂》："匿，微也。"后引申为凡不明显或难以发觉的事物、行为、性质都可以称"微"，"微小"义也由此引申而来。与"小"相比，"微"指的是绝对的小，难以发觉。"微"的反义词是"显""明""彰""著"等跟"明显"义有关的词，而如何"察微""识微"，由"微"知"著"，以小见大，成为当时的君子和统治者需要具备的能力。

结合"幾"和"微"的语义特点，我们可以将其看作"风险"概念的萌芽，但需要指出的是，在当时天人关系的大背景下，这种萌芽只能是非理性的、非逻辑的，表现出来的是既对风险的来源及类型无确切的认识，也无法科学地对风险进行感知和评估，最终落脚点便容易归于对道德的追求，而一旦这种实践在风险治理方面收效甚微，人们又会回归原点，笃信"天命"，具有其历史局限性。

（三）"危机"概念的产生

古代文献中，由于单音节表达的一词多义的特点，"危机"概念常与"危险"概念交织在一起。"危机"概念的表达常用"危"和"殆"，而二者同时也是表达"危险"义的常用词。"危"与"殆"义近，与"微"音近义通。① 与前述"幾"相比，"微""危""殆"均指事物的发展已经显露出某种危险的迹象，其中"危""殆"较"微"更加明显，情势恶化的程度更深。

"危"在上古主要表达"危险"义。② 如《孝经·诸侯》："在上不骄，高而不危，制节谨度，满而不溢。"但如果处于特定情境中，联系上下文，"危"也可以得出"危机"义。如《鬼谷子·本经阴符七术》："损悦者，机危之决也。事有适然，物有成败，机危之动，不可不察。"此外，"危"强调特定情境中恐惧的感觉，也与其不确定性有密切关联。如《周易·乾卦·象传》："九三重刚而不中，上不在天，下不在田。故乾乾因其时而惕，虽危无咎矣。"

《说文·歹部》："殆，危也。"段玉裁注："危者，在高而惧也。引伸之凡将然之词皆曰殆，曰危。""凡将然之词"即说明了"危机"的未知性和不确定性。与"危"相比，"殆"表达的紧急程度更高，常常是岌岌可危的情势，因此与现代意义上的"危机"情境更加接近。如《孟子·万章上》："孔子曰：'于斯时也，天下殆哉，岌岌乎！'"文献中也有"危殆"的例子。如《管子·度地》："此五水者，因其利而往之可也，因而扼之可也。而不久常有危殆矣。"

可见，古代汉语中的"危"和"殆"都与时间息息相关，充分体现出"危机"的紧急性特点。顺应汉语词汇双音化的趋势，"危机"一词于六朝时期产生。机（機），本义为弓弩上的发射机关，引申为关键（点）。"危机"

---

① 段玉裁《说文解字注》："颜氏之子其殆庶幾乎？虞曰：'幾，神妙也。殆也。'歹部曰：'殆，危也。危与微二义相成。'……今人分微义为上声。危义为平声。"
② 危，本义为"高"。高而不牢，便引申出"危险"义，是上古汉语中表达"危险"义的主导词。"危"和"险"各有分工："危"含有不稳定或危急之意，"险"则侧重指地势险要。"危险"一词产生于中古时期，最初的词义偏重"险"，指的是地势或道路险要，后应用范围扩大，用于表示可以预知的不利情势。

>>> 第一部分　中国传统危机文化研究

在古代文献中多指"危险的关头"或者"危急的关键（时刻）"。①

1938年，《教务杂志》(Chinese Recorder) 较早将"危机"解释为"危险（danger）＋机遇（opportunity）"。这一解读首先在传教士圈中流行，"二战"期间频繁见诸报端，甚至发展出变体"crisis is opportunity"（危机即机遇），并屡屡用于各种著名的危机事件中。虽然有学者认为这种理解是"普遍的误读"（widespread public misperception）②，但这种解读扩展了"危机"的内涵，使"危机"成为一把"双刃剑"，延伸了"危机"处置的思路。

危机管理领域，斯蒂文·芬克（Steven Fink）较早地把"危机"解释为"转机与恶化的分水岭"，认为危机乃是产生危险和出现机会之间的一个决定时刻（decisive moment）或关键时期（crucial time），两者发生的几率各占一半。③

"危险"与"危机"处于事情发展的同一过程线上，但二者处于不同的阶段。现代语境中，"危险"指的是高风险的、可以预知或已经发生的突发性威胁事件，包括突发性的威胁，也包括日常非突发或渐进性的威胁。人们对一些危险可以达成共识，通过采取一些措施可以避免危险的发生，或控制危险的蔓延，可以说是"可控"的；"危机"情境下，遇见的往往是前所未有的挑战，这种挑战通常超出常规操作能力、伴有各种无法预知的连锁损害，进而使人恐慌，人们也不知道该怎么办，此时的情况是"难控"或"不可控"的。因此，"危机"是一种特殊的情境，是对人群及社会的生命、财产、安全、秩序及其他价值可能会造成突发或特别紧急的严重威胁，同时又具有高度的不确定性风险和崭新性特征，并且还可能具有一定的机遇性，从而急需有关组织紧急决策处置的事态，突发紧急性、严重威胁性、不确定性

---

① 刘宝霞、彭宗超：《风险、危机、灾害及其相关概念的词源学辨析》，见彭宗超 等：《中国应急管理研究报告》，清华大学出版社2014年版。

② Victor H. Mair, "Danger ＋ Opportunity ≠ Crisis: How A Misunderstanding About" Chinese Characters Has Led Many Astray, Pinyininfo. Com, 2005。

③ 斯蒂文·芬克：《危机管理》，韩应宁译，台北经济与生活出版事业公司1987年版。

65

和崭新性及机遇性往往是"危机"的典型特征。①

(四)"灾害(难)"概念的产生

如前所述,西周时期开始,"天"既表示"自然之天",又是"主宰之天",以其赏善罚恶表现一定的道德意义。②"灾害"指的是一切违反"天道"(自然规律)而造成的祸患,包括自然灾害,也包括疫病、战争等人事上的祸患,往往还被理解为上天对于人类不适当的行为的惩罚。

古代文献中,表达灾害最常用"灾"。上古不同的灾害类型都用相应的字形,汉代最终统一用"災"(灾)。③《尚书·汤诰》:"天道福善而祸淫,降灾于夏,以彰厥罪。"《春秋繁露·必仁且知》:"灾者,天之谴也。""灾"常与"天"连用。如《周礼·春官·大祝》:"国有大故、天灾,弥祀社稷,祷祠。""灾"偏向于指那些对人类造成的伤害比较直接,影响范围较广的危害,常用于指火灾、洪水、虫害、冰雹、干旱等,这些灾害在当时往往会引起社会的巨大反响,严重时危及一个地区或国家的经济和政治,管理者会予以高度的重视,所以文献中都将其作为大事加以记录。

囿于当时的认知水平,有些现代意义上的正常现象在古代被称作"异"。如日食、彗星等天文现象和云气、鬼神等怪异现象。其中很多异常现象虽未对人类和社会造成直接损害,但会引起人们心理上的恐慌,所以古人也将其看作灾害。与"灾"相比,"异"指的是所有超出正常状况,违反常规的现象。这些现象发生的频率相对较低,对人们的生存和生活造成的影响也较小,危害也是间接的。关于"异"和"灾"的关系,古人就有讨论:有人认为"异"前"灾"后,"异"是程度较低的警戒语言,"灾"是更大的警告或者惩戒,如《汉书·翼奉传》:"今异至不应,灾将随之。"意为异常现象

---

① 彭宗超:《未雨绸缪:中国大流感危机准备的战略分析与政策建议》,载《公共管理评论》第 6 卷,清华大学出版社 2007 年版。
② 汤一介:《论"天人合一"》,载《中国哲学史》,2005 年第 2 期。
③ 刘宝霞、彭宗超:《风险、危机、灾害及其相关概念的词源学辨析》,见彭宗超 等:《中国应急管理研究报告》,清华大学出版社 2014 年版。

出现了而人又没有做出反应，灾害便会随之而来，也有人认为相反，如《春秋繁露·必仁且智》："天地之物有不常之变者，谓之异，小者谓之灾，灾常先至而异乃随之。"可知古代的"异"有危害甚至未必有明显危害，"灾"却是一种大的直接的危害或伤害。

古代文献中，"咎"也多用于表示上天对人的罪过所降的灾祸。《尚书·大禹谟》："君子在野，小人在位，民弃不保，天降之咎。"《国语·晋语》："上帝临子，贰必有咎。"可以看出，敬德保民、崇德修业是当时的主流思想，否则便会出现天降灾难的严重后果。《周易》卦爻辞中，98处用"咎"，其中91处是"无咎"，成为除"吉"之外最多的占辞。如乾卦："九四，或跃在渊，无咎。"王弼《周易略例》："凡言无咎者，本皆有咎也。防得其道，故得无咎也。"

表示人事上的损害和妨碍，古代通常用"害"，对生命财产造成的重大伤害用"难"。"灾"和"害"连用多表示自然灾害，如《国语·周语》："其余以均分公侯伯子男，使各有宁宇，以顺及天地，无逢其灾害，先王岂有赖焉。"有时指也指人事上的伤害。"灾难"则主要指严重的人事上的祸乱。如《晋书·刘乔传》："然自顷兵戈纷乱，猜祸锋生，恐疑隙构于群王，灾难延于宗子，权柄隆于朝廷。"

"灾害"一词在长期的应用中，其功能也逐渐回归其原始内涵，常用来指称自然灾害。《现代汉语词典》中，"灾害"被定义为："旱、涝、虫、雹、战争等所造成的祸害。"当代语境下，"灾害"与"灾难"的所指范围不同，"灾害"虽也用于泛指一切损害，但多用于自然灾害，"灾难"虽有时也可用于自然灾害，但其侧重点为对生命造成的损伤。另一方面，二者的伤害程度不同。"灾害"的程度有大有小，往往视损害程度而定，而"灾难"造成的损害通常很大，程度很深，甚至对政治产生深远的影响，类似国外学者所定义的"巨灾"（catastrophe 或 landscape—scale disaster）。

二、有关概念的相互关系

从中国古代与风险相关的几组概念的语义渊源来看,"幾"和"微"的共同语义是"微小","危"和"殆"的共同语义是"危险","灾"和"难"的共同语义是"伤害"。但每一组语义稍别:"幾"是已经开始运动,但看上去像没有运动一样的状态;"微"则是指事物外在便已经显示出苗头,只是隐微很难发觉而已;与"危"相比,"殆"是更为紧急、会造成更大威胁或危害的危险,所以与"危机"的特性更加接近;而与"灾"相比,"难"的规模更大。

从概念的本质而言,"幾"本身若有似无,几乎无迹可寻,不确定性最高;"微""危""殆"都属于已经显露在外面的危险,"殆"最容易被人察知,"危"次之,"微"最不易发现;但从威胁程度上讲,"危""殆"威胁度较高,"微"威胁度较低,"灾"和"难"则是已经发生的风险,是风险治理失控的一种后果。

可见,古人的意识虽没有明确的概念界定,但已经对这些概念有了初步的分类和了解。从风险治理的角度来看,"风险"初生之时,很难发现,不易确知:"幾""微"产生的微弱的苗头如果不被人发觉,便逐渐对人的生活造成威胁或危害,便是"危"和"殆";而一旦对人身安全和生命财产造成了大面积的损失,则是"灾"和"难"。

这些概念发展到今天,经与西方现代危机管理理论结合,逐步形成了一个复杂的概念体系,概念间也呈现相互交织而又逐渐演化的关系,学界对此也有讨论。如童星、张海波较早地辨析了"风险""危机""灾害"概念,认为其相互关系可以概括为"风险—灾害—危机"连续统,并对这一连续统上的重要节点的治理提出了建设性的意见。如前所述,我们根据上述对相关概念的溯源,认为先秦上述概念的相互关系呈现为"幾微—危殆—灾难"风险演化链，如图1。

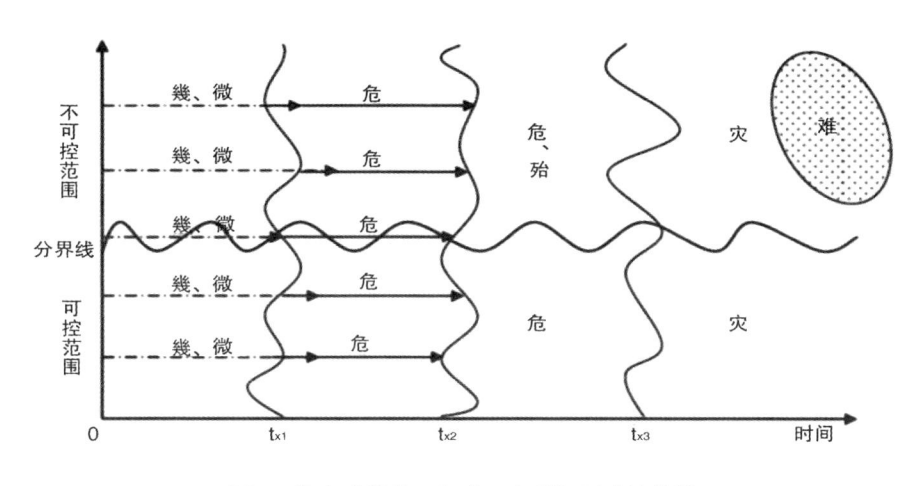

图1 先秦"幾微—危殆—灾难"风险演化链

从图1中可以看出，概念之间的关系类似于一个环环相扣的链条，结合概念的起源，从"幾""微"到"灾""难"可看作一个风险链式反应过程，主要表现为：一方面，链式反应是"一系列自行连续发生的反应"①，从"幾""微"到"危机（殆）"，是一个漫长的过程，中间经历着从"微"到"危"的慢慢演化。我们在治理的过程中，除了对风险的日常管理加强力度，以"断链"为目标，使其不至演化到破坏程度更重的环节外，也应认识到在"危机""灾难"等重要节点上，积极引导链条发展态势，消除其向错综复杂局面转化的可能性，尽量使态势朝向我们所熟悉、有把握的方向演化，使其回归常规性突发事件也是有效的手段。另一方面，经过长时间的实践，人们意识到应"关口前移"，尤其是近年来更加意识到风险治理的重要性，但"前移"至何处，隐藏的风险如何识别，微弱的风险如何发现，发现以后如何控制，进而使其不再蔓延，仍然任重而道远。

---

① 文传甲：《论大气灾害链》，载《灾害学》，1994年第9期。

三、先秦风险治理策略举隅

古代先民在长期的生产生活中对风险也有了自己的认识和应对方法，初步形成了有关风险治理的一些主要思想。先秦经典文献对"幾""微""危"等概念的治理策略多有记载，主要涉及知幾、察微、持危、救灾等方面的基本思想。

（一）知幾察微

各类危机、灾害看似突发，但往往生长于微小、初始时的不被察觉和未受重视。量变累积成质变，最终导致风险蔓延、危机爆发、灾害侵袭。古人很早便认识到微末之事不可轻忽，"知幾"的重要性文献屡见。

《周易·系辞下传》："子曰：'知幾其神乎？君子上交不谄，下交不渎，其知幾乎？幾者，动之微，吉（凶）之先见者也。'君子见幾而作，不俟终日。"可见，"幾"就是细微不易被察觉的变化，如果能够及时发现"幾"，就能实现预知事态优化或恶化的倾向。且作者进一步认为"知幾"是一件神秘莫测的事情，君子正是做到了这一点，并能以此约束或矫正自己的行为，才能达到中庸的目标，所以古人认为"知幾"是"神"才能做到的事。钱钟书对《周易》中的"幾"和"知幾"进行了诠释，认为事物的运动并非无根据的揣测，而是循着一些极不明显的苗头推断而来。这些苗头往往是平日里经常被忽略或轻视的，所以能够觉察隐微的变化，将平日忽视的危险识别出来的人非常罕见，可以称为"神"。[1] 从风险治理的角度看，这也许可以算作最早的风险认知的论述。另如《周易·系辞上传》："君不密则失臣，臣

---

[1] 《管锥编·周易正义》："'知幾'非无巴鼻之猜度，乃有朕兆而推断，特其朕兆尚微而未著，常情遂忽而不睹；能察事象之微，识寻常所忽，斯所以为'神'……'动之微'者，虽已动而尚难见、不易知，是以见之者罕、知之者稀也。"

不密则失身，幾事不密则害成。"《来氏易注》："幾者，事之始。"即"事情发展之始"，如果处理不好就会对成功造成妨害，虽然说的是君臣之道，但若从风险的角度观之，也能体现作者对风险的重视。又如《庄子·至乐》："万物皆出于幾，皆入于幾。"即认为万事万物都存在于风险之中。《管子·侈靡》："避世之道，不可以进取，阳者进谋，幾者应感。再杀则齐，然后运可请也。"认为对显明的事物，应予以谋划，而对隐微的事物，应力求感知。

《玉篇》："知，识也。"《庄子·外物》："心彻为知。""知""识"的共同意义为"了解、懂得"和"辨别"。可见，古人认为，对待风险（幾）最主要的办法是"知"或"识"，这就有两方面意义：一方面时刻提醒人们应熟知风险（幾）是客观存在的；另一方面，由于不确定性是风险的本质属性，有条件的情况下人们应将其尽量识别出来。

此外，由于"知幾"一事并不是每个人都能够做到，故对待未知的风险，文献中多见的是其他应对方式。如"未雨绸缪"——"迨天之未阴雨，彻彼桑土，绸缪牖户。"（《诗经·豳风·鸱鸮》）"有备无患"——"《书》曰：'居安思危。'思则有备，有备无患。"（《左传·襄公十一年》）"小国忘守则危，况有灾乎？国之不可小，有备故也。"（《左传·昭公十八年》）"防患于未然"——"君子以思患而豫防之。"（《周易·既济》）这些古语便充分体现了在"知幾"这一风险认知目标的要求下危机准备的重要性。

察，《说文·宀部》："复审也。"意为反复观察。贾谊《道术》："纤微皆审谓之察。"古代文献中，"微"可与动词"察""识"连用，可见"微"虽难以发现，但"察""识"是发现微末之事的有效手段。

《老子》第六十四章："其安易持，其未兆易谋，其脆易泮，其微易散。为之于未有，治之于未乱。"事物在初静状态易于掌持，在未有明显征兆时易于图谋对付，事物脆嫩之时易于分解破坏，尚微小时易于消散破灭，便是指出了在事物初生阶段对其加以治理的重要性。《鬼谷子·抵巇》特别谈及"察微"应对"危机"的重要意义，认为"通达计谋"的终极目标便是"识细微"："事之危也，圣人知之，独保其身；因化说事，通达计谋，以识细微。经起秋毫之末，挥之于太山之本。其施外兆萌牙之谋，皆由抵戏。"《韩非子·说林上》："圣人见微以知萌，见端以知末，故见象箸而怖，知天下不足也。"即指识见微小之事就知道了事物的萌芽。《鬼谷子·反应》："己欲平静以听其辞，观其事、论万物、别雄雌。虽非其事，见微知类。"意为可以通过观察、讨论一些细小不起眼的事情来推知相似的方面。《周易·乾卦》："九三，君子终日乾乾，夕惕若，厉无咎。"即使是极细微之事极短促之时也毫不懈怠，虽然危苦劳累，却可以免除灾咎。荀子特别强调"察微"的重要性，如《荀子·非相》："以近知远，以一知万，以微知明，此之谓也。"《荀子·大略》："夫尽小者大，积微者著，德至者色泽洽，行尽而声问远。"再如《韩非子·难三》："明君见小奸于微；故民无大谋；行小诛于细，故民无大乱。"《淮南子·人间训》："圣人敬小慎微；动不失时。"《逸周书》："行不必以知权，权以知微，微以知始，始以知终。"都是强调微末之事可以慢慢发展为庞然大物，应时刻警惕，在风险的萌芽阶段便应对其加以控制。

从风险治理的角度来讲，各类风险之间的关联性不断增强、相互耦合交叉的情况下，"见微知著""谨小慎微"便是人们在古代科学技术水平不高的条件下，在面对各类风险时所总结的有效经验。

（二）持危安危

古文献中，"危"常用于表达一种情势，而这种情势如果处理不当就会引发更大的危机，所以对"危"的控制（持危）至关重要。《礼记·中庸》："继绝世，举废国，治乱持危，朝聘以时，厚往而薄来，所以怀诸侯也。"将"持危"与"治乱"并提，可见控制局势、化解危机的重要性。《论语·季氏》："危而不持，颠而不扶，则将焉用彼相矣？"《韩非子·说林上》："且夫持危之功，不如存亡之德大。"而"安危"则是让事态由危机转入安全，是"持危"的最终目标。《吕氏春秋·不苟论》："所归善，虽恶之赏；所归不善，虽爱之罚；此先王之所以治乱安危也。"

危殆之中之所以能够转危为安、化险为夷，关键在于把握时机。《周易》

一书对"时"这一概念进行了反复阐述,认为处理好"时"的异常的、变易的状态与遵循把握"时"的恒常状态相辅相成,也是逢凶化吉、转危为安的重要条件。① 书中的"守时待变"等思想,主张正视现实、精于判断,积极而慎重地采取行动,或利用有利时机使举措趋于完美,或转化不利时机,使局面得到改观,对我们今天研判"时机""时变""时势"有借鉴意义。

从风险治理的角度而言,当风险演化至"危机"阶段,由于"危机"是一种特殊的情境,古人给我们的经验是一方面需认清时机,待时而动,如《周易·需卦》为"将涉水而不轻进之象"②,便是警告人们应"等待(时机)";另一方面应具有驾驭时机的能力,如《周易·系辞上传》:"君子藏器于身,待时而动,何不利之有?"故倘若自身的能力不够,便无法把握时机。此外,一旦情势转为安全,应常怀居安思危之心。《周易·系辞下》:"安而不忘危;存而不忘亡;治而不忘乱;是以身安而国家可保也。""居安思危"也是防止风险演化为危机的重要手段。

(三) 御灾救荒

先秦御灾救荒的理念和方式是理性因素与非理性因素相结合的。我国古代救灾思想的原始形态是天命主义的禳弭论。殷商时期,以人为牺牲祷天禳灾成为救灾的基本方法,周朝以后,此种禳灾方式逐渐制度化。在当时科学水平下,灾害来临之时,采用巫术、祭祀等非理性的方法,起到了稳定社会心理等不容忽视的作用,也代表了当时的文化心理。③

历代救荒议论中,具有积极性质的,多为灾前预防的措施,约有两种:一为改良社会条件的理论;一为改良自然条件的理论。④ 先秦时期,改良社

---

① 黄黎星:《与时偕行趣时变通——〈周易〉"时"之观念析》,《周易研究》2004年第4期。
② 朱熹:《周易本义》,中华书局2009年版。
③ 卫崇文:《先秦应对灾异方式中的非理性因素研究》,陕西师范大学博士学位论文,2011年。
④ 邓云特:《中国救荒史》,商务印书馆2011年版。

会条件的措施主要有重农和仓储，改良自然条件的措施主要有兴修水利和林垦等。①而消极的临灾救助思想，可概括为赈济、调粟、养恤、除害四种。灾后救助方面，先秦时期最具代表性的当属《周礼·地官·大司徒》中的"荒政十二条"："以荒政十有二聚万民（防止百姓离散）：一曰散利（发放救济物资），二曰薄征，三曰缓刑，四曰弛力（放宽力役），五曰舍禁（取消山泽的禁令），六曰去几（停收关市之税），七曰眚礼（省去吉礼的礼数），八曰杀哀（省去凶礼的礼数），九曰蕃乐（收藏乐器，停止演奏），十曰多婚，十有一曰索鬼神（向鬼神祈祷），十有二曰除盗贼。"从《周礼》开始，历代灾害过后，都实施相关的补救政策，如"安辑"（妥善安置流民）、"蠲缓"（免征或缓征赋税）、"放贷"以帮助百姓恢复生计，"节约"并使之成为日常致富的良好习惯，"从非常救荒之议，进而为寻常崇俭固本之论"②。

清代汪志伊在《荒政辑要》中对历代御灾救荒措施进行了概括："有预备于未荒之前者；有急救于猝荒之际者；有广救于大荒之时者；有力行于偏荒之地者；有补救于已荒之后者。"上述御灾救荒措施是古代消极救济的常用措施，在今天仍具有巨大的现实意义。

四、先秦风险治理的基本原则

（一）以人为本

自西周以降，统治阶级已意识到人民的力量，民心向背直接关系到统治基础的稳定与否。《尚书·泰誓》："民之所欲，天必从之。"《尚书·五子之歌》："民惟邦本，本固邦宁。"周人在"敬天"的同时，又强调"敬德""保民"。《周易》在重视神道的同时更关心民众的思想，成为儒家人本思想

---

① 程天宝：《试论先秦时期的水灾与赈济》，载《河南社会科学》，2009年第5期。
② 邓拓：《中国救荒史》，河南大学出版社2010年版。

的源头。《礼记·礼运》："故人者，天地之德，阴阳之交，鬼神之会，五行之秀气也。"这种"天地之性人为贵"的人本思想，深化和发展了《易传》中人居中位说，否定殷商以来的神本思想，是人类认识史上的一次大的飞跃。从管理学的角度来看，《易传》的人本思想就是把"人"或"民"视为管理活动的首要因素和管理活动的根本。①

而在先秦"知幾察微"到"御灾救荒"的全过程中，一方面，已经确立起人在风险治理过程中的主导地位，《易传》提出的"三材之道"确立了人在天地间的地位，并使其自觉地发挥主动性、积极性和创造性，营造和谐的管理环境，这对于各个环节的治理有着重要意义；② 另一方面，在先秦灾害救助的思想中，仁政爱民成为灾害救助的思想基础，《孟子》中已经形成了比较系统完整的仁政思想，如《孟子·尽心下》："民为贵，社稷次之，君为轻。是故得乎丘民而为天子。"管仲所兴"六德"中的"匡其急"包括"养长老，慈幼孤，恤鳏寡，问疾病，吊祸丧"（《管子·入国》）；"赈其穷"包括"衣冻寒，食饥渴，匡贫窭，赈罢露，资乏绝"（《管子·五辅》）等扶危济贫措施。③

以人为本、施行仁政的宗旨一直延续到后世的救荒思想中，如《朱子大全集》："救荒之政，蠲除、赈贷，固当汲汲于始，而抚存、休养，尤在谨之于其终。"清陆曾禹《康济录》："既荒之后，如病初起，不能抚绥，再加劳顿，是不死于病笃之时，而反亡于初愈之日，不大可叹哉！"其深远影响可见一斑。

（二）慎始慎终

慎始慎终的思想在先秦典籍中多见，在《周易》中有尤其充分的体现。

---

① 黄新根：《〈周易〉管理哲学研究》，《山东大学博士学位论文》，2010年。
② 林忠军：《试论〈易传〉的人本管理思想》，载《中州学刊》，2007年第1期。
③ 甄尽忠：《先秦儒家社会救助思想析论》，载《河北师范大学学报》，2005年第3期。

《周易》六十四卦，每卦有六爻。六爻刚柔互相错杂，代表着一定时间条件下的具体事物，初爻代表事物刚刚开始，上爻代表事物的终结，其他四爻代表事物的发展过程。《周易·系辞下传》在阐述六爻位次特点时，着重强调了"初始"的重要性："《易》之为书也，原始要终以为质也……其初难知，其上易知：本末也。""初"指初爻，是一卦之本，事物产生初始的意义，微而未显，所以"难知"。《韩注》："夫事始于微，而后至于著。初者，数之始，拟议其端，故'难知'也。"后世宋代张栻《南轩易说》："既惧其始，使人防微杜渐；又惧其终，使人持盈守成，要之以无咎而补过，乃《易》之道也。"从开始时就能保持戒惧之心，谨慎行事，便能防微杜渐；而到了事情的末尾，也应该善于守成。又如《礼记·经解》："《易》曰：'君子慎始，差若毫厘，谬以千里。'"《左传·襄公二十五年》："慎始而敬终，终以不困。"开始时的处理方式如果有偏差，谬误就会越来越大；而如果重视初始的同时又坚持到终点，便不会陷入困境。王充《论衡·实知》中"凡圣人见祸福也，亦揆端推类，原始见终"，说的也是同样的道理。

从风险治理的角度看，"慎始慎终"是古代风险全过程治理的集中体现。《荀子·议兵》："虑必先事，而申之以敬，慎终如始，终始如一，夫是之谓大吉。"《荀子·礼论》："故君子敬始而慎终，终始如一，是君子之道，礼义之文也。"

五、小结

综上，由于从"风险"到"灾害"的发展是环环相扣的交织关系，所以先秦的风险治理思路也呈现出"一以贯之"的特点，并尤其强调事物发展的初始阶段，我们可将这种风险治理思路称为"链式治理流程"。如图2。

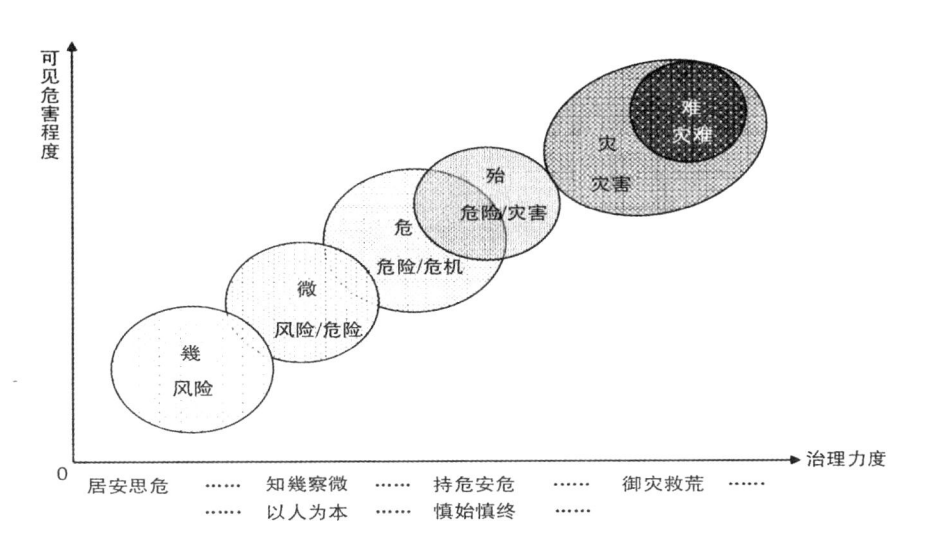

图2 先秦风险演化链及其治理策略图

中国古代链式风险治理流程是一种综合的治理过程概念，它以风险的链式变化过程为纲，对某一阶段或时间节点采取治理措施时，要考虑到对演化过程链其他阶段或节点的影响，弄清其演化方向，以"断链"为主要手段，其中所彰显的人文精神，都是传统风险文化的精髓，对我们今天的风险治理仍有借鉴意义。但需要注意的是，这些思想很大程度上都把解决问题的关键归之于主体性问题的解决，且非常依赖悟性，难以制度化、工具化而得以普遍应用。[1] 因此，我们需要将这些传统思想进行创造性转化，使管理者在以人为本的基础上，进行全灾种、全流程、全主体、全方位的链式风险治理，达到"和谐治理"的目标，或许可为当今的风险治理提供一种新的参考路径。

（作者对课题组的老师和同学们一并表示感谢！同时也非常感谢北京大学中文系胡敕瑞教授在本文修改过程中所给予的斧正与指点！）

---

[1] 李定文：《论先秦儒家的忧患意识及其现代转化》，载《兰州学刊》，2008年第11期。

《周易》危机管理全流程思想初探[①]

刘宝霞[②]

20世纪80年代,学界开始从管理学的角度来理解、阐释和发展《周易》,学者们纷纷认定《周易》是一部管理之书,并从不同角度论证了周易的管理学性质。[③] 还有学者认为易道具有超越性与操作性的统一,集中体现了传统中国社会的管理理念,"特别是其科层制管理思想是它的精华,其盛德大业的管理目标论,变易协调的管理方法论,阴阳之道的管理决策论及民为邦本的管理主体论,在今天仍有重要的借鉴价值"[④]。从海内外研究情况看,对于《易经》管理学探讨,就所涉及问题而言,迄今为止已比较全面,《周易》中所包含的管理思想几乎毫无遗漏地论述到了。但存在的问题是宏

[①] 本研究是北京市社会科学基金项目"中国古代应急准备文化的演进及启示"(项目号:14JDLSB003)、2015年度国家社科基金重点项目"中国传统危机文化及其现代价值研究"(项目编号:15AZZ002)、国家自然科学基金委员会"突发事件应急准备与应急预案体系研究——应急准备文化"(总课题项目号91024031,子课题清华大学项目号20101322231)的阶段性成果。

[②] 刘宝霞,清华大学公共管理学院中国应急管理研究基地(北京哲社办资助)博士后。

[③] 高原:《〈周易〉管理学综述》,《周易研究》,2008年第4期。

[④] 黄宝先:《〈周易〉的管理哲学论纲》,《周易研究》,1997年第1期。

观而不具体,从外部即儒家研究《周易》管理思想,或者说用一般儒家的管理思想看《周易》经传管理思想,未深入经传内部,探讨其文辞管理思想,尤其未区分经传,分别探讨其管理思想,指出二者之间差别和联系,故使其研究流于表面。①

对《周易》及其相关文献风险治理及危机管理思想的研究,学界已有一些讨论。曾为群(2001)根据《周易》的卦象爻辞,从《周易》涉及的危险管理的内涵、特征、成因及治理举措,论证《周易》的危机控制管理理论,认为《周易》的卦象与卦名都蛰伏着"危险"涵义,并且变化具有渐变、突变和循环三种特征,并从卦象和爻辞中分析造成危险的各种因素。该文认为《周易》建立了一套治理危险的体系,其中卜筮是危险的预测与预警,警戒是预控与防范危险的重要举措,当危险发生时就要及时排除。② 李笑野(2004)对《周易》的风险意识、规避风险的理念进行了挖掘和归纳,但对它的现代价值,主要是从现代经济的视角来讨论,可算作学术界对《周易》的风险观的较早的专题谈论。③ 陈瑞宏(2006)则把危机管理理论进一步系统化,分为危机预测、危机预警、危机预控、危机处置和危机总结五大部分,其中卜筮是预测危机的必要手段和重要方法。预警的方法根据乾卦九三爻"君子终日乾乾,夕惕若,厉,无咎"和坎卦"有孚维心,亨,行有尚"而要警惕、谨慎。危机预控的方法则是"终日戒","括囊,无咎无誉"。当危机发生时,就要及时控制,主要的方法有借助外力、抓住要害、危机公关、治理环境、纪律约束、耐心等待、损小救大。最后根据《系辞》总结危机的价值——"君子安而不忘危,存而不忘亡,治而不忘乱,是以身安而国家可保也",在于经天纬地,治国安邦。④ 王永平(2010)对《周易》

---

① 黄新根:《〈周易〉哲学研究》,《山东大学博士学位论文》,2010年。
② 曾为群:《论〈周易〉的危险管理理论》,《南华大学学报(社会科学版)》,2001年第3期。
③ 李笑野、马艳:《〈周易〉的风险观及其现代价值》,《财经研究》,2004年第2期。
④ 陈瑞宏:《〈周易〉中的危机意识、危机理念及危机管理理论》,《当代经理人》,2006年第9期。

忧患意识的表现进行了描写，认为《周易》由忧患意识引出重德的思想，强调圣人作《易》的目的是教人极深研几，明白吉凶祸福的道理，居安思危、防微杜渐以趋吉避凶，坚持操守、修德进业以转危为安。最终指出了《周易》浓厚的忧患意识及重德思想和殷周之际天命观的转变有着直接的关系。①

以上研究都是对《周易》的危机管理思想的有益尝试，但由于是片段式、经验式的，未能成体系地加以考察。本文将立足《周易》文本，分析其体例及分布，重点对其中的全流程危机管理思想及其具体表现进行解释。

一、《周易》简介

通行本《周易》由《易经》和《易传》两部分构成。《易经》指上、下经，共六十四卦，每卦都由卦名、卦象、卦辞、爻题和爻辞组成；《易传》也称《易大传》，包括七种十篇：《彖》上、下，《象》上、下，《系辞》上、下以及《文言》《说卦》《序卦》和《杂卦》，汉代时称之为"十翼"。

《周易》的成书是一个历时数千年的漫长的历史演变过程。《易经》为上古占筮材料辑成，是对原始巫术文化传统的继承，中国文化也从蒙昧状态进入文明状态，目前学界比较通行的说法是形成于西周初年。《易传》是对《易经》文意的诠释和阐发，其作者及成书年代，学界一直未有定论②，通常认为《易传》并非出自一时一人之手，是春秋战国时期陆续形成的社会精英解易之作。从《易经》到《易传》，中国文化经历了一次从巫术文化到人文文化的重要转折。③

作为一本卜筮之书，《周易》原初的目的就是为了让人们趋吉避凶，防患于未然，遇到危机时则能够化险为夷。《易传·系辞下》："《易》之兴也，

---

① 王永平：《〈周易〉忧患意识探析》，《社会科学战线》，2010年第4期。
② 产生时期的主要分歧有二：战国前期和战国后期。
③ 余敦康：《易经与中国传统的关系》，《中国哲学论集》，辽宁大学出版社1998年版。

其于中古乎？作《易》者，其有忧患乎？"《易经·乾》九三："君子终日乾乾，夕惕若，厉无咎。"意为君子白天小心谨慎，晚上反思警醒，就不会有什么灾难降临到自己身上。这是从个人的角度来断定吉凶征兆。《易传·系辞下》："危者，安其位者也；亡者，保其存者也；乱者，有其治者也。是故君子安而不忘危，存而不忘亡，治而不忘乱。是以身安而国家可保也。"这是更进一步从管理的角度说明，对危机的管理是安身立命保家国的重要途径。梁韦弦在其著作《易学考论》中说道："《周易》虽是卜筮之书，但它绝不是天书，而是人间的产物，不能不蕴含着人们从社会生活中得来的关于吉凶祸害、利害得失的看法。"

《周易》用来推测吉凶的依据是卦象。卦象有形象、象征的意义。《周易》之"象"主要包括阴阳、八卦、六十四卦。组成卦象的基本符号是阴和阳，它们称作爻。阴阳之象，是以阴、阳两种符号喻示大自然万物的矛盾对立。三个爻重叠起来，可组成另八种符号，便是八卦，喻示天、地、雷、风、水、火、山、泽八种物质形态。用两个八卦，也就是六个爻重叠起来，可组成另六十四种符号，称作六十四卦。《周易》占筮还通过数的计算来进行，每卦六爻都以"初""二""三""四""五""上"标明各爻的位次，自下而上，"初"是最下第一爻，"二"是第二爻，"三"是第三爻，"四"是第四爻，"五"是第五爻，"上"是第六爻。

《易经》除了符号系统，还有文字系统。而文字系统就是筮辞。"辞"的观念表现在以言辞表达所占之事的吉凶上。起初的占筮只是占到吉或者凶的结果并不解释为什么。卦爻辞发展到后来，也会解释一些卦爻辞以外的道理，就是让人明白吉凶的原因。经过这些解说，凶的也可以变吉，吉的也可以变凶。根据这些卦爻辞，很多时候决定吉凶的不是卦爻象、卦爻辞，甚至也不是《易传》的解说，而是个人的德行。假如卦爻是大吉，而自己的德行和卦爻辞的要求不相称，那么，就是占得吉卦，其结果也可能是凶。反之，假若占得的卦是凶，但自己的德行可以战胜它，那么，即使凶卦也会变为吉。所以，人们也逐渐明白，吉凶的真正决定者是自己的德行，而不是卦爻所体现的神的意志。按这种主张，人们只要致力于修养自己的德行，就可以逢凶化吉，遇难呈祥。

二、阴阳与危机管理

阴阳是中国哲学范畴系统中既古老又重要的范畴。张立文认为："阴阳似乎是中国古代哲学思考的中心，亦是贯穿始终的范畴。"① 甲骨文、金文中，"陰（阴）""陽（阳）"二字是指山的阳光向背而言的，"阴"意为暗，为山北水南；"阳"为明，指山南水北。② 阴和阳的原始意义，主要是指日光的有无或日光能否照射的地区，如《尚书·禹贡》："南至于华阴"，"至于岳阳"。"阴"指山之北，"阳"指山之南。先民在长期的社会生活中感受到，日光的向背会导致明暗的区分和冷暖的差别，万物都是在阳光的照耀下发育、成长，故阴阳常用以指阴寒与温暖的气候，也是因为如此，"阳"的属性为刚健、积极、进取，"阴"的属性则为柔弱、消极、退守。可见，对于阴、阳两种事物及其不同属性的认识和概括，是先民们对自然界长期观察而得到的结果。到殷周时期，人们就已总结出了"相其阴阳"等生产经验。西周末年，"阴""阳"已从阴寒与温暖的气候发展为天地之间的两种气，周幽王二年（公元前780年）发生过一次大地震：

"幽王二年，西周三川皆震。伯阳父曰：'周将亡矣！夫天地之气，不失其序。若过其序，民乱之也。阳伏而不能出，阴迫而不能蒸，于是有地震。今三川实震，是阳失其所而镇阴也。阳失而在阴，川源必塞；源塞，国必亡。夫水土演而民用也，水土无所演，民乏财用，不亡何待！昔伊洛竭而夏亡，河竭而商亡。今周德若二代之季矣，其川源又塞，塞必竭。夫国必依山

---

① 张立文：《中国哲学范畴发展史》，中国人民大学出版社1988年版。
② 《说文·阜部》："陰（阴），暗也。水之南山之北也。陽（阳），高明也。"段玉裁认为仌、昜二字分别为阴、阳两字的本字，日光朗照为昜，日光被阻挡为仌。

川，山崩川竭，亡之征也。川竭，山必崩。若国亡，不过十年，数之纪也。夫天之所弃，不过其纪。'"（《国语·周语》）

伯阳父就已经开始用阴阳两种势力的不和谐解释地震等自然灾害的产生。《周易》成书以后，人们也认为阴阳之事与自然灾害联系紧密。《左传·僖公十六年》记录了发生陨石的自然现象：宋襄公问周内史叔兴："是何祥也？吉凶焉在？"叔兴后来跟人说："君失问。是阴阳之事，非吉凶所生也。吉凶由人，吾不敢逆君故也。"从这则对话中可以看出，阴阳思想在当时已经是用于解释自然灾害的合理理论。

战国时期，阴阳的解释范围扩大，也可以用于军事。《国语·越语》中记录了范蠡提出的用兵之道："阳至而阴，阴至而阳。日困而还，月盈而匡。古之善用兵者，因天地之常，与之俱行，后则用阴，先则用阳。近则用柔，远则用刚。后无阴蔽，先无阳察。用人无艺，往从其所。刚强以御，阳节不尽，不死其野。"

《周易》中虽未出现阴阳的直接论述①，但阴阳思想是包含在其中的。阴与阳（刚与柔）有统一的一面，也存在着斗争的一面，在二者不断推移运动的过程中，常常出现否塞不通、阳刚过头、阴柔太甚等复杂的情况，甚至彼此伤害，不可调和，迫使安定转化为动乱，和谐转化为冲突。就客观事实而言，人们每日每时所经历的多数是这种违反心愿的动乱冲突，并非那种符合理想的太和境界。从这个角度而言，阴阳两大势力的不和谐就是危机和灾害产生的开始。具体到《周易》卦爻辞，表现为以下四种情况：②

（1）阴阳两方不交通造成了危机。即由阳刚势力高居尊位而不与阴柔配合交往所造成的否结不通。如否卦的卦象是上天下地，表面上看，天本在上，地本在下，两两相对。这种卦爻结构反映了宇宙的本来状态，并不是毫无道理，但天与地的实质性内涵是二者应密切结合为一个有机的整体，阳与

---

① 《周易》卦爻辞中，"阳"字未见，"阴"字只用了1次，即《中孚》九二："鸣鹤在阴，其子和之。"

② 余敦康：《易学今昔》，广西师范大学出版社2005年版。

阴合，阴与阳合，表现为双向互动、生生不已的动态过程。否卦的卦象象征着"天地不交而万物不通"，不符合交往的原则，只反映了阴阳之间的对待，破坏了阴阳刚柔相互依存的关系。就天象而言，如果天气上腾而不下施，则万物不通；就危机管理的主体而言，如果发生危机后，管理者高居尊位而不深入一线、体察下情，就会上下堵塞，信息交流的渠道受阻，势必处置不当，以致"小人道长，君子道消"，造成危机升级，甚至出现灾难性的后果。

（2）阳刚势力发展过度造成了危机。以大过卦为例。大过卦的卦象是泽在上，风在下。四个刚爻集中在中间，迫使两个柔爻处于本、末两个位置，阳刚太过，以致失去阴柔势力的辅助。像是一座大厦，由于栋梁沉重，支柱薄弱，不堪重负，发生了"栋桡"的现象，也就是屋正中之横梁不足以持其屋盖而桡曲，整座大厦面临即将倾覆的危险。面临此种危机，扭转局面，稳定形势的唯一可能的选择就是扶阴抑阳，拯弱兴衰，恢复阴阳之间的平衡。易道贵中和，这是阴阳协调、刚柔并济达成完美结合的理想状态，如果现实中发生了失衡现象，就要针对具体的情况，按照中和的原则，进行适当的调整。可以看出，虽然大过之时的总体形势阳盛而阴衰，危机深重，但也同时存在着有利的条件，蕴含着转化的契机，是利于有所前往、获得亨通的。而为了完成这种转化，《周易》要求君子应当树立坚忍不拔的人格精神和主体意识，面对前进道路上的艰难险阻，毫不畏惧，即使自己的行为主张被世人反对，受到排斥打击，也不感到苦闷烦躁，逃避人世，做到"独立不惧，遁世无闷"。

（3）阴柔过甚而破坏了社会整体的阴阳平衡，导致危机。如困卦卦象为水在泽之下，说明泽中之水已经枯竭，是困穷之象。阳刚势力不能得到阴柔势力的支持反而被阴柔所围困，陷入困境，穷而不能自振。但是，穷则思变，困则谋通，困境并不可怕，转困为亨的可能性是存在的。在这种危机下，《困·彖》指出："困而不失其所亨，其唯君子乎。贞大人吉，以刚中也。"这是说，在处于阴柔围困的情况下，以阳刚中和的美德抑制阴柔，就有可能摆脱困境，使阴阳两大势力复归于平衡。

（4）阴阳两大势力矛盾激化，发生了不可调和的斗争，这是最极端的危机情况。如革卦《革·彖》："水火相息，二女同居，其志不相得，为少女。曰革。……革而当，其悔乃亡。天地革而四时成，汤武革命，顺乎天而应乎人，革之时大矣哉！"革卦的卦象为上水下火。水居于火之上而企图使火熄灭，火居于水之下而企图把水烧干，此外，二女同居，也如同水火一样不能相容。《易传》认为，在此种情况下，必须进行彻底变革，才能把关系理顺。如果变革得当，"其悔乃亡"。从这一角度看，危机情况出现之时，应力求使其转化为机遇，进而成为改革的契机，促进事物的发展。

三、卦爻辞与危机管理

《周易》六十四卦卦象是三十二对对立统一体，它以乾、坤为阴阳对立体系的门户，至既济、未济结束，其卦象非反即对，是一个大的发展过程。从危机管理的角度看，不管六十四卦卦序为何种排列顺序，《周易》的作者们都是从整体的角度关注阴阳的流转变化，以事物之间相互依存和相互转化的观念，解释了世界的演变和发展历程，过程性思维的原则一步步深化；另一方面，应承认危机是客观存在的，它以阴阳势力的客观存在为起点，以阴阳的交感、运动以至阴阳失衡为内在原因。基于此，《易传》要求危机管理者要树立危机意识，防患于未然，居安思危，自始至终都要谨慎而准确地把握事物发展的微小苗头，全程控制其发展趋向。

《周易》六十四卦，每一卦代表一种"时"，这种"时"是由阴阳两大势力错综交织所形成的具体形势，象征着社会人际关系的状况和势力的消长，因而不是一个单纯的时间概念，主要是表示社会政治秩序由冲突到和谐或由和谐到冲突的动态的过程。它总揽全局，从时间、地点、条件等方面制约人们的行为，不是人们所能随意左右的，但是其中蕴含着一种必然之理，可以为人们所认识，所以这种"时"又叫"时运""时义"。人们对"时运"

"时义"的认识，目的是为了根据客观形势来决定主体的行为，顺时而动，必获吉利，逆时而动，将导致灾难，所以这种"时"又叫"时用"。唐代孔颖达对六十四卦所代表之时做了分类的研究，归纳为四种类型。他指出："然时运虽多，大体不出四种者。一者治时，颐养之世是也。二者乱时，大过之世是也。三者离散之时，解缓之世是也，四者改易之时，革变之世是也。"① 孔颖达对时运的研究，目的是为了掌握治乱兴衰的规律，决定适时之用的对策，这对于我们今天的危机管理有着积极的意义。"时之须用，利益乃大。"孔颖达认为，可以把这规律用于指导实际的政治决策，可以少犯错误，获得更大的利益。

另一方面，卦以六爻为成，三百八十四爻是人们在特定时运与具体形势中应变的行为或者具体行为的指导。爻是服从于卦的，人们的行为是受总揽全局的形势所支配的；就一时之大义而言，有时大通，有时否塞，有时正面的势力上升，有时反面的势力上升，这种总揽全局的形势是人们不能随意左右的。但是，人们可以根据每卦六爻的排列组合对形势做出全面的估计，采取"适时之变"的对策。如果估计正确，行为得当．尽管形势不利，也可化凶为吉。相反，如果估计错误，行为不当，尽管形势有利，也会带来凶的后果，所以"用无常道，事无轨度"。因此，在六十四卦的卦爻辞中，往往不把环境或条件看作决定人事吉凶的唯一或主要原因，更多的是注意从主观方面做出说明，认为人为的主观努力对于人事的吉凶祸福、战争的胜败、生产实践的得失起着重要的作用。

《易传》认为，六十四卦的每一卦都是由阴阳两爻的错综交织与流转变化而形成，代表阴阳两大势力不同的排列组合所形成的具体的形势，象征自然和社会不同的状况以及势力的消长。这是一个动态的过程。从危机管理的角度而言，多数危机都有一个由隐而显、由始至终的发展过程，每一卦的六爻所居之位就象征着这个过程。初爻是始，上爻是终，中间四爻是危机发展

---

① [唐]孔颖达：《周易正义·豫卦》。

的中间阶段。在这个过程中，开始难以预料后来的结果，有了结果，才容易了解事物的全局，决定最终的吉凶祸福往往取决于中间阶段，所以每一卦的六爻，初爻拟议其始，上爻决定其终，中间四爻详尽辨别其是非，而卦辞则总论一卦吉凶。一卦六爻，其分别处在初、二、三、四、五、上六位，在事物发展的全过程中，占有不同的地位，起着不同作用，应该具体分析。

四、爻辞分布与危机管理

《周易》在三百八十四爻中结合客观环境对人们的各种行为一一做出了评价，同卜辞相比，卦爻辞中关于吉凶祸福的断语，增加了"悔""吝""咎""无咎""有悔""无悔""悔亡"等，表示求得某卦，虽不吉利，但通过占问者的自我反省、悔悟或警惕，可以摆脱困境，化凶为吉，转祸为福。总体而言，卦爻辞的评价大致可以分为三类：① 第一类是吉，指行为正确，事情办得成功，其中又有"亨""吉""无利/无不利"之分；第二类是凶，指行为错误，把事情办失败了，或者指犯了较小的错误而遇到困难，心情忧虑烦闷，按照程度由浅及深分为"吝""厉""悔""不利/无攸利""灾眚""咎""凶"；第三类是无咎，指虽犯了错误，但善于改正，避免了大的损失，卦爻辞有"无咎/匪咎/何其咎""无悔/悔亡""无眚"。这些评价贯穿着一个总的精神，就是对矛盾冲突强烈的危机意识以及对太和理想的执著追求，充满着全流程的思维。

---

① 黄沛荣：《〈易经〉形式结构中所蕴涵之义理》，《汉学研究》，第19卷第1期。

表1 《周易》吉类爻辞的分布

	初爻	二爻	三爻	四爻	五爻	上爻	总计
亨	1	1	0	1	0	1	4
吉	20	29	6	19	31	17	122
无利 无不利	9	11	5	5	10	10	50
总计	30	41	11	25	41	28	176

表2 《周易》凶类爻辞的分布

	初爻	二爻	三爻	四爻	五爻	上爻	总计
吝	3	1	8	4	1	3	20
厉	4	1	10	3	4	4	26
悔	0	0	5	0	0	2	7
不利 无攸利	1	1	4	0	0	4	10
灾眚	1	0	1	0	0	3	5
咎	1	0	0	0	0	0	1
凶	9	6	12	4	3	18	52
总计	19	9	40	11	8	34	121

表3 《周易》凶中求吉类爻辞的分布情况

	初爻	二爻	三爻	四爻	五爻	上爻	总计
无咎匪咎 何其咎	24	11	13	20	10	13	91
无悔/悔亡	3	3	2	6	9	2	25
无眚	0	1	1	0	0	0	2
总计	27	15	16	26	19	15	118

以上三类爻辞的总体分布如图1：

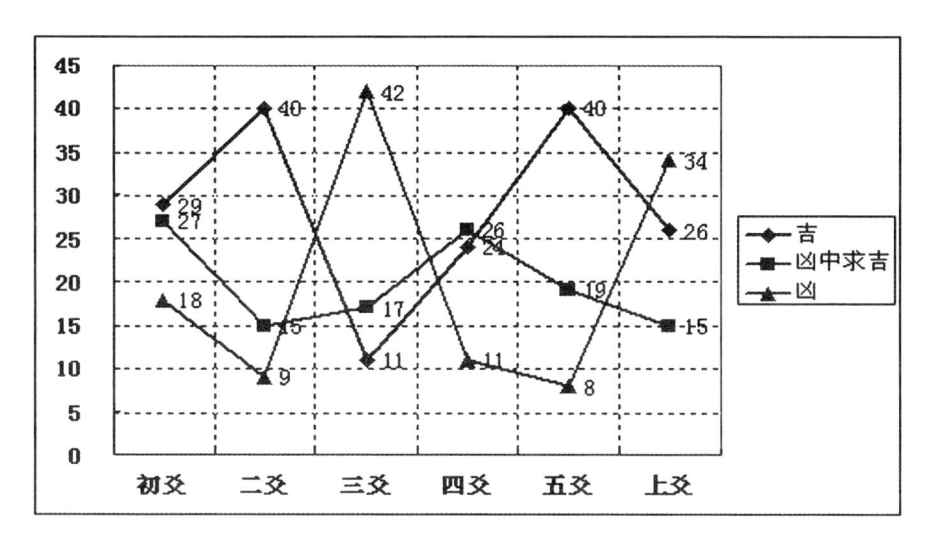

图1 《周易》爻辞吉凶分布图

从上图中可以看到，初爻、四爻也即事情刚开始或者事情告一段落后重新开始时通常潜藏着危机，如果谨慎处置，就能逢凶化吉，这便是第二爻和第五爻中位的安全的状态。如果安于安乐，完全没有忧患意识，使情势发展至第三爻和第六爻的位置，事态又会由安转危。纵观爻辞的分布情况，可以看出，《周易》作者们对危机的把握是全流程的，要求由始而终、善始善终。

五、小结

《周易》危机管理全流程的思想一方面体现在卦与卦之间的关系上，另一方面则体现在每卦中爻与爻的关系以及卦爻之间的互动上。王弼《周易略例》："夫卦者，时也；爻者，适时之变者也。夫时有否泰，故用有行藏；卦有大小，故辞有险易。一时之制，可反而用也；一时之吉，可反而凶也。故卦以反对，而爻亦皆变。事故用无常道，事无轨度，动静屈伸，唯变所适。"这就给予我们如下启示：

其一，应重视作为六十四卦总链条上的每一卦的作用。《周易》的六十四卦，每一卦代表的是一种特定的"时运"，是由阴阳刚柔不同的排列组合所形成的具体形势，这些情势是与具体行为紧密联系在一起的。在好的环境之下，如果行为不当，犯了错误，就会引起危机，使原有的和谐转化为冲突。反之，如果环境不利，主体的行为正确得当，也能化险为夷，复归于和谐。对于危机管理而言，人们需要审时度势，处理好人与时的关系，而这种关系也就是主体与客体的关系、行为与环境的关系、主观能动性与客观必然性的关系。顺时而动，必获吉利，逆时而动，将导致灾难，主体行为是否正当，并不完全决定于主体行为的本身，而主要决定于是否适应客观环境的需要。只有认清形势，才能推动形势朝着有利的方向转化，并对其进行有效的管理。

其二，对每卦中六爻的变化所引起的结构变化应予以重视。对危机管理而言，既然人们的行为受到客观因素的制约，不能随心所欲，那么危机管理的效果就只能追求一种相对的、有限的合理性。如果说和谐、安全是危机管理的最高价值理想，在现实的具体操作过程中，这一目标通常就只能部分实现，鲜少全部实现，即使暂时达到了天地交泰、万事皆济的状态，也要在客观因素的制约下向着反面转化，比如泰转化为否，既济转化为未济。从这个角度来看，危机管理的操作不在于追求绝对的完美，只能要求危机管理者的行为在与客观情势结合时少犯错误，如果犯了错误则能及时改正，尽可能避免更大的危机。孔子说："人非圣贤，孰能无过？"任何人都不能保证自己一贯正确，谁都避免不了犯错误，《周易》更是教导人们要有迁善改过的意识，不犯更大的错误，这也是《周易》危机管理思想的精华所在。

参考文献

[1] 戴琏璋：《易传之形成及其思想》，文津出版社1988年。

[2] 冯钢：《论殷周"天人关系"的形成及其心理基础》，《社会学研究》，1988年第6期。

[3] 黄寿祺、张善文:《周易译注》,上海古籍出版社2011年。

[4] 李镜池:《〈周易〉筮辞考》,《周易探源》,中华书局1978年。

[5] 余敦康:《易学与管理》,沈阳出版社1997年。

中国传统军事危机文化的发展脉络、成因及特点[①]

张扬[②]　汤中彬[③]

人类的历史是一部不断遭遇各类危机的历史,在这个历史进程中,人类一直在积累着预防危机、应对危机和善后危机的经验和方法。这些经验方法以一种较为稳定的思维模式和行为习惯流传下来,形成了传统的危机文化。传统军事危机文化,就是人们在军事活动中体现出来的应对危机的思维模式和行为习惯的总和,属于传统危机文化的重要组成部分。战争是世界最大的危机所在,从原始社会到现代社会,发生过无数次的战争,而在这无数场的战争实践中,前人积累的许多经验和智慧,能够为现代危机文化提供许多有益借鉴和理论依据。研究中国传统军事危机文化,既能够吸收前人处理危机的经验和教训,以指导现代危机管理工作,又能够从中汲取理论营养,为现代危机管理提供理论支撑和方向引导。

[①] 吉林省社会科学基金一般项目"中国传统军事文化中的应急智慧"(项目编号:2013B283)、2015年度国家社科基金重点项目"中国传统危机文化及其现代价值研究"(项目编号:15AZZ002)的阶段性成果之一。
[②] 张扬:空军航空大学军事教育训练系部队管理教研室少校。
[③] 汤中彬:空军航空大学军事教育训练系部队管理教研室中校。

<<< 第一部分　中国传统危机文化研究

一、中国传统军事危机文化的发展脉络

中国传统军事危机文化和其他事物一样，都遵循一定的发展规律，经历了一个从低级到高级的发展过程，从萌芽、形成再到完善的历史过程。对研究中国传统军事危机文化发展脉络的梳理，有利于系统地了解传统军事危机文化的内容，把握其发展规律。

（一）传统军事危机文化的萌芽阶段

传统军事危机文化的起点可以追溯到兵学的萌芽。在原始社会，人类发动战争以争夺有限生存资源，扩大生存空间。"兵学是战争的产物，是古人在长期的军事活动和战争实践中，经过无数次的反复过程，把感觉到了的东西上升为理论，把片面零星的认识组织成为连贯系统的产物。"[1]

典籍可考，在夏商时期，就出现了兵学萌芽，其思想一部分见于《尚书》《左传》等文献的追述中，另一部分被甲骨文所记录，如"取乱侮亡""修德抚众"等。西周时期，出现了中国古代第一部兵书《军志》。这部兵书虽已失传，但其中的部分思想却在其他著作中流传下来，其中的危机应对方法，对现代危机管理仍具有现实指导意义。如《左传》中写道："军志曰，允当则归，又曰，知难而退，又曰，有德不可敌。"[2]"允当则归"和"知难而退"则表明，在遇到危机时，要用灵活的方法应对，保持面对危机的主动性和灵活性，从实际出发，审时度势，适可而止、量力而行。"有德不可敌"及夏商时期"修德抚众"等论述，说明了仁义道德和人心向背在战争危机下的巨大威力，也揭示出政治稳定在危机处理中的重要作用。在战乱危机出现后，借由"替天行道"的名号，通过"占卜"来窥探天意从而获得战争的天然合法性是常见的战前动员方式。《尚书·大诰》中就记载了周公东征的事件，在文中，周公用"大诰"这一大告天下之辞，凝聚人心，"以龟卜所呈天意为指导思想，反驳惧怕困难和违背龟

---

[1] 王显卧、许保林：《中国古代兵书杂谈》，解放军出版社1983年版，第20页。
[2] 《左传·僖公二十八年》。

卜的观点，劝服邦君和群臣同心同德，平定叛乱"①。另外《周易》一书被称为中国古代危机思想的源泉，其中有《师》《同人》《离》《晋》四篇讲到了战争，如《师》卦："师出以律。否臧凶。"意思就是军队一定要有严格的纪律约束，否则就会打败仗。从《诗经》中"北建韩齐、南筑申谢、西城朔方、东起齐城"②的记载可以看出，在商周时期，曾大肆召集人力来建造城郭，并掀起一定规模的筑城高潮，并以此作为防御工事，抵御可能发生的外来战争危机。

综上所述，夏商周兵学文化的萌芽时期就是中国传统军事危机文化的起点。它从应对战争危机的角度，提出了"修德""占卜""筑城"等措施，这些零散危机观的出现，为当时的危机管理提供了一些切实可行的方法，并为后世军事危机文化的形成奠定了基础，并起到了一定的推动作用。

（二）传统军事危机文化的形成阶段

春秋战国时期，诸子百家皆言兵的文化大繁荣促进了军事危机文化的进一步发展。儒家、兵家、道家、墨家、法家等诸多思想也都为军事危机文化的形成提供了重要的理论支撑。

儒家"和为贵"的思想是动荡社会中远离危机的最佳方法。为保持这一思想，儒家主张谨慎应对战争，《论语·述而》曰："子之所慎，齐、战、疾。"其他诸如兵家、道家、墨家、法家等论述皆受此影响颇深。儒家保持"和"的方法主要有"义战""民本"和"礼治"，认为只要能够以人为本、赢得民心，以礼治军、进行正义战争，就能够做到齐桓公所做那样"九合诸侯，不以兵车"，消弭战乱以减少它给国家和民众带来的损失。

兵家文化是军事危机文化中一个重要的理论来源，以《孙子兵法》为首的兵家文化，认为战胜危机、远离危机最好的解决方法并不是武力解决，而是不战屈人，把危机扼杀于萌芽状态。以孙武为代表的兵家虽然用兵核心为一个"诈"字，"兵以诈立""兵者诡道"，强调用多种手段方法综合运用，出其不意取得战争的胜利，然而其战争观的立意却是慎之又慎、关口前移。在对危机情境进行审视、分析、比较、评估之后，

---

① 钱晶晶、史安斌：《危机传播研究的本土化初探：以〈尚书·大诰〉为例》，载《扬州大学学报》，2014年第2期，第67—73页。

② 《诗经·大雅》和《诗经·小雅》。

通过"知"作为危机决策的依据,"庙算多算"进行事前筹划,加强战略规划,对天气、地理等客观环境加以监测,进行风险识别,之后"以虞待不虞"做好危机准备,确立"无恃其不来,恃吾有所待之"的心态,以做到"知彼知己,胜乃不殆;知天知地,胜乃可全"。孙武认为,"全国为上,破国次之",所有危机爆发后的应对手段都存在着破坏性,会造成"百姓之费,十去其七,公家之费……十去其六"的后果。通过对比"破"与"全"两个后果可以看到,"百战百胜非善之善者也,不战而屈人之兵善之善者也",处置得再好也远没有控制好风险来得完美。因此"必以全争于天下"的"全胜"思想是解决危机最好的方法。在《吴子兵法》中,将危机的起因总结为五种:"一曰争名,二曰争利,三曰积恶,四曰内乱,五曰因饥。"① 也就是争夺名位、掠取财富、仇恨积累、内乱和饥荒五种原因,并提出"以治为胜",强调危机治理的重要性。田穰苴在《司马法》中提出:"国虽大,好战必亡,天下虽安,忘战必危。"其与战国黄老学派所提出的"兵者,百岁不一用,而不可一日忘也"的主张有异曲同工之妙,他们都提出应把握危机准备的思想源泉,重视事前准备。田穰苴还倡导严明赏罚,强调法制在危机处理中的重要性:"凡人之形;由众之求,试以名行,必善行之。若行不行,身以将之。若行而行,因使勿忘,三乃成章,人生之宜,谓之法。"②

道家反对战争,但《老子》中也提出战争来临时的一系列应对方法,如"后发制人""以退为进""以柔克刚"等诸多解决战乱危机的方法。墨子认为:"天下兼相爱则治,交相恶则乱。"认为兼爱可以去乱止战,是防止战争危机的道德伦理基础。

诸子百家的文化繁荣时期是奴隶制与封建制交替的时期,这个时期的特点就是战事众多。从周王分封八百诸侯至战国末期,大的诸侯国仅余七个,其余不是被兼并就是在大国夹缝中求得一隅之地,因此产生了诸多处理战乱危机的经验和智慧。这些经验和智慧为统治阶级所用,来确保本阶级的利益和统治地位,防止因各类危机而造成政权更迭。继而流传于后世,为军事危机文化的完善创造了良好的条件。

(三) 传统军事危机文化的完善阶段

秦汉之后,中国传统军事危机文化进入完善时期,"兵学旨趣也由'取天下'向

---

① 《吴子·图国第一》。
② 田穰苴:《司马法·定爵》。

'安天下'' 治天下'方向转变"①。此后，兵法中开始倡导施仁政少祸乱以保平安，主张休养生息，富民富国，确保国家安宁，开始"兵儒合流"。"四民用虚，国乃无储；四民用足，国乃安乐。贤臣内，则邪臣外；邪臣内，则贤臣毙。内外失宜，祸乱传世。"② 认为民富才能国富，用贤人才能远离灾祸，通过明确治国的目标而进行危机控制。

在漫长的封建社会中，统治阶级总结了很多应对战乱危机的方法，唐太宗与李卫公进行的对话中有一句为：兵法"千章万句，不出乎致人而不致于人"而已。明清根据漫长的战争史和众多兵法，采集各家之长，创出堪称中国谋略概要的"三十六计"。能够看出，危机发生时讲求谋略、时刻掌握主动权才能够趋利避害、转危为机，才能够更好地避免危机、处理危机和解决危机，达到全胜的目的。明清根据前人经验而总结的"三十六计"，用通俗易懂、形象生动的语言将古代的军事谋略思想提纲挈领地进行了概括。古书称：用兵如孙子，谋策三十六。"三十六计"深入研究了《易经》中的阴阳变化，推演出相克对立关系的互相转化，通过控制风险，使危机成为由坏变好的转折点，以转危为安、化危为机。

根据中国的历史可以看出，战争这个人类历史中最大的危机从未停止，同时也留存下许多应对危机的经验总结和理论归纳，这就是传统军事危机文化。在"兵儒合流"之后，中国传统军事危机文化以"预警"和"战备"为主，通过"知"来避免危机，通过"备"来预防危机，通过"变"来应对危机，通过"全"来总结危机，这也是中国传统军事危机文化中的精髓。

二、中国传统军事危机文化的成因

中国传统军事危机文化之所以能够流传发展至今，成为传统危机文化的重要组成部分，主要是与当时社会发展的一些特定情境相适应、与社会共同进步的结果。其产生于战争实践，以兵书典籍为主要载体，并在军令制度为基础的战争实践中逐渐发展

---

① 黄朴民：《先秦两汉兵学文化研究》，中国人民大学出版社2010年版，第268页。
② 《黄石公三略·下略》。

形成。

（一）战争实践——传统军事危机文化的成长环境

人类的历史是一部灾难史，也是一部战争史。自公元前商周之后，中国古代经历了奴隶制时期争霸兼并战争、农民战争、封建王朝兴衰更替的战争、封建割据与封建统一的战争和国内各民族之间的战争。历史上的无数次战争，在给人类留下无数痛苦创伤的同时，也留下了很多可资借鉴的范本，成为传统军事危机文化的成长环境。平息战争，也就是平息人类最大的危机。人类通过一场场战争的实践，总结取胜的经验以及失败的教训，不断创新行为方法和理论知识，逐渐总结出一套套行之有效的预警方案、预防措施、规避手段和应对方法，并用这些方法再去指导下一次的实践活动，不断循环往复，这实际就是一个不断"亡羊补牢"的过程。它能够在一代代民众的头脑里慢慢形成一种固有的思维定式，使得民众在遇到灾难时，形成危机意识，并使其在救灾技术与物质缺乏的情况下，构成安全行为与意识的共同体，去除侥幸心理，积极自救。并在下一次灾难来临时，能够总结前人经验，形成更好的规避风险、应对危机的方法。

（二）兵书典籍——传统军事危机文化的思想源头

通常情况下，人为致灾因子或由自然致灾因子而导致的致灾因子是造成战争的直接原因，也构成战争风险。为了减少致灾因子的危害，需要识别和评估风险、规避和减缓风险，人们对战争实践得到的宝贵经验进行总结和梳理，并采用兵学著作、史书记载等形式流传下来。

我国古代，既有"半部论语治天下"的说法，也有"一部兵书可为王者师"的典故。如果说古代统治者治国理政离不开《论语》等儒家经典的话，那么预防战争威胁、处理动荡危机时也同样离不开兵书典籍。它从天文、地理、政治、经济等多个角度查找规律，并提出解决方法，是危机规律的科学归纳，也是制订危机响应方法的理论依据。兵书内容丰富，既有计谋韬略，又有平时备战的训练、制度，既是理论武器，又是教科书。掌握兵法韬略，在危机中能够急中生智、转危为安、转败为胜。北宋神宗皇帝就曾下令将当时流传最广、影响最大的七部兵书——《孙子兵法》《吴子兵法》《司马法》《三略》《六韬》《尉缭子》和《李卫公问对》编纂在一起并雕版刊行，号称"七书",即《武经七书》,作为军事教科书,并逐渐发展成为后世武科举的必考内容。言兵者不止兵书,记载军事资料和思想的既有兵书经典又有诗词小说,既有历史专著又有散文杂记,甚至连小说演义一类的书中都有专门议论军事的篇章。例如《春秋左传》,就被人称为"相斫书",也就是记载战争的书籍。日本人在研究中国兵法时,也通常把《三国演义》当成兵书来研究。研究兵书典籍可以发现普遍的危机发展规律、制订详尽的危机预案、运用科学的应对方法、开展高效的恢复措施。20世纪30年代,有一位名叫陆达节的人,编著了《历代兵书目录》,其中共录有兵书1304部,6831卷。1990年刘申宁编写的《古代兵书总目》,统计的数量更多,书中收录在辛亥革命之前的兵书就有4221种,虽然不可能把古代所有兵书著录无遗,但这也是目前收录最全的。由此可见古代兵书之多、流传之广。虽然很多兵书典籍已经失传,但依然有很多著名典籍的名字及其内容我们还耳熟能详。例如《孙子兵法》《孙膑兵法》《诸葛亮兵法》《何博士备论》《武备志》《纪效新书》《三十六计》等。它们饱含的危机预防观念、应急意识和应对方式,是古人对战乱危机的理性认识,是我国传统军事危机文化的思想精华。这些应急价值观从文化的角度一直影响着我们的思维,左右我们看待问题的角度,逐渐形成了我们面对战乱危机时惯有的思维模式和行为习惯。

(三) 军令制度——传统军事危机文化形成的制度基础

中国古代军令制度又称"兵制",为维护统治阶级的利益服务。主要内容包括了体制编制、军法律令、管理教育、训练动员、军队调动指挥、后勤保障等各项制度。前秦时期就已经确立了古代军令制度的体系,它强调预防与指挥、控制与保障,渗透了君权至上、重罚立威等思想。这些特点能够有效提高应对的组织性和有效性,保证紧急指挥权的行使,形成了在中央高度集权下特有的稳定结构。

《辽史·刑法志》中说:"刑也者,始于兵而终于礼者也。"认为刑法始于战争,战争也是最大的危机。《周易·师》提出:"师出以律,失律凶也。"《尉缭子·制谈》中说:"凡兵,制必先定",若要用兵,首先必须制定合理的体制编制和规章制度。法家认为:"明主峭其法而严刑、威势之可以禁暴,而德厚不足以止乱。"因此,法律的出现就是为了有效地控制和解决危机,目的是"禁暴止乱",保持正常的社会秩序。田穰苴的《司马法》就以追述军法为主,书中有很多以法治军的思想和军法律令的内容,《司马法·定爵篇》中提到建立法制需要考虑的七个要点:"立法,一曰受,二曰法,三曰立，四曰疾，五曰御其服，六曰等其色，七曰百官宜无淫服。"也就是一要使人能接受，二要法令严明，三要有法必依，四要雷厉风行，五要规定各级服制，六要按等级规定使用颜色，七要使官员不得逾越等级身份着装。这七点主要是为了强调立法需要科学性、强制性和可行性。孙武提出的"五事七计"中，战争胜负的条件之一就是"赏罚孰明"，他还提出：令素行以教其民则民服。也就是能否做到明令赏罚、令行禁止，要在"道"的基础之上严格管理教育，最大限度地在训练动员中提高管理效益。军令制度作为保持军队稳定的规范，在古代仅用严厉来形容还不够，可以说甚至达到苛刻的地步。中国古代军规中有十七律五十四斩，也就是违犯十七条律令中的五十四项军规都要处以斩首的严酷刑罚。古代军令制度最大的特点就是轻罪重罚、严罚立威。它通过严罚重罚来保证军队组织结构的高度严整和军队顺畅的调动和指挥体制，以此做到统一编制、统一指挥、统一训练、统一纪律。通过严厉的律令来规范军队的行为，并结合后勤保障的一系列需求制订专门律令，如实行"兵农合一"及屯田制，平时农耕、危时应急、战时应战，使之满足应对处置大部分突发事件的力量需求，成为消除危机的最直接和有效的力量，保证皇权体系的稳定。通过制度化来加强军事应急力量的控制，以提高应对战争危机的能力。自古军队的管理就一直是最为严厉的，吴起提出"以治为胜"，就是通过加强训练和管理来提高战斗力。通过设置一系列军令制度来保证军队的完全服从，避免"法令不明、赏罚不信，金之不止、鼓之不进，虽有百万，何益于用"，达到"其众可合而不可离，可用而不可疲，投之所往，天下莫当"的效果，由"以法治军""从严治军"而形成的军令制度也是军事危机文化形成的制度基础。

三、中国传统军事危机文化的特点

受几千年来中国社会奴隶制度和封建制度的影响，中国传统军事危机文化具有浓厚的战争色彩，在强调"以道为先"战争观核心思想的基础上，采用"奇正相生"的手段，保持面对危机的主动性和灵活性，积极处理发生的各类危机问题。

（一）深受战争文化氛围的影响

中国的汉字文化博大精深，仅从"危机"二字的字面意义上来看，就有着"危险"与"机遇"并存的双层含义。荷兰著名管理学家罗森塔尔认为,危机是指"一个系统的基本结构或基本价值和规范所受到的严重威胁","由于受到时间压力和处于高度不确定状态,这种威胁要求人们做出关键性的决策"。① 这个定义揭示了危机的基本内涵,即危机是一种情境。在这种情境之下,社会的整体都会受到根本性的挑战,而统治阶级也必须在压力下做可能关乎生死存亡的决断。简言之,最大的危机——战争会直接导致皇朝的更替。因此,如何看待战争危机,是每一位古代帝王的必修课。皇朝的更替易位不一定是由于皇帝的昏庸,有一些是外族的入侵,更多时候是由于洪水、大旱、虫灾等天灾而引起的民乱。但不管是外族入侵还是民乱,都必然会引发战争。因此,如何避免战争、战争不可避免时如何应对战争,成了每一个朝代的权力核心都会研究的一个重要内容。在儒家文化的影响下,古代权力中心实行大一统集权政治,在战争阴云笼罩之下形成了一个稳定的文化环境,经过无数次的战争实践,形成了稳定的传统战争文化观。其中许多著名的将领和战例,如商周"武王伐纣"、齐鲁"长勺之战"、楚汉"垓下之战"、周亚夫"细柳营"、三国"赤壁之战"、诸葛亮"空城计"、赵匡胤"杯酒释兵权"、戚继光"抗倭"等等,被以神话传说、史书传记、兵书典籍、演义小说、诗词歌赋等方式加以记载,至今仍为人们津津乐道,品头论足。

(二)"以道为先"的战争观核心思想

战争观,实际上就是人们如何看待战争,对战争问题的总的根本性看法。在传统军事危机文化中,"道"为其战争观的通用核心。一个"道"字,看似简单,然而却是战争思想之本。儒家的"道"是仁本,得道多助,失道寡助,战争必须建立在仁本的基础之上。只有坚持了道德仁义,以民为本,以和为贵,才能够威服天下,远离灾祸。兵家的"道"为道义,既为民心,也可引申为政治。孙子曰:"道者,令民与上同意也""上下同欲者胜""修道而保法,故能为胜败之政"。即凝聚人心、上下同欲、修明政治、保持法制就能主宰胜败。道家的"道"为规律,就是要掌握战争规律,通过认识战争而避免战争、后发治人赢得战争。不得已而发动战争的目的是:"古之用兵者,非利土地而贪宝赂也,将以存亡平乱、为民除害也。"②

---

① U·Rosenthal. Crisis Decision Making in The Netherlands, Netherlands Journal of Sociology, 1986, p. 22.

② 文子:《通玄真经·卷第十一·上义》。

同时，古人早就认识到了危机的两面性。如果出现危机，那么在认清危险的同时，也需要很好地运用机遇的一面。《孙子兵法》中提出："是故智者之虑，必杂于利害。杂于利而务可信也；杂于害而患可解也。"① 危机有"利"和"害"两个方面，在有利的时候要考虑到不利的一面，还要在不利的时候把握住可利用的机遇。《三十六计》提出要"趁火打劫、反客为主"，掌握要害关节，抓住有利时机，趁人之危"乱而取之"，朝着有利自己的方向发展，把危变为机，把被动变主动。还要"合于利而动，不合于利而止"。认清利害关系而后进行下一步行动。这样就能够远离祸患，避免灾难。

（三）"奇正相生"的具体手段

传统军事危机文化中，论述过程方法及解决手段的内容极为丰富，总体来说，可以表现为"奇正相生"，也就是正规举措与权变措施的综合运用。在漫漫的历史长河中，中国人在经历了无数危机之后，不仅总结了许多预防与应对危机的经验方法，更提出很多创新措施，不仅为古代危机决策和应对提供了依据，更为现代危机管理提供了实践经验和理论源泉。

传统军事危机文化认为，处理危机问题需要综合治理。《孙子兵法》中的"五事七计"，就是强调在"道"的基础之上，考查和分析情境，之后对领导者进行匹配，并通过完善法律法规、编制体制，利用预先演习训练等方法，避免和应对危机的发生。把危机情境进行系统分析能够看到，危机的解决需要一个过程，在危机决策中，还要使用先练备战、施计用谋、仁本义治等手段。在先练备战方面，孙子认为，预防危机的发生是最为重要的环节，"多算胜、少算不胜""以虞待不虞者胜"。明朝著名的将军戚继光也认为战前演练对平复战争危机起到重要作用，他在所著《纪效新书》中提到："不练何以议兵！无兵何以议战。"认为做好充分的准备和充足的预演就能够战胜危机。同时，以孙子为首的兵家也反对道家消极应对危机的理念，并提出许多积极应对的方法。在危机预防阶段，孙子兵法中提出"先为不可胜"，就是要通过检查和完善自身来查找隐患、确保安全、远离危机。"千章万句，不出乎致人而不致于人已。"② 就是说，在危机来临时，要以谋为先，通过"施计用谋"的手段方法掌握处理危机的

---

① 《孙子兵法·九变篇》。
② 《李卫公问对》。

主动权，以达到致人而不致于人的目的。为了使危机破坏力减少到最低，需要创新手段积极应对危机乃至操纵危机的走向，这样才能更好地平息危机、转嫁危机。法家认为，为减少危机的发生，需要"仁本义治"，为了施仁爱之政，必要时要用基本形式表现为战争的权谋手段消除隐患。"杀人安人，杀之可也，攻其国爱其民，攻之可也，以战止战，虽战可也。"这句话虽然对发动战争的正义性与否没有涉及，现在看来有可商榷之处，然而其目的却是为了安人、爱民以及止战。杀人安人，也能够对社会的稳定有一定的效果。因此，这也是古代统治阶段为稳定秩序、维护统治、去除社会动荡因素最为常用和有效的一个方法。

在常规手段处理危机的基础上，还需要采取多种综合方法的创新运用，才能够做到"出奇制胜"。《孙子兵法》云："凡战者，以正合，以奇胜。"只有创新手段、创新制度，才能够使政府部门更快地整合资源、更高效地应对各类危机，最终更好地提升危机管理水平。

结论

中国传统军事危机文化是危机文化的一个重要组成部分，也是中华优秀文化宝库中一个璀璨的明珠。其观点到现在对我们依然有着较大的影响，成为我们在面对风险威胁时的解决方法。其中值得现代危机管理借鉴和发扬的智慧和做法有很多，如"和为贵""居安思危""有备无患""出其不意""死地后生"等。然而由于时代的局限性，中国传统军事危机文化也存在着诸多不足。首先是"重道轻器"的观念，前人关于危机准备预警及补充性措施的"道"的论述很多，唯独对资源配置及装备运用的"器"的论述少之又少，古人认为对"器"研究过多就会"玩物丧志"，因此要"君子不器"；其次是"愚民"思想，《道德经》云："常使民无知无欲，使夫知者不敢为也。"这类文化禁锢使绝大多数民众在危机来临时并不是积极应对，而抱着一种逆来顺受的态度；另外还有腐朽迷信的天命观思想"下民之孽，匪降自天"等。以上观点并不能真正避免危机，只会使危机在爆发时更加剧烈——灾难变为"巨灾"，使人们在危机面前显得更为被动，并丧失直面危机、解决危机的意愿、勇气和能力。因此在如何看待中国传统军事危机文化的问题上，我们既要取其精华，也要去其糟粕，既要继承发扬，也要辩证扬弃，做到用辩证法的观点看待传统文化。

根据本文分析总结的传统军事危机文化，可以得到以下几点：第一，战争是最大的危机所在，军队就是处置危机最为有效的力量，为了维护统治阶级的利益，严格约束军队、保持常备状态、形成威慑力量成了一贯作法，从而形成了一种以军队力量为主体的危机文化；第二，兵书典籍是古人应对战争危机的经验总结和理论概括，符合危机管理的发展规律，为危机管理提供理论支撑，是现代危机管理理论的思想源泉；第三，在危机决策的方法上讲究"正合奇胜"，也就是在常规应对手段基础上力求"创新"，这也是"朴素的权变理论"在危机管理上的应用；第四，重道轻器的传统观念导致对应急技术的使用研究偏少，应急保障能力严重不足。

因此，军事危机文化的发展方向应该是：第一，营造军民携手的环境，积极鼓励地方民众与军队共同参与，加强军民融合，共同面对安全形势的新变化，提高全社会应对安全威胁和有效处置公共危机的能力；第二，秉持"古为今用"的原则，加大对兵书典籍中的危机理论提炼，构建有中国特色的危机管理理论体系；第三，普及专业知识和培训，在做好应急规划与演练的基础上，提高危机管理者的决断力和创新力，以获得特定危机情境下的最佳方案；第四，加大应急技术研究的力度，并实现军事技术与应急技术的自由流动和相互促进，使应急与应战、军用与民用相统一，为危机管理实现平战结合创造技术条件，无论是对国家安全还是对公共安全都具有不容低估的现实意义。

参考文献：

［1］王宏伟：《公共危机管理》，中国人民大学出版社2012年。

［2］黄朴民：《先秦两汉兵学文化研究》，中国人民大学出版社2010年。

［3］郭凤海：《文以铸兵——中国军事现代化的传统文化资源分析》，人民出版社2013年。

［4］王显臣、许保林：《中国古代兵书杂谈》，解放军出版社1983年。

［5］聂琳：《中国传统危机文化的脉络、特点及成因分析》，《北京航空航天大学学报（社会科学版）》，2012年第5期。

［6］钱晶晶、史安斌：《危机传播研究的本土化初探：以〈尚书·大诰〉为例》，《扬州大学学报》，2014年第2期。

［7］ 王郅强、张扬:《孙子兵法中的危机观——兼论对现代危机管理的启示》,《东岳论丛》,2012年。

［8］ 田旭东:《古代兵学文化探论》,中国社会科学出版社2010年。

［9］ U·Rosenthal. "Crisis Decision Making in The Netherlands". Netherlands Journal of Sociology, 1986.

<<< 第一部分 中国传统危机文化研究

中国传统文化中的危机管理思想[①]

刘刚[②] 雷云[③]

一、引言

所谓危机,是一种对企业基本目标的实现构成威胁、要企业组织必须在极短的时间内做出关键性决策和进行紧急回应的突发性事件。[④] 对于危机管理的概念,国内外很多学者进行了定义。史蒂文芬克(Steven Fink,1986)认为:危机管理是对于企业前途转折点上的危机进行的管理,目的在于减少风险与不确定性,使企业更能掌握自己的前途[⑤];美国南加州大学鲍勇剑和陈百助(2003)认为:危机管理是对危机根源、预防方法及危机发生后控制

[①] 原刊于《北京交通大学学报(社会科学版)》2014年第1期。教育部人文社会科学研究项目(09YJC630224)。
[②] 刘刚,男,江西吉安人,中国人民大学商学院教授,博士生导师。研究方向:传统管理思想、企业战略与文化。
[③] 雷云,中国人民财产保险股份有限公司教育培训部,管理学博士。
[④] 刘刚:《危机管理》,中国经济出版社2004年版,第1页。
[⑤] Steven Fink, Crisis Management: Planning For The Invisible, New York: American Management Association, 1986.

手段进行研究的学科[1];我国台湾学者朱延智(2003)将危机管理界定为:在危机爆发前,有计划、有组织、有系统地解决危机因子,在危机爆发后,以最迅速、有效的方法使企业转危为安[2]。由此可见,危机管理是对企业潜在或者已经爆发的危机进行的管理活动,其宗旨在于消除或减少危机带来的损失,以及将危机转化为机会。

危机管理对企业意义重大,它有助于消除企业经营管理过程中的不确定性因素,化解企业发展过程中的风险,降低各种危机所造成的损失,尽可能变危险为机会,从而确保企业的可持续发展。但在我国,企业界对危机管理的重视程度仍然不够,许多企业的危机意识缺乏,关注的主要是危机爆发后的处理,而不是危机预防。随着竞争态势越来越激烈、政府及媒体监管越来越严、消费者维权意识越来越强,我国企业亟待提升自己的危机管理水平。

20世纪80年代以来,危机管理理论在西方得到了快速的发展。罗伯特希斯(Robert Heath)的《危机管理》奠定了危机管理的理论体系[3];史蒂文芬克的《危机管理:为不可预见危机做计划》建立了较为全面的危机管理分析框架[4];诺曼·R.奥古斯丁的《危机管理》创造性地注意到危机的积极一面,并提出六阶段模型[5]。此后的学者基于不同的视角提出了一系列的危机管理理论,包括生命周期学说[6]、扩散学说[7]、全面危机管理学说[8]等。

---

[1] 鲍勇剑、陈百助:《危机管理——当最坏的情况发生时》,复旦大学出版社2003年版,第7页。
[2] 朱延智:《企业危机管理》,中国纺织出版社2003年版,第17页。
[3] [美]罗伯特·希斯:《危机管理》,中信出版社2001年版。
[4] Steven Fink, Crisis Management: Planning For The Invisible, New York: American Management Association, 1986.
[5] 诺曼·R.奥古斯丁等:《危机管理》,中国人民大学出版社2001年版。
[6] Simon A Booth, Crisis Management Strategy: Competition And Change In Modern Enterprises, London: T. J. Press, 1993, pp. 123 – 124.
[7] Jeffrey R Caponigro, The Crisis Counselor: A Step By Step Guide To Managing A Business Crisis, Chicago: Contemporary Books, 2000, pp. 68 – 69.
[8] Tony Jaques, Issues Management And Crisis Management: An Integrated Nonlinear Relational Construct, Public Relations Review, Vol. 2, 2007, pp. 147 – 157.

<<< 第一部分 中国传统危机文化研究

危机管理研究在我国起步较晚,早期重要的研究成果是企业预警管理理论的创立。"非典"后,危机管理研究受到了越来越多的关注,在一批研究者的推动下,我国在危机管理研究方面取得了一定的成绩。就国内发表的危机管理文献总体情况而言,学界研究与社会需求密切相关,在危机事件引发更广泛关注的年份,危机管理研究的成果也更多。[1]

不容忽视的是,危机管理最终要落实到具体的人上,而不同民族往往具有不同的文化传统。霍夫斯泰德(Hofstede)等人研究表明:相对于英美国家,中国更强调个人修养、与外界和谐、讲求中庸之道,这让中国表现出更大的权力距离意识、更高的集体主义倾向及更高的风险规避倾向等文化特质。[2] 在危机管理领域,作为先驱的西方理论对我国具有相当的借鉴意义,但如果我们完全照搬这些理论,可能会出现"橘生淮南则为橘,生于淮北则为枳"(《晏子春秋·内篇杂下》)的情况。从这一点来看,基于中国情境对危机管理开展研究就显得十分必要了。

中国传统文化源远流长,其中包含着丰富的危机管理思想。就危机预防来说,儒家、法家、道家和兵家都对此相当重视。"物必先腐也,而后虫生之"(苏轼:《范增论》)、"物壮则老"(《老子》五十五章)等都是这种思想的体现。就危机处理来说,"祸兮,福之所倚;福兮,祸之所伏"(《老子》五十八章)、"投之亡地而后存,陷之死地然后生"(《孙子兵法九地篇》)等思想有助于我们辩证地看待危机。本研究将危机管理分为危机预防与危机处理两个阶段,对中国传统文化中的危机管理思想进行梳理。这一方面有助于基于中国情境来总结危机管理经验,更好地指导我国企业的危机管理实践;另一方面也有助于对西方危机管理理论形成有益的补充,从而一定程度地推动整个危机管理理论体系的建设进程。

---

[1] 胡百精:《"非典"以来我国危机管理研究的总体回顾与评价——兼论危机管理的核心概念、研究路径和学术范式》,《国际新闻界》,2009 年第 6 期。

[2] Geert Hofstede, Michael Harris Bond. The Confucius Connection: From Cultural Roots To Economic Growth, Organizational Dynamics, Vol. 4, 1998, pp. 5 – 21.

二、儒家"生于忧患"思想与危机管理

"生于忧患,而死于安乐"(《孟子·告子下》),忧患意识是中华民族的主体精神之一,其内涵是危机意识、责任意识和进取意识。它一方面倡导个体的修德,重在有效地预防危机;另一方面倡导社会责任,从而延伸到危机管理中的"不仁则失",这在今天仍值得我们借鉴。

(一) 生于忧患

所谓忧患意识,指的是人类精神开始直接对事物发生责任感的表现,其最早形成于商周交替时期。当事者由于对吉凶成败的深入思考而形成某种特定的远见,关注吉凶成败与当事者行为的密切关系以及当事者在行为上应负的责任,正是这种责任感引发忧患意识,表现的是以自己的力量突破困难而尚未突破时的心理状态。[1]

由此看来,忧患意识至少有以下三方面的内涵:首先,忧患意识是一种危机意识。它基于未来的吉凶成败,提醒企业对可能发生的不测做好充分准备。对于企业来说,繁荣之下往往潜伏着危机,只有对危机保持清醒的意识,居安思危,才有可能实现长远的发展。其次,忧患意识是一种责任意识。"位卑未敢忘忧国"(陆游:《病起书怀》)体现了传统知识分子对国家的责任感,"一枝一叶总关情"(郑板桥:《潍县署中画竹呈年伯包大中丞括》)体现了传统知识分子对社会大众的责任感。正如《基业长青》所指出的那样,"对很多高瞻远瞩的公司而言,利润不是目的,利润就像人体需要的氧气、食物、水和血液一样,这些东西不是生命的目的"[2]。企业如果只是

---

[1] 徐复观:《中国人性论史·先秦篇》,上海三联出版社2002年版,第18—19页。
[2] [美]詹姆斯·C. 柯林斯,杰里·I. 波拉斯:《基业长青》,中信出版社2002年版,第71页。

关注利润，缺乏对国家和社会大众的责任意识，是不可能实现可持续发展的。最后，忧患意识是一种进取意识。忧患意识的目的在于突破困难，面对危机，中国主流知识分子往往激流勇进，甚至不惜杀身成仁，比如文天祥、秋瑾等。在信息时代，企业的生存和发展环境面临的不确定性越来越强，竞争也日趋激烈，不图进取等于坐以待毙。正如思科公司CEO钱伯斯（John T. Chambers）所言："互联网时代下，大公司不一定打败小公司，但是快的一定会打败慢的。"[1]

就忧患的具体内容来说，忧患意识主要有两大层次：忧国忧民与忧己（见表1）。在中国传统文化集体主义倾向的大环境下，忧己的成分并没有得到较多的关注。忧己多源于时光逝去或壮志难酬，如"泪余若将不及兮，恐年岁之不吾与"（屈原：《离骚》）。此外，忧己也源于个体目前或者未来的不测，如"祠卜徊将何见？忧思独伤心"（阮籍：《咏怀诗》），这是在险恶政治环境中对自身的担忧。对个体来说，又该如何突破这种困境？答案是修德。在《周易》中，吉凶祸福往往与个体的"德"联系在一起，修德成为解忧去祸的重要手段。中国人自古以来忧患意识就非常强烈，这种忧患意识进而产生道德意识。君子永远是坦荡荡的，只有小人才会长戚戚，忧患意识不是无聊的杞人忧天，也不是庸俗的患得患失。因此，君子所忧的不是财货权势的未足，而是德之未修与学之未讲。对君子而言，体现在修德之中的忧患意识将终身不停息。[2]

表1 忧患意识的导向

认知内容	行为导向
忧己	厚德载物
忧国忧民	兼济天下

---

[1] 邓正红：《企业未来生存法宝》，清华大学出版社2008年版，第113页。
[2] 牟宗三：《中国哲学的特质》，上海古籍出版社1997年版，第12页。

立业应当先立身，立身必须先立德，修德对于企业管理者具有相当重要的意义。就企业内部而言，管理人员的德行塑造着企业文化，"其身不正，虽令不从"（《论语·子路》），上梁不正自然容易造成下梁歪，必然会引发企业内部的危机。而在企业外部，管理人员的德行代表着企业的外在形象，稍有不慎便可能引发危机。忧国忧民意味着企业应积极承担社会责任，企业承担社会责任有三大标准：就底线标准来说，企业在逐利行为中必须考虑社会成本，避免外部不经济；就中间标准来说，有责任感的企业应通过自身行为推动社会的帕累托改进，确保外部经济的出现；就高调标准来说，企业承担社会责任出于纯粹的利他动机，尽管这一标准目前依然很难具备普遍的适用性。①

（二）不仁则失

总体来讲，儒家的危机管理思想虽然更倾向于对危机的预防，但在危机处理上，儒家也对危机管理具有一定的启示，这主要体现在"不仁则失"的思想上。如"三代之得天下也以仁，其失天下也以不仁"（《孟子·离娄下》），"仁则荣，不仁则辱"（《孟子·公孙丑上》），强调的是，国君在执政中往往会遇到各种危机，如若不仁，最终很可能遭受屈辱。企业也是如此。仁的思想实质在于"仁者爱人"（《孟子·离娄下》），这与忧患意识所倡导的修德是一致的。

《论语·乡党》记载："厩焚，子退朝，曰'伤人乎？'不问马。在孔子生活的时代，马的经济价值在平民百姓之上，但在这次危机管理中，孔子作为管理者，最先关注的是危机对人造成的损失，这便是孔子在危机管理中强调"仁"的体现，其实质是以人为本。孟子则进一步提升人的位置，倡导"民为贵，社稷次之，君为轻"（《孟子·尽心下》）。

"民为贵"不仅适用于国家，也适用于企业等各类组织。对管理者来说，

---

① 刘刚：《中国传统文化与企业管理》，中国人民大学出版社2010年版，第328—331页。

在危机爆发后，往往最应该重视的是公众，是消费者。在危机管理中，应该将他们的利益放在首要的位置上，尤其是人身安全问题，尽量减小危机给他们带来的伤害；对于已经造成的伤害，企业必须第一时间承担起责任。当然，企业以人为本的理念并不仅仅针对公众或者消费者，而应包括所有的利益相关者。依据合法性、权力性和紧迫性三个维度，美国学者米切尔（Mitchell）等人将企业的利益相关者分为三种：确定型利益相关者，比如员工、顾客；预期型利益相关者，比如媒体、社会组织；潜在型利益相关者。[1]在企业的危机管理中，也应参考利益相关者所属的维度状况，分层次做到有效的管理。

三、法家"奉法则强"思想与危机管理

从"奉法者强，则国强"（《韩非子·有度》）的角度出发，法家强调法、术、势一体的治国思想。法家思想对危机管理的启示在于：完善制度建设并建立危机管理机制；保证制度的与时俱进，推进危机管理的创新；建立危机预警体系；在危机处理中贯彻激励约束机制。

（一）法者王本

在"性恶论"的假设前提下，韩非子认为"法者，王之本也"（《韩非子·心度》）。企业只有建立完善的规章制度体系并坚持落实，才能保持稳定发展。明确的规章制度有利于降低企业内部的管理成本，这也是泰罗、法约尔、韦伯等西方古典管理理论先驱重视制度的深层次原因。

围绕制度建设问题，法家从以下这些方面展开论述：制度的公正性、公

---

[1] Ronald K Mitchell, Bradley R Agle, Donna J Wood, Toward A Theory Of Stakeholder Identification And Salience: Defining The Principle Of Who And What Really Counts, Academy Of Management Review, Vol. 4, 1997, pp. 853–886.

开性和可操作性。就公正性来说,"刑过不避大臣,赏善不遗匹夫"(《韩非子·有度》),在企业的运营管理中,应确保规章制度能够公正地实施,制度面前人人平等,"王子犯法,与庶民同罪"(《史记·商君列传》)。在公开性方面,韩非子强调"法者,编著之图籍,设之于官府,而布之于百姓也"(《韩非子·难三》)。制度存在的价值在于传达期望,从而形成约束或激励,这首先有赖于制度的广为人知。在可操作性方面,韩非子认为"立法不可失人"(《韩非子·守道》)、"其法易为"(《韩非子·用人》)。按照制度理论,虽然制度具备合法性,但在实际运作的过程中,制度的有效性仍然是采纳的关键。企业的规章制度必须有利于解决实际问题,否则,即使规章制度表面完善,但实际发挥作用的仍然是潜规则。

法家思想一方面有助于从制度上完善企业的内部管理,减少危机发生;另一方面也有助于推动危机管理机制的建立,减小危机带来的损失。在现实中,当企业面临危机时,往往不得已而采用非程序化决策,这大大增加了决策的风险。事先建立危机管理机制,在危机爆发之前加强危机应变能力,是提升危机管理水平的有效途径。危机管理机制是对危机管理的程序化和制度化,通过对潜在危机的情境化模拟,提前制订应对方案,减少危机管理决策中的偶然性,最终将提高企业的危机管理水平。具体来说,它包括危机处理的权责分配,危机中的疏散、救援和救济等程序。对于灾难类危机,企业必须对安全通道、救灾器具与设备设施定期检查,并安排相应的模拟演习,减小灾难带来的损失。

(二)治不易者乱

韩非子对上古、中古和近古三个时代进行了比较,说明"圣人不期修古,不法常可,论世之事,因为之备"(《韩非子·五蠹》)的观点。"时移而治不易者乱,能治众而禁不变者削。故圣人之治民也,法与时移而禁与能变"(《韩非子·心度》)。法家大胆摒弃儒家的复古倾向,强调制度建设应与时俱进,强调稳定与创新的并重,这大大增加了法家思想系统的开放性。

随着管理的对象由工具人、经济人逐渐转变为社会人、自我实现人,企业经营管理的政治、经济、技术和文化环境都在发生着变化。如何推进企业的与时俱进,保障活力,这是法家思想留给后人的重要启示。

在普华永道变革整合小组的研究中,通过对变革与稳定问题的探讨,最终得出结论:积极的变革需要稳定的基础。①《基业长青》一书则指出,稳定的基础包括核心理念、企业文化等,积极变革包括树立大胆的目标、持续自我改进等。② 哈佛商学院学者巴顿(Dorothy Leonard - Barton)研究了企业新产品开发的问题,在这一流程中,企业现有的核心能力具有两重性。一方面,在现有产品领域中的知识优势、激励系统及高端地位等,核心能力有助于推动新产品的研发;另一方面,在其他领域中的落后、创新者风险收益不对称等,核心能力会产生刚性,阻碍新产品的推出。新产品的推出是打破企业现有核心能力的结果,也会更新企业的核心能力。③

此外,就危机管理机制而言,制度化并不意味着企业程序和应对措施的僵化,相反,企业需要根据危机的来源、影响大小等特征,大胆采用新的技术和思维,在必要的条件下打破成见,运用创新的手段处理危机。互联网时代新媒体的崛起以及一系列新技术的出现,都为企业的危机管理创新创造了条件。

(三) 察危除奸

为了保障君主的权力和整个国家的稳定,法家系统地对潜在威胁进行了总结,提醒管理者防患于未然。《韩非子·八奸》总结了人臣祸乱君主的八种渠道,包括君主的宠妾、父兄、嗜好等,这八种奸邪之术是造成君主大权

---

① 普华永道变革整合小组:《管理悖论:高绩效公司的管理革新》,经济日报出版社 2002 年版。
② 詹姆斯·C. 柯林斯、杰里·I. 波拉斯:《基业长青》,中信出版社 2002 年版,第 113—116 页。
③ Dorothy Leonard - Barton, Core Capabilities And Core Rigidities: A Paradox In Managing New Product Development, Strategy Management Journal, Vol. 13, 1992, pp. 111 - 125.

旁落，最终引发危机的重要原因，君主必须对此保持警惕之心。《韩非子·亡征》总结了君主和国家败亡的四十七种征兆，这些征兆涵盖了君主的个人修养以及整个国家的政治、军事、经济、外交和文化等方面，包括主弱臣强、嫡弱庶强、依赖外国、不听进谏、法令松弛等，是作者对春秋战国时期君主和国家败亡的历史经验的深刻总结，是对君主在管理国家过程中的危机预警，这对于危机管理也有着重要的启示作用。

正所谓"木之折也必通蠹，墙之坏也必通隙。然木虽蠹，无疾风不折；墙虽隙，无大雨不坏"（《韩非子·亡征》），危机在爆发前往往存在着酝酿期，在这一时期，导致危机的内外各种因素在该时期内逐渐积累，最后逐渐由量变转化为质变。如果企业能够在危机酝酿期察觉征兆，提前做好戒备工作，这将有助于有效地应对危机。因此，企业有必要建立相应的危机预警系统，这一系统应建立在对整个企业内外部资源和环境进行系统性扫描的基础上，覆盖企业经营管理的各个环节。而且，随着企业之间协作的加强，危机的传导作用不可忽视。因此，危机预警系统应基于企业的产品流程而扩展到整个供应链，积极关注上下游合作伙伴遭遇危机的可能性，提前做好预防措施。

（四）赏罚二柄

就危机处理而言，法家强调按照既有的制度来解决危机，其中激励约束机制是法家危机处理的重要手段。所谓"明主之所导制其臣者，二柄而已矣。二柄者，刑、德也"（《韩非子·二柄》）。其中的"刑"即指罚，"德"为赏，法家与西方科学管理理论的出发点一致，认为人性以利为先，因此有必要通过赏罚而进行外部控制。

在实际的操作过程中，赏罚的基础在于"循名而责实"（《韩非子·定法》）。在企业管理中，"名"强调的是岗位的职责，而"实"则是指员工实际的言行与绩效。在危机处理的过程中，管理者只需根据之前制订的权责规范及目标水平，衡量下属的实际作为。值得注意的是，法家很早就注意到了在管理中为不同的成员设置不同的目标。"故群臣陈其言,君以其言授其事,事以责其功。功当其事,事当其言,则赏;功不当其事,事不当其言,则罚"(《韩非子·二柄》),可以说,法家的这种绩效考核方式与目标管理理论存在着许多相通之处。在具体赏罚标准的设置上,法家强调"明主立可为之赏,设可避之罚"(《韩非子·用人》)。在奖励标准的设置上,法家强调"可为",这意在为下属设立具有适度挑战性的目标,从而激发下属的成就动机,在惩罚标准上,"可避"体现了制度的规范作用,是法家"以刑去刑"思想的体现。

按照交易费用理论,企业存在的价值在于对交易费用的节约。但即使在企业内部,由于制度、文化等方面的原因,成员仍然可能会产生机会主义行为,这将有损企业的整体利益,也是企业爆发危机的重要原因。企业危机爆发后,借助赏罚分明的激励约束机制,实施机会主义行为的成员将付出更大的代价,有助于减少之后的不正当行为。法家在提倡重罚的同时,对于表现优越的下属,也不吝厚赏,这符合强化理论的观点:当人们由于采取某种理想行为而受到奖励时,他们最可能重复这种行为。当奖励紧跟在理想行为之后时最有效,如果某种行为没有受到奖励或是受到了惩罚,行为重复的可能性则非常小。在危机管理中,对于表现优越的成员进行奖励,这有助于强化其符合企业预期的行为。

四、道家"道法自然"思想与危机管理

"人法地,地法天,天法道,道法自然"(《老子》二十五章),道家从整个自然和宇宙的运行规律出发,发展了一套极富辩证性的管理思想,包括无为、贵柔、祸福相倚等,其对危机管理的启示主要在于:领导者需平衡有为与无为,防止企业成熟期的危机,在因应危机中发现机会。

(一) 有为乱之首

"览天地之变动，观万物之自然，以睹有为乱之首也，无为治之无也"（严遵：《道德真经指归·卷八》），先秦道家认为：整个社会之所以民生疲敝，主要在于各国君主的过度作为，违反了自然与社会的发展规律。对于企业管理者而言，过度作为也往往会导致各种管理危机，尤其容易引发企业的战略及人才问题。鉴于过度作为会引发种种危机，道家一方面反对管理者事必躬亲，另一方面要求管理者在顺应规律的情况下有所作为，强调无为与有为的有机结合。这是一种非常高明的管理艺术，体现了企业内部上下各得其位，各司其职，是资源的最优配置，也是"道法自然"的体现。

对企业管理层来说，最核心的任务在于战略决策与选贤任能。战略决策关系到做正确的事情，是管理层必须有为的核心领域。管理层如果整天忙于琐事，很可能会造成整个企业战略的缺失，从而造成致命的危机。选贤任能关系到正确地做事，是避免管理层过度作为的基础。一方面，管理层需要慧眼识英才；另一方面，对下属做到量才而用，大胆授权，做到用人不疑，疑人不用。在确定了上下级的权责后，管理层便应专注于自己的核心领域，给予下属以足够的发挥空间，以集体的智慧推动整个企业的发展。

总体来说，管理层要想避免过度作为所导致的危机，必须把握有为和无为之间的平衡，明确哪些是大事，循道而为；哪些是琐事，选贤任能而为之，从而在企业中做到上下各安其序，避免管理层因事必躬亲带来的种种危机，推动整个企业的和谐发展。

(二) 物壮则老

"物壮则老"，企业也存在相应的生命周期。随着企业进入成熟期，由于内部文化刚性的存在、对过去成功的自满以及对创新的保守倾向等原因，企业的活力也将逐渐降低，由此引发种种危机。

企业文化源自其发展路径，是维系企业的重要手段。但是，企业文化表现出相当强的稳定性，创新的成功与否也与文化的兼容性具有密切关系。成熟期企业的文化往往表现出更强的刚性，甚至抵制创新，这将为企业的未来发展带来危机。当企业进入成熟期后，基于过去取得的成功，企业很容易产生过度自信。尤其规模较大的企业往往一方面忽略外部环境的变化，不能及时注意到新市场和新技术的出现；另一方面进行盲目扩张，大大稀释了企业的核心竞争力，这是许多大企业最后衰败的重要原因。此外，成熟期企业往往在等级化和制度化方面更为显著，对企业成员来说，创新失败受罚的风险往往与成功的收益不对称，而且，由于过分专注，一旦创新涉及其他领域，创新的失败比率将大幅上升，因此，整个企业往往在创新上更为保守。

针对"物壮则老"的困境，道家提出保持活力的方式在于"贵柔"。"天下莫柔弱于水，而攻坚强者莫之能胜，此乃柔德也；故柔之胜刚，弱之胜强坚。因其无有，故能入于无间，由此可知不言之教、无为之益也。"（《老子》五十五章）水的"无有"是对自满情绪的摒弃，水的柔是包容性和灵活性的体现，有助于防止企业的过分保守。对于进入成熟期的企业，必须加强自我反思，打造柔性的企业文化，大胆推崇创新，从而最大程度上延缓衰退期的到来。

（三）祸福相倚

"祸兮，福之所倚；福兮，祸之所伏"是道家辩证思想的体现，它对危机管理的启示在于：一方面，福中有祸，管理者居安不可不思危，必须做好危机的预防工作（前文对此多有论述，此处不再赘述）；另一方面，祸中有福，危险中往往蕴藏着机遇，管理者应临危不惧，冷静思考危机中的机遇，推动危机转化为企业发展的动力。

危机中的确蕴藏着机会。一方面，随着危机的爆发，关于企业的信息将在短时间内迅速扩散，企业将迅速成为公众关注的焦点，知名度将迅速上升，这就为企业的转危为机创造了条件。对企业来说，如何将这种难得的知名度转化为美誉度，这是其在危机处理时应该思考的问题。另一方面，当企业发展到一定规模后，往往更多强调稳定，由此无法及时因应外部环境的变化，因此，企业必须适时推进变革。对于高新技术企业，变革甚至成为一种常态。但是，企业推动变革并不容易，这些阻力来自个人对不确定性的规避、既得利益者在变革中的损失、质疑变革对企业的整体有效性等，尤其是当企业存在较强的文化时，变革将更难以实现。危机的爆发为企业变革带来了转机。在危机爆发后，人们很可能会动摇之前的想法，包括个人的习惯、利益诉求等，并对现有制度开始质疑，变革由此具备了制度理论所强调的有效性。此外，在危机爆发时，企业常年积累的一些弊端很可能也会显现出来。因此，面对危机，企业应该对危机产生的根源以及企业内部的种种弊端进行系统性分析，把握这样一个综合治理的机会。

五、兵家"全胜"思想与危机管理

"善守者，藏于九地之下，善攻者，动于九天之上，故能自保而全胜也。"（《孙子兵法·军形篇》）从"全胜"思想的宗旨出发，兵家高度重视战争中信息的重要性，战前强调忘战必危，系统搜集信息，战争中全面了解与之有关的各方面信息；为了减小战争的损失，兵家倡导速战速决；在具体的交战策略中，兵家表现出相当的灵活性。上述战争之道与企业危机管理具有很大的相似之处，这就决定了兵家思想对企业危机管理具有重要的价值。

（一）北者败之道

就危机管理而言，儒家、法家和道家的学说多针对危机预防，兵家的学说则主要针对危机处理。在危机处理中，兵家将信息管理提到了前所未有的高度，信息的完备与否相当程度上决定了管理活动的绩效水平。这种重视信息管理的思想在整部《孙子兵法》中无处不在，如，"将不能料敌，以少合众，以弱击强，兵无选锋，曰北。凡此六者，败之道也"（《孙子兵法·地形

>>> 第一部分 中国传统危机文化研究

篇》);"知彼知己,百战不殆;不知彼而知己,一胜一负;不知彼,不知己,每战必殆"(《孙子兵法·谋攻篇》)。《孙子兵法·用间篇》则直接将间谍活动上升为一种战术。兵家的信息管理并不限于敌我双方军力情况,而且还对可能影响战争的天时、地利等要素也极为关注,比如,"兵用力多,功少,不知时者也"(《孙膑兵法·兵失》),"兵者五事,道、天、地、将、法"(《孙子兵法·始计篇》),都是这种思想的体现。总体来说,兵家的信息管理是对战争中军事、政治、经济、天文、地理、外交等要素的全面统筹。

企业危机与战争具有很强的相似性。首先,二者都具备相当大的破坏性,企业危机可以使一个企业消亡,战争可以使一个国家灭亡;其次,二者都具备很大的紧迫性,危机或者战争一旦爆发,必须要求决策者尽快做出决策;最后,二者都具备相当强的突发性,企业何时会爆发危机,国家何时会爆发战争,通常较难预测。危机爆发后,关于企业的流言将会迅速传开,这将导致企业危机的迅速扩散,企业必须掌握信息的主动权。此时,企业有必要针对内部做好沟通工作,针对外部统一口径,注重对公众的引导,尤其是对供应商和经销商应主动沟通,及时提供危机处理的进展情况。

鉴于危机处理往往是基于不完全信息的非程序化决策,为了提高决策的准确性,企业必须尽可能广泛地占有信息并承担好信息中枢的角色,缺乏信息支持的危机管理有如"盲人骑瞎马"(刘义庆:《世说新语·排调》),整个企业都将陷入极为危险的境地。对企业来说,一方面必须做好信息的搜集及分析工作,对危机的源头、牵涉对象、发展情况等做到全面的了解;另一方面,需要做好信息的传达工作,特别需要注意的是,必须明确需要传达的对象,应该传达怎样的信息,何时传达,通过什么方式传达。

(二) 兵不贵久

"兵贵胜,不贵久"(《孙子兵法·始计篇》)是兵家的重要思想。对于交战双方来说,战争是以消耗大量的人力、物力和财力为代价的,如果战争持续时间太长,即使最终取得胜利,也往往是得不偿失。因此,兵家认为:

战争应该速战速决，以最小的代价赢得最大的胜利。为了在短时间内获得成功，兵家倡导先发制人，控制战争的主动权。

"兵不贵久"的启示在于快速反应，这对危机管理尤为重要。由于现代社会的信息扩散效应，随着时间的推移，危机对企业可能造成的损失将呈几何级数爆炸式增长。在这种情况下，面对危机，企业必须果断决策，积极调查，快速响应舆论，进而稳定和引导舆论，这样才能降低危机对整个企业的冲击。快速响应一方面要求企业在危机爆发后尽早察觉，启动事前建立的危机管理机制，迅速对危机爆发原因进行调查，及时从源头上制止危机的进一步扩散，积极了解事态的发展情况并制订相应对策。另一方面，企业在沟通方面必须采取主动的姿态，及时通报危机及其原因的调查结果、危机处理的安排及进展状况，积极获取公众的支持和信任，从而化解企业的内外部压力，为尽快结束危机创造有利的条件。

（三）造危为机

儒家和法家强调在危机爆发后保持冷静，正确应对，从而化解危机，属于稳健型的危机处理；道家则强调对危机保持乐观态度，重视在相应危机中抓住机会；兵家对道家"祸福相倚"观念展开了进一步的延伸，强调对危机的利用，甚至主动创造危机以获得机会，认为"陷之死地然后生"。因此，道家和兵家属于创新型的危机处理（见表2）。

表2 危机处理的不同类型

类型	指导思想	关注重点
稳健型	大事化小	冷静应对危机，尽量减少危机带来的损失
创新型	祸福相倚	一方面减少损失，另一方面抓住危机所带来的机会
	造危为机	主动制造危机，从而创造机会

然而，由于危机爆发后的不确定性，这一做法并不是每个企业都能采用的。如果企业在没有充分准备的条件下贸然制造危机，很可能会导致危机失

控，最后玩火自焚。同样是"置之死地而后生"，韩信背水一战取得成功，而马谡则遭遇街亭之失，这体现了"造危为机"对领导人素质的较高要求。就领导类型来说，魅力型领导可能更适合这一策略。危机的爆发会导致整个企业处于高压和不确定性环境，魅力型领导具有清晰的愿景、不惧失败、对环境敏感、超乎常规等特质，因此，这种领导往往能在危机爆发时稳定整个企业，引领企业员工完成对危机的引导和控制。当然，"造危为机"的成功还取决于许多其他的条件，比如信息的完备性、企业资源的充裕性等。值得一提的是，"造危为机"往往属于兵家不得已而为之的策略，对企业来说，对危机仍应本着慎重的态度，不到万不得已的时候，不可轻易采用这一策略。但即便如此，兵家的这一思想仍在理论层面丰富了危机管理思想，并在实践方面为企业提供了一定的借鉴价值。

六、结论

中国传统文化中蕴含着丰富的危机管理思想，其兼顾危机预防与危机处理，但以危机预防为主。在危机预防方面，儒家从忧患意识出发，注重个人的修德及承担社会责任，强调从个体自身的角度预防危机；法家倡导制度化与创新，关注危机预警，强调从外界环境的角度预防危机；道家认为"有为乱之首"，反对管理者的过度作为，同时也注意到组织进入成熟期后的危机，倡导组织的柔性，侧重从个体自身的角度预防危机；兵家强调危机爆发前系统的信息搜集。在危机处理方面，儒家从德的角度延伸，强调"不仁则失"；法家强调激励约束机制，借助"赏罚二柄"来处理危机；道家强调"祸福相倚"，提倡在危机中把握机会；在四派学说中，唯独兵家更侧重危机处理，重点关注危机中的信息管理，强调对危机的快速反应和创造性利用，整体侧重结合个体自身与外界环境而做好危机处理工作（见表3）。

表3　儒家、法家、道家、兵家危机管理思想框架

学派	危机预防	危机处理	主要关注角度
儒家	从忧患意识出发,强调修德与承担社会责任	在危机处理中以人为本,强调"不仁则失"	从个体自身角度预防危机
法家	倡导制度化并推动组织的创新;推动危机预警体系的建立	在危机处理中以制度为依据,实施"赏罚二柄"的激励约束机制	从外界环境角度预防危机
道家	反对领导者的事必躬亲;倡导组织柔性,以防止成熟期组织的危机	强调"祸福相倚",在因应危机中把握机会	从个体自身角度预防危机
兵家	系统搜集信息,防止危机的爆发	强调危机处理中的"北者败之道";坚持"兵不贵久",以快速应对危机;"置之死地而后生",强调造危为机	从个体自身与外界环境角度处理危机

需要补充说明的是,由于四派学说产生的大环境相似,而且存在着相互借鉴的地方,因此,其观点存在着相似之处。比如,不独儒家强调管理者的修德,道家、兵家甚至法家也都对修德有所强调;在危机预警方面,也有类似的情形。在本文中,为了避免重复,基于强调程度的差别和各派的特色,本文对这些思想进行了归类,比如将修德归入儒家,危机预警归入法家等。

▶第二部分
国外风险文化研究

西方风险文化理论：脉络、范式与评述[①]

王郅强　彭睿[②]

20世纪50年代以来，人类社会逐步进入"风险社会"时代，风险不再囿于地域、时间等限制，在不同国家、社会、历史和文化背景下表现出巨大的差异。在风险识别与应对的过程中，传统的现实主义风险观的不足凸显出来，由于缺乏对文化价值观、行为偏好等主观因素的关注，从而忽略了风险当中社会群体的观点、动机与行为。自此，风险文化理论应运而生，它开创性地运用文化视角来看待风险，并在跨学科对话的思潮下得到日益丰富与完善，弥补了原有理论在建构视角中的不足。现今，我国社会转型逐渐深化，社会呈现出高度复杂性与不确定性特征，风险日益增多，威胁越发严重。为了更好地认知风险和应对风险，本文从社会建构的文化视角，梳理了西方风险文化理论的发展脉络，阐释了代表性学者的核心思想及其基本特征，并为

[①] 原刊于《北京行政学院学报》2017年第5期。国家社会科学基金重点项目（15AZZ002）；2015年度国家社科基金重点项目"中国传统危机文化及其现代价值研究"（项目编号：15AZZ002）阶段性成果。

[②] 彭睿，现为清华大学公共管理学院博士研究生，清华大学应急管理研究基地专职研究人员。

构建我国风险文化理论范式以及风险治理探索创新提供启示和借鉴。

一、西方风险文化理论的萌芽与形成

英国人类学家玛丽·道格拉斯（Mary Douglas）首先开启了运用文化视角来认识风险的新时代。1970年，她在《自然符号》一书中，首次提出了"网格/群体"图式。1983年，道格拉斯和阿隆·维达夫斯基（Aaron Wildavsky）在著作《风险与文化》中，尝试运用文化理论来分析现实社会的风险。20世纪90年代，斯科特·拉什（Scott Lash）回顾了道格拉斯等学者的研究成果，提出了文化视角的自反性现代化的观点，最终确立了该理论在风险社会学理论中的一席之地。

（一）玛丽·道格拉斯的文化分类研究

理论的产生离不开当时社会的需求。20世纪70年代，人类经历了两次世界大战和席卷全球的经济危机，核泄漏等科技风险突显，环境保护运动与暴力事件频发，现代化带来的诸多风险给西方社会各个领域带来了巨大的冲击。继以技术分析为代表的传统现实主义风险观之后，建构主义风险观逐渐发展并成为另一重要的理论领域，风险文化理论就是其中一支。该理论的代表性学者——英国人类学家道格拉斯将人类学与社会学及其他社会科学相互借鉴与融合，关注原始部落与现代社会的联系，认同涂尔干与莫斯的结构主义与分类观念，运用文化偏好进行分析等，其研究具有当时学科范式转换的时代特征。[①]

20世纪60年代，早在对原始部落道德秩序的田野调查中，道格拉斯就

---

① 陈锐钢：《意义的寻求——解读玛丽·道格拉斯的"格/群"文化理论》，中国社会科学院研究生院2012年版，第15—18页。

开始思考，原始部落的文化是否与现代社会的风险观念相关联。[1] 她注意到，非洲扎伊尔的莱利人（Lele）面临过诸多毁灭性的危险和热带疾病，但是他们却主要关注支气管炎、不孕症、雷击这三种并非十分严重的风险，并将风险归咎于特定的不道德类型。风险的受害人会被视为无辜，一些有权力的领导者或者村庄的长老则会因为风险而受到谴责。[2] 这反映出一个事实：不同文化背景的人会将注意力集中于一些特定的风险，而忽略更明显、更严重的风险，风险的责任也时常归咎于特定的主体。道格拉斯意识到，现代人的风险识别方式，实质上与部落人们并没有差别。现代人对风险的挑选与识别，同样受到道德秩序、社会情境与特定的集体认知结构的影响。[3]

文化分类是道格拉斯的重要思想之一。分类体系的本质，即为事物规定了应该所处的位置。洁净与污染、有序与无序这些相对的概念，实际上反映了该事物的实际情况，是契合抑或偏离原分类体系的设定。如在莱利人的语言中，"hama"表示羞耻，也指身上的脏东西，鸡蛋从母鸡体内排出是"hama"，但是烹饪后摆上餐桌就是洁净的；母牛粪本是肮脏不堪，但是对婆罗门祭司和哈维克人而言却如同圣物，足以洗净一切污秽。[4] 可见，分类体系正是社会情境和文化语境的建构产物。与此同时，道格拉斯一直致力于探索一种能够解释所有文化类型的分类体系，试图将不同社会类型放置于同一体系当中，对其文化价值观、意识形态、风险感知等进行比较。基于此，她提出了著名的"网格/群体"文化分类分析图式（"grid – group" cultural theory）（见图1）。该分析法以网格和群体为维度，网格是指外部强加的规则约束强弱与否，高网格社会强调社会群体中的工作职务和等级，参与社会活动会受

---

[1] Mary Douglas, Risk Acceptability According To The Social Sciences, New York: Russell Sage Foundation, Vol. 32, No. 8, 1986, pp. 54.

[2] M. Douglas, A, Wildavsky. Risk And Culture, Berkeley: University of California Press, 1982, 15 (1).

[3] Steve Rayner, Robin Cantor, How Fair Is Safe Enough? The Cultural Approach To Societal Technology Choice, Risk Analysis, Vol. 7, No. 1, 1987, pp. 3 – 13.

[4] ［英］玛丽·道格拉斯：《洁净与危险》，黄剑波、卢忱、柳博赟译，民族出版社2008年版，第9—10页。

到职务、阶层、等级、宗族等方面的制约与区别；低网格社会则处在一种平等的状态之中。群体是指社会群体是否具有明显的边界，即个体融入群体的程度。高群体社会中，群体与个体间界限明显，内部成员相互依赖与团结，与他人互动频繁；低群体社会群体边界模糊，群体内部竞争激烈，与他人互动少且范围狭窄，更倾向于自我保护。按照网格和群体的高低，这一图式自提出以来就争议不断，但经过后续学者们的不断补充与检验，如雷纳划分出等级主义群体、平等主义群体、孤立者和个体主义者这四种社会类型等，网格/群体图式也愈发完善，并成为文化理论的最为重要的分析框架和被广泛应用于社会科学等领域的有力工具。

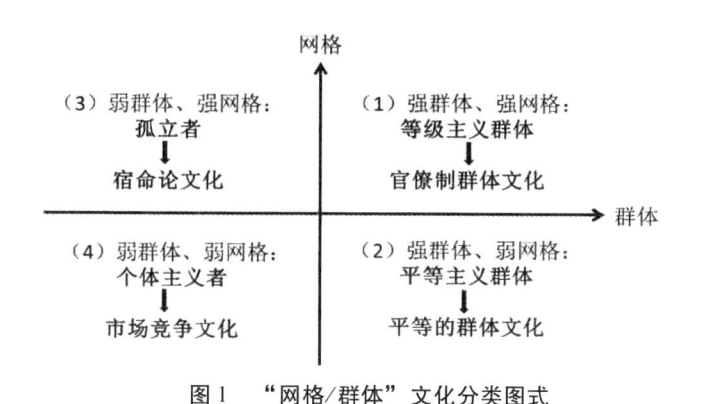

图1 "网格/群体"文化分类图式

风险文化理论的起源，也始于对分类的思考。道格拉斯对风险有一条著名的解释，即风险实际上并没有增多和加剧，只是被察觉、被意识到的风险增多和加剧了。[①] 每种文化对风险的挑选，展示了特定社会形式的集体文化、信仰和价值，它们都是集体意识的反映。既然风险是建构的，那么一些所谓的"风险"概念被挑选出来的原因，实际上是为了保护共同体中的个体免受

---

① [英]斯科特·拉什：《风险社会与风险文化》，王武龙译，《马克思主义与现实》，2002年第4期。

127

伤害。① 例如"污染""肮脏"等概念的建构，就透露出风险规避的意味。"既然没有人可以知晓一切风险，那么人们该如何判断哪些风险必须提防、哪些风险可以忽略？"道格拉斯认为，风险的排序与挑选，有赖于社会组织不可避免的文化偏好（cultural bias）。文化偏好如同社会组织内部的一套既定规则，将风险排序并将特定风险挑选出来，它服务于既有社会制度的利益。例如，即使技术、环境等风险实际上是降低的，但是现代社会仍对它们具有高度的感知："在西半球，大部分的人却为技术风险而担忧，这完全与我们的印象背道而驰。"对技术风险的感知，折射出了人们在后工业化、全球化社会下的风险态度。风险文化理论的"风险"概念，被笼罩了一层道德和政治的建构色彩，为客观事实与集体观念之间架起了沟通与联系的桥梁。

在道格拉斯看来，信任与否是"风险责任应该归咎于谁"的关键所在。道格拉斯规定，社会系统是由中心（centre）与边界（border）所构成，她将公共决策过程中的体制类型，划分为等级社会主义文化、市场个人主义文化和群落文化三种。其中，前两种文化是中心，群落文化则位于边界，群落文化是边缘的、不稳定的、不负责任的，它造成了社会结构的混乱和无组织的状态。道格拉斯认为，不同类型的社会原则，影响了人们对什么危险最应该恐惧、什么风险值得承担、谁来承担风险的判断。例如社团群落就将风险归咎于科学技术迅速发展、自然与人类社会所带来的生态威胁等，认为军事集团、工业集团应该受到谴责。回望20世纪60年代后期到70年代早期，美国社会的宗派主义与大规模的群众性环境保护运动兴起，道格拉斯和维达夫斯基分析，这一激进主义思潮与来自边缘的社团群落有关。正是现代文化环境中群体和网格的弱化和松懈，使游离于社会边缘的社团群落，有机会将这种风险意识引入社会中心。② 可见，不同文化、道德、政治背景下的社会群体

---

① Mary Douglas, Risk And Justice//Risk And Blame: Essays In Cultural Theory, London & New York: Routledge, 1992, 76 (9), pp. 28 – 29.
② Scott Lash, Risk Culture//Barbara Adam, Ulrich Beck, Joost Van Loon, The Risk Society And Beyond: Critical Issues For Social Theory, California: Sage Publications Ltd; No. 1, 2000, pp. 47 – 61.

的风险责任归咎,本质上都首先谴责他们所不信任的群体,再由此决定该关注哪些风险,以增强对社会集体的认同与团结,促进其内部的信任与凝聚力。因此,在高度复杂性与不确定性的全球化、后工业化社会,人们首先面对的,是如何在新型的社会关系中,重建相互信任的文化范式。

(二) 斯科特·拉什文化角度的自反性现代化

英国社会学家斯科特·拉什与乌尔里希·贝克、安东尼·吉登斯作为风险文化理论与风险社会理论的代表性学者,在面对现代性危机的议题上,都秉持了自反性现代化的观点,但是两者却有诸多本质上的差异。

启蒙主义的理性传统摇摇欲坠,现代化社会正在面临史无前例的危机。科技进步和工业发展已经超出了传统工业社会的安全防控范围,风险脱离了地域及群体的限制,呈现出人为不确定性、高度复杂性、破坏全球性等全新特征。在现代社会批判理论代表人物哈贝马斯看来,为了应对现代性的不足,沟通理性应该代替工具理性,解决晚期资本主义社会的危机;而以福柯为代表的后现代主义者则彻底否定现代性的合理性,提出工具理性应该被解构,现代社会应该终结,后现代社会将要来临。但是,贝克和拉什分别对现代主义者和后现代主义者的观点予以否认,针砭时弊提出了自反性现代化(reflexive modernization)的主张。他们认为,从传统社会到简单现代化社会,其现代性并未完全具备,工具理性和科学理性盛行,价值理性和社会理性被轻视,物欲膨胀、利益至上与科学技术的无限制使用,超越了程序正义、社会利益与文明发展,这都使现代化社会遭受严重冲击与巨大风险。而进入社会变革的第三个阶段——自反性现代化时代,个性化是社会变革的原动力,个人从社会结构中得以解放。这样看来,现代社会的风险正是来源于现代化本身,这一主张为应对现代化转折时期的风险挑战提供了解决路径。

然而两位学者在自反性现代化的框架内,仍存在诸多分野。例如,在内涵上,拉什属于自我性自反,即指能动作用反作用于自身。拉什强调了自我的能动作用、个体的个性化和独立自主的意义,个体的权力从简单现代化的被压制转为被赋予,个体在现代化中具有了自我反思的能力,以应对简单现代性带来的风险;而贝克属于结构性自反,即从社会结构中解放的能动作用反作用于结构的"规则"和"资源"等。① 在自反性类型上,从认知性自反、美学性自反,再到阐释性自反,拉什尤为关注阐释性的维度。他认为,阐释学的视角与自反性社群的自我概念相协调。阐释学的维度,从传统、象征、习俗、文化、价值和共享等范畴来解释其类型特征,表现出了更为强烈的自反性。文化结构的重要性与新的文化社群的构建,成为拉什自反性现代化的重要认识。而贝克本质上持有的是认知性自反观,他通过主流的结构、规范、制度、程序等认知维度来看待并分析风险社会,重视生态与科技等领域的现代性问题,带有实用的个人主义与启蒙现代性特征。

那么,现代化风险应如何面对?自反性现代化将要去向何方?在自反性社会学的主题下,拉什与贝克走向不同的方向。拉什对风险文化寄予了厚望,同时在道格拉斯的基础上进一步整合与发展,使"风险文化"最终成为新的风险认知理论。如前所述,在现代化风险应对的问题上,拉什不同于贝克再造政治的路径②,提出了对文化结构新社群的思考:文化客体并不一定为统治地位的意识形态服务,文化社群则表现出共享的背景习俗、共享意义和共享的日常活动的集体性等,使社群具有应对现代性风险的可能。拉什对自反性社群的关注也延伸到对亚文化的关注。亚文化社群通过其身份的象征性建构即仪式进行反抗,以对专家系统的不信任为基础,信任主观感觉的逻辑,表现出了鲜明的反制度性。同时,拉什认为边缘社群具有康德所说的非功利性特征。③ 社群具有共享意义,其联结是自发的,具有自觉情感。边缘

---

① [英]斯科特·拉什:《自反性及其化身:结构、美学、社群》,[德]乌尔里希·贝克、[英]安东尼·吉登斯、[英]斯科特·拉什:《自发性现代化:现代社会秩序中的政治、传统与美学》,赵文书译,商务印书馆2014年版,第139—220页。
② 张广利、陈盛兰:《自反性现代化的动因、维度及后果——贝克、拉什自反性现代化思想比较》,《东南学术》2014年第1期。
③ 张广利、陈盛兰:《拉什自反性现代化理论及启示》,《福建论坛(人文社会科学版)》2014年第2期。

社群尤为关心社会公共事务,具有价值理性特征。这就是为什么当道格拉斯将所处时代的社会风险,如风险的产生、社会组织的松懈与分解、主流文化中的价值符号受到的冲击等归咎于边缘文化中的派系主义者的象征性暴力和"软弱"的社会统治机制。而拉什却将派系主义者看作反制度的、社群的、有效的"解体组织"(disorganization),肯定了边缘社群所具有的自反性力量。

展望自反性现代化的未来,贝克认为人类将进入风险社会阶段;而拉什则相信,风险文化才是走出现代性困境的正确路径。现代性风险是不确定的、无序的、无法预测的,这使得制度、专家系统等确定性判断的作用有限。然而风险文化作为一种典型的建构理论,它将风险视为人们主观上文化感知的结果,强调了应对风险时主体的自我能动性与反思能力。与此同时,风险文化存在于非制度性和反制度性社会的相互作用当中,它通过实际价值而非程序性规范传播,以符号而非规则为治理形式,呈现出反思性或非决定性的无序状态。可以看出,文化更自由、更社会化,风险文化相比风险社会,体现出更全面的反传统、反规范等特征。另外,自反性现代化旨在打破工具理性和规范化结构,倡导建立价值理性的运作逻辑。风险文化强调了主观性的象征符号,其习俗、传统、宗教、道德等文化概念,为价值理性注入具体的文化内涵。因此,拉什对风险文化寄予深切厚望:"我们可能需要向风险社会告别,迎来风险文化的时代"。

二、风险文化理论的拓展与延伸

由于文化理论风险观不可避免地带有建构主义的固有缺陷,因此,诸多跨学科领域的学者,都尝试为风险文化理论构建具体化、操作化的方法论工具,推动了该理论的不断丰富、延伸与拓展。例如用数学模型来测量网格/群体模式的英国学者史蒂夫·雷纳(Steve Rayner),提出第五种文化类型的英国哲学家迈克·汤普森（Michael Thompson）和强调跨学科综合视角、将文化变量融入风险分析框架的德国风险治理学者奥特温·伦内（Ortwin Renn）等。

（一）史蒂夫·雷纳的文化测量工具

史蒂夫·雷纳在风险领域的研究，深受道格拉斯的影响。他一方面肯定了文化理论的地位，认为其在理论层面影响深远；另一方面，也积极尝试为文化理论构建方法论工具，试图解决该理论在实际运用中受限的问题。

雷纳总结了风险文化理论的基本内容，同时也为该理论面临的争论进行了辩护。首先他回应了实在论者的相对论和唯我论批评。通过冯托维克兹和拉弗兹的三元方法论，他指出从应用科学向整体环境评估类型发展过程中，系统不确定性与决策风险相应提高，定性判断与价值承诺的必要性凸显，文化差异居于主导地位，这都为文化理论的运用提供了机会。此外，文化理论将社会群体及其文化偏好进行分类，借此来阐述社会组织如何运用文化来进行社会控制，这可能会对现存的文化霸权构成威胁。[1]

雷纳强调，网格/群体分析是基于"群体"这一社会单位面对面的互动。文化是一个宽架构的概念，文化形态具有多样性，因此在实践层面上，任何较大的单位都必须分解为较小的竞争互补的社会单位，才能进行文化分析。但是，任何层面的文化分析，在比较中都必须保持规模变量，雷纳在其所著的《测量文化》一书中，也一再强调排斥对个体进行分类的企图，因为对个体的测量违反了规模变量的原则。与此同时，网格/群体划分的文化类型是动态的、流动的。雷纳并不认可道格拉斯的稳定性假设，认为其太接近于文化决定论，因为被分类的个人权利有限，文化理论也只能在特定语境预测事物。他提出的文化流动假说，强调个体所处的文化形态并非稳定不变，个人在转换文化语境上有更大的自主性和灵活性，这使得风险预测更具活力。此

---

[1] Rayner S, Cultural Theory And Risk Analysis// S. Krimsky, D. Golding, Eds, Social Theories Of Risk, New York: Greenwood Press, 1992, pp. 83 – 115.

外，雷纳认为，文化理论仍然遵循通过自我利益解释人类行为的范式。他以应对全球气候变化为例，将网格/群体中三种文化类型置于三种不同的组织功能当中，这九种组织类型各自代表了不同的预测思维及对谨慎的阐释原则。雷纳总结道，不同文化形态下做出的决策战略，实质上是不同制度基于自我利益功能的不断互动。①

这么看来，网格/群体分析探讨的是多元利益主体的彼此互动，风险认知不能只停留在个体认知层面，而应该围绕个体所处的社会关系；另外，文化理论是建立在文化偏好上个体的风险认知，文化偏好是动态的，它是人们的社会关系的结果②，所以个体静态的风险认知测量，并不能充分衡量风险认知的情况。识别风险行为中的文化偏好，虽具有重要的意义与价值，但是也为风险测量增加了难度。基于此，雷纳也尝试运用数学模型来测量网格/群体的范式③，研究风险感知与制度文化的实证案例④，并融合文化理论与心理测量这两种学科范式探索风险感知的测量工具⑤等，试图解决风险文化的测量不足的缺陷。

进入20世纪90年代，风险分析由单一、本土的常规风险，向全球化和多类型的整体风险转移，这对跨学科分析也提出了更高的要求。关于文化理论的未来，雷纳认为，该理论作为一种社会科学范式，它提供了从风险行为

---

① Paul Slovic, Perception Of Risk: Reflections On The Psychometric Paradigm//Sheldon Krimsky, Dominic Golding, Social Theories Of Risk, New York: Praeger Publishers Inc, 1992, pp. 83－117, 120.

② Perri 6, What's In A Frame? Social Organization, Risk Perception And The Sociology Of Knowledge, Journal Of Risk Research, No. 8, 2005 (8), pp. 91－118.

③ Gross J. L, Rayner S, Measuring Culture: A Paradigm For The Analysis Of Social Organization, New York: Columbia University Press, 1985.

④ Rayner S, Risk Perception, Technology Acceptance, And Institutional Culture: Case Studies Of Some New Definitions//Ruck B. (Ed.), Risk Is A Construct. Knesebeck: Münchem, 1992, pp. 197－220.

⑤ Reuben Ng, Steve Rayner, Integrating Psychometric And Cultural Theory Approaches To Formulate An Alternative Measure Of Risk Perception, The European Journal Of Social Science Research, Vol. 23, No. 2, 2020, pp. 85－100.

中的文化偏好来识别利益相关者互动的视角,其将与其他学科共同推动,形成一套达成共识的风险分析体制。

(二)迈克·汤普森五种文化形式下的风险观

基于原有的研究基础,汤普森将该理论的核心内涵向前推进了一步。1990年,他在与维达夫斯基合作的书籍《文化理论》中提出了三个命题。第一,兼容性条件(compatibility condition)要求,非个体的社会关系,与共享价值观、文化偏好之间的关系,应该是相互支持,而非彼此对立,具有一致性与连贯性[1];第二,基于不可能性定理(the impossibility theorem)[2],网格/群体维度中可行的文化偏好类型,应该而且也只能有五种;第三,根据必要多样性条件(the requisite variety condition)[3],由于各种文化偏好存在特定的盲点,如果它们没有被其他群体"纠正",势必会导致严重的灾难。换言之,每种生活方式,都需要通过竞争对手来定义自己。可以看出,汤普森强调了社会关系与文化偏好的单位应该是"群体",在先前四种文化类型的基础上提出第五种文化类型,并将这五种社会文化类型间的关系,视为任何时候都存在的不同强度与形式的互动与竞争。

汤普森提出的第五种文化类型即"隐士"的风险类型(图2)。他认为,网格与群体由高到低划分出的四种维度,仍不足以穷尽一切复杂性。当这两个维度都为零时,存在着一种不属于任何群体的类型,该类型是自我为中心的隐士,只要风险不是被别人强加的,就可以接受。汤普森将它描述为自我中心的隐士和短期风险评价者,奥特温·伦内(Ortwin Renn)将其称作可以与

---

[1] Thompson M, Ellis R, Wildavsky, A Cultural Theory, Boulder, Colorado: Westview Press, 1990, pp. 2-4.

[2] Wildavsky A, Choosing Preferences By Constructing Institutions: A Cultural Theory Of Preference Formation, American Political Science Review, Vol. 81, No. 1, 1987, pp. 5.

[3] Thompson M, Ellis R, Wildavsky, A Cultural Theory, Boulder, Colorado: Westview Press, 1990, pp. 2-4.

其他四种类型建立多重联系的风险冲突潜在的协调者。① 这五种社会类型都共享着明显且稳定的世界观与文化偏好，而每一种道德共同体都各自采取独特的战略，来保持其稳定、平衡的状态。② 因此，群体对感知哪些风险，以及对风险的可接受性，都会随着社会环境而变化。

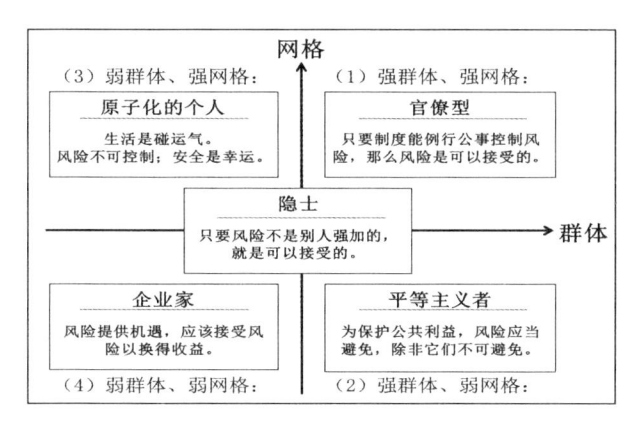

```
                          网格
                           ↑
(3) 弱群体、强网格：        │  (1) 强群体、强网格：
┌──────────────────┐       │  ┌──────────────────┐
│    原子化的个人   │       │  │      官僚型       │
│  生活是碰运气。   │       │  │ 只要制度能例行公事│
│  风险不可控制；   │       │  │ 控制风险，那么风  │
│  安全是幸运。     │       │  │ 险是可以接受的。  │
└──────────────────┘       │  └──────────────────┘
              ┌────────────────────────┐
              │          隐士          │
──────────────│ 只要风险不是别人强加的，│──────→ 群体
              │     就是可以接受的。    │
              └────────────────────────┘
┌──────────────────┐       │  ┌──────────────────┐
│      企业家      │       │  │    平等主义者     │
│ 风险提供机遇，应  │       │  │ 为保护公共利益，风│
│ 该接受风险以换得  │       │  │ 险应当避免，除非它│
│ 收益。           │       │  │ 们不可避免。      │
└──────────────────┘       │  └──────────────────┘
(4) 弱群体、弱网格：        │  (2) 强群体、弱网格：
```

图 2　五种文化类型下的风险观

此外，汤普森认为，作为一种人类学的风险理论，试图穷尽所有社会类型是不可能的，因此，五种风险策略或社会类型的划分，是基于数量可操作、易处理的考量。汤普森也尝试开展了一系列实证研究，例如技术政策的跨文化研究③、对网格与群体维度的测量与对文化类型的问卷调查④、风险

---

① Ortwin Renn, Concepts Of Risk: A Classification// Sheldon Krimsky, Dominic Golding, Social Theories Of Risk, New York: Praeger Publishers Inc, 1992, pp. 53-83.

② Michael Thompson, An Outline Of The Cultural Theory Of Risk, International Institute For Applied Systems Analysis, 1980, pp. 2-5.

③ Schwarz M, Thompson M, Divided We Stand: Redefining Politics, Technology And Social Choice, Philadelphia: University Of Pennsylvania Press, 1990.

④ Dake K, Thompson M, The Meanings Of Sustainable Development: Household Strategies For Managing Needs And Resources// Wright S. D, Dietz T, Borden R, Young G, Guagnanp G (Eds), Human Ecology, Crossing Boundaries: The Society For Human Ecology, Fort Collins, Colorado, 1993, pp. 421-436.

分析与环境议题的调查研究①,以及运用五种社会类型来解释消费模式与可持续发展领域的多元理性问题②等。汤普森将文化理论的重心,从单文化区域的感知偏见,向多文化派别间强有力的相互作用转变,为"文化偏好"成为一项解决风险管理问题的专门知识做出了贡献。

(三) 奥特温·伦内的跨学科理论视角

奥特温·伦内长期致力于跨学科的风险治理研究,提出了社会风险放大理论,并将文化的作用融入主流的风险理论之中,使文化影响的测量能在实证研究中趋于操作化。伦内为了解释单一的风险观点无法合理、全面地回应复杂的风险挑战,以个人与结构、客观主义和建构主义为维度,以风险的有害结果、发生概率的确定性和现实状态三种因素为区别,划分出七种风险概念的类型,并分别分析了各自适用的领域及其存在的局限性(图3)。其中,他将风险文化理论视为"风险独一无二的全面理论",因为文化正如一条纽带,所有的风险经历都可以看作文化的反映。当然,文化也不足以解释一切社会风险现象,风险文化理论也面临难以测量、文化类型划分是否科学等质疑。基于此,伦内强调风险理论的研究,需秉持跨学科的理论视角。

---

① Ellis R. J, Thompson F, Culture And The Environment In The Pacific Northwest, American Political Science Review, Vol. 91, No. 4, 1997, pp. 885–897.

② Virginie Mamadouh, Grid–Group Cultural Theory: An Introduction, Geojournal, 1999, 47(3): 405.

<<< 第二部分 国外风险文化研究

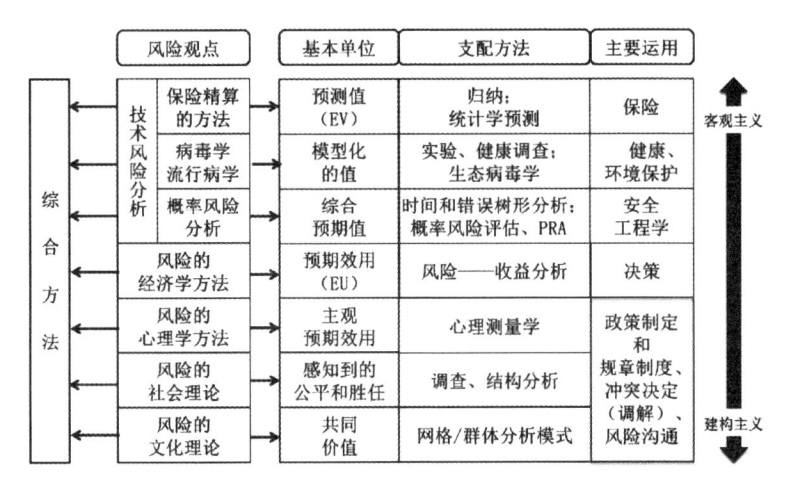

风险观点	基本单位	支配方法	主要运用
保险精算的方法	预测值(EV)	归纳;统计学预测	保险
病毒学流行病学	模型化的值	实验、健康调查;生态病毒学	健康、环境保护
概率风险分析	综合预期值	时间和错误树形分析;概率风险评估、PRA	安全工程学
风险的经济学方法	预期效用(EU)	风险——收益分析	决策
风险的心理学方法	主观预期效用	心理测量学	政策制定和规章制度、冲突决定(调解)、风险沟通
风险的社会理论	感知到的公平和胜任	调查、结构分析	
风险的文化理论	共同价值	网格/群体分析模式	

（技术风险分析 / 综合方法；客观主义 ↔ 建构主义）

图3 七种风险类型对比（根据伦内观点整理绘制）

在复杂多元的风险社会中，为了让不同文化和社会背景的参与者把握风险的内涵与动态进程，则需要一种新兴的综合框架，使之兼顾不同理论的优势并提供合适的地位，使其彼此包容和相互比较。因此，旨在观察心理、社会、文化、政治等多种因素相互作用的社会风险放大框架应运而生[1]，并在风险研究领域得到广泛的应用。其中，文化贯穿风险社会放大的全过程，风险事件与心理、社会、文化、制度等相互作用，会增强或减弱公众的风险感知并塑造风险行为。例如伦内通过德国固体废弃物焚烧炉选址的个案研究，分析了文化、价值观等因素如何放大和减弱风险事件[2]，使文化情境成为一个重要的解释变量。可见，伦内的诸多研究，都推动了文化因素朝着风险沟通与公共政策领域可操作化的分析工具的方向发展。

---

[1] Roger E, Kasperson, Ortwin Renn, Paul Slovic, Et Al, Social Amplification Of Risk: A Conceptual Frame, Risk Analysis, Vol. 8, No. 2, 1988, pp. 177–187.

[2] Ortwin Renn, Social Amplification Of Risk In Participation: Two Case Studies//N Pidgeon, R E Kasperson, P Slovic (Eds.) The Social Amplification Of Risk, Cambridge: Cambridge University Press, 2003, pp. 374–401.

三、西方风险文化理论的范式整合

在对风险文化理论进行梳理之余,我们试图从该理论不同代表性学者的观点中,捕捉与归纳风险文化理论的共性特征,确立共同的研究范式,以此反映研究者在问题选择、假设建立、方法运用和理论形成上的一致性。[①] 该理论研究范式的整合,将有助于更清晰地把握社会学范畴内风险文化的理论内涵与基本特征(见图4)。

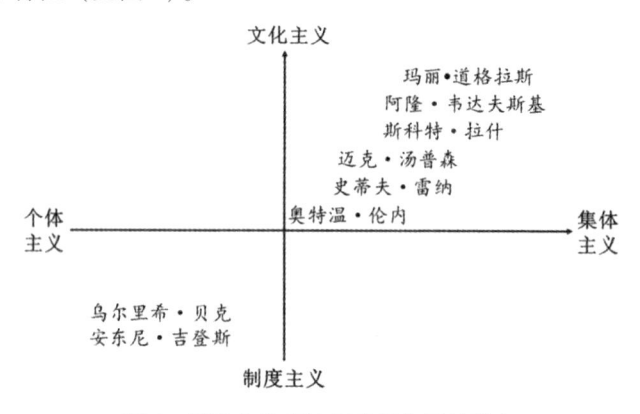

图4 风险文化理论相关学者及其整合

借用社会学方法中个体主义与集体主义、文化主义与制度主义的两个维度,本文对提到的五位风险文化理论代表性学者进行了划分与整合。个体与集体维度,是指分析的基本单位个体与集体维度,是指分析的基本单位是个人,还是组织、社会团体等社会集合体。此外,现实主义风险观与建构主义风险观是风险理论研究的两个主要领域,两者的分歧在于风险是具体的、客观存在的、不依赖于主体的主观或经验的感知判断,还是建构的、主观的、

---

① 张海波:《社会风险研究的范式》,《南京大学学报(哲学·人文科学·社会科学版)》2007年第2期。

本质上是社会主体的主观评价与反思？而风险的社会学研究，尤其是风险文化理论，则更偏向于建构主义的范畴。因此，此处采用了风险社会理论中文化与制度作为划分的维度。

基于这两种维度的划分，风险文化理论具有哪些共性呢？通过对代表性学者们观点进行的归纳，认为他们都集中在集体主义—建构主义的象限当中。具体来说，汤普森与雷纳都认为，不同文化群体价值簇（cluster）具有特定的风险立场和策略，雷纳还站在社会集合体的立场，来思考团体、制度等的文化特征、测量"网格/群体"的维度；汤普森则划分了五种文化类型，并以群体为单位，分析各自的文化偏好与社会关系等。此外，伦内也多次强调风险文化的社会集合体的特征，在他的风险社会放大等概念中，也是以群体为对象，解释风险感知与行为反应的过程。因此，他们认为这个理论可以归纳为集体主义—文化主义的范式类型。

与此同时，以贝克、吉登斯等学者为代表的风险社会理论，则具有个体主义—制度主义的特征。首先，风险社会理论基于个人，是垂直构架并且规范有序的；其次，都是从制度的视角来看待社会风险。贝克声称，自己既不是"现实主义者"，也不是"建构主义者"，而是"制度主义者"。[①] 为了应对工业化进程中，科技理性和工具理性触发的现代化风险挑战，贝克亦倡导通过对制度和规范的改良和改革，来实现对风险社会的有效控制。[②] 吉登斯作为该理论的倡导者，他的学术思想极大地受到了贝克的影响。他们认为风险社会理论的范式，是介于现实主义与弱建构主义之间。

可见，风险文化理论不仅带有与生俱来的强社会建构主义特征，还表现

---

① ［英］斯科特·拉什：《是专家系统还是受制于处境的伦理——分崩离析的资本主义中的文化和制度》，［德］乌尔里希·贝克、［英］安东尼·吉登斯、［英］斯科特·拉什：《自发性现代化：现代社会秩序中的政治、传统与美学》，赵文书译，商务印书馆2014年版，第251—272页。

② 王丽：《全球风险社会下的公共危机治理：一种文化视阈的阐释》，社会科学文献出版社2014年版，第47页。

出明显的"集体建构"(collective construct) 共性。① 文化理论将当代社会风险的增多,视为被察觉、被意识到的风险的加剧,更注重从风险的主体及"应归咎于谁"来思考风险等,都明显具有强建构主义风险观的特点。所以,文化分析不是"在自然场景中就能看到的危险的明确后果",它是"共享信念和价值"的产物。风险文化的视角,基本上都以社会群体为单位,分析群体的文化、道德、价值和信仰等背景,继而探索不同群体风险感知、选择与行为的内在逻辑,拓宽了如何看待社会风险的分析视角。

四、对西方风险文化理论的评述

风险文化理论自提出伊始,褒奖与批评并存,争议也未曾停歇。常见的批评,多集中在对"网格/群体"分类的维度选取、文化类型划分和应用范围,研究方法的主观偏差,以及政策领域影响力等方面。但是,该理论经过诸多学者的不断修正与调整,产生了一定的学术影响和现实价值,并为跨学科研究以及实践领域做出了重要贡献。那么,该如何认识和评价西方风险文化理论的学术价值与现实意义,以及我国该如何辩证地吸收和借鉴呢?这两个问题是我们研究这个主题不能回避的重要问题。

第一,提出了建构主义风险认知学派。现如今,面对全球化、后工业化的时代特征,跨学科、跨文化分析越发重要且迫切,传统的现实主义风险观也面临诸多缺陷,如单纯强调技术、过分依赖制度、关注现实层面的宏观对策、忽视社会主体的风险观念和价值偏好等,这都不利于有效应对风险社会的艰巨挑战。而风险文化理论的提出,开启了从文化来看待风险的独特建构主义认知视角,奠定了风险领域的本体论地位,进一步深化了人类对风险问题的理解与认知。在后期,该理论也为风险感知理论、社会放大理论等多种

---

① 鲍磊:《风险:一种"集体构念"——基于道格拉斯文化观的探讨》,《学习与探索》2016 年第 5 期。

建构主义社会学理论范式提供了理论借鉴。在实证研究方面也有诸多探索,如伦内发现,健康与环境科学家、专业风险管理者和普通公众在风险严重性感知上时常面临严重分歧,为弥合专业与公众的认知差距,应达成多元主体的双向沟通。① 这对面临严峻风险挑战的中国而言是具有一定启示作用的,为从建构主义视角完善我国风险治理的理论框架提出了新的时代需求。

第二,构建了以群体为单位认知与解释风险的社会学范式。风险文化理论从方法论上强调,群体而非个体才是风险识别与行为解释的主体对象。该理论将风险分析的学科范式从心理学中脱离出来,风险认知不再是个人,而是集体选择的结果,它是集体背后共享的文化、道德、习俗、价值观等的反映,风险应对成为社会、政治等交汇融合的议题。基于此,拉什提出将重建文化新社群视为走出后工业社会的结构性困境、应对现代风险挑战的解决路径之一。面对现今高度现代化的社会,风险的不确定性、复杂性凸显,专家系统面临信任缺失。风险文化给予我们的启示,不仅是重视对群体背后的文化价值观的思考,还涉及重建具有共同价值信仰、关心公共事务、追求情感联结的新文化群体,构建合理的风险文化体系,增强抵御与解决现代化挑战的能力与水平。

第三,提供了应对文化多样性的跨文化分析工具。网格/群体分类法的建立,也是源于道格拉斯在非洲开展人类学的田野调查时,对是否存在适用于文化多样性的分析框架的探索。② 随后,网格/群体分类法在诸多学者的努力下不断发展,不仅在划分维度与文化类型的解释上愈发完善,而且也尝试使用量化的方法,对网格与群体的维度进行测量,并在风险分析、环境议题等跨文化研究中进行检验。虽然网格/群体理论仍面临是否具有严谨性、是否实用等问题的质疑,但其仍然是重要的识别文化偏好、可操作化的跨文化

---

① Ortwin Renn, Perception Of Risks, Toxicology Letters, Vol. 149, No. 1, 2004, pp. 405–413.

② V. Mamadouh, Grid–Group Cultural Theory: An Introduction, Geojournal, Vol. 47, No. 2, 1999, pp. 395–409.

分析框架，为社会科学做出了重要的理论贡献。现今，风险领域不同社会科学范式间差异客观存在，中国社会风险研究也亟需打破学科人为分割、推动学科整合，而风险文化理论则有可能为促进跨学科的风险整合体系构建开启新思路，为其提供建构主义的学理支持与实证主义的操作工具。

最后，在全球化的时代背景与中国社会转型的现实需求下，需要借鉴西方风险文化理论的精华，来拓展我国风险理论研究视角，为构建具有国际视野、中国特色的现代风险文化理论范式提供新思路。当代中国，正面临着经济体制转轨、改革开放、政治体制改革、多元文化碰撞、环境生态保护等变化与挑战。在全球范围内，这一剧烈变化的形式可能具有共性。但是，由于中国社会政治、经济、文化、环境等实际情况的差异，也会显现出具有中国国情特色的风险文化。有鉴于此，在汲取国际上优秀的理论与实践成果、开展国际学术对话的同时，也必须深植于"中国实际"，将其与中国传统文化中的风险治理智慧和我国风险治理实际经验相结合。相信这一路径，可以有效地弥补风险理论的缺陷，更好地应对转型时期我国风险治理面临的诸多挑战，最终推进构建中国特色的风险治理体系及其治理能力现代化的长远目标。

<<< 第二部分 国外风险文化研究

西方脉络与中国图景：风险文化理论及其本土调适[①]

张广利[②] 王伯承[③]

英国学者玛丽·道格拉斯是第一位研究风险问题的社会学家，亦作为风险社会理论研究文化向度的肇始者。道格拉斯本人或许都没意识到，在她之后会引发风险社会理论的系统研究。而集大成者就是德国人类学家、社会学家乌尔里希·贝克，他于1986年首次使用了"风险社会"的概念，并指出了现代社会诸如疯牛病、核危机、环境灾难、气候变化等现代社会风险无处不在，人类社会已经行进到了"文明的火山上"[④]。之后，随着吉登斯、拉什等人的加入，继而在全球范围内掀起了一股风险社会研究的热潮。作为反

[①] 原刊于《湖北民族学院学报（哲学社会科学版）》2017年第1期。国家社科基金重点项目（项目编号：12ASH001）；中央高校基本科研业务费专项资金项目（项目编号：WE1222001）；上海市重点学科社会学建设项目（项目编号：B501）。

[②] 张广利（1963— ），男，华东理工大学社会与公共管理学院教授，博士生导师，主要研究方向为风险社会理论、社会风险。

[③] 王伯承（1988— ），男，华东理工大学社会学系博士研究生，贵州民族大学学报编辑，主要研究方向为社会风险。

[④] [德] 乌尔里希·贝克：《风险社会》，何博闻译，译林出版社2004年版，第13页。

思现代性的一种理论体现，不同学者对于风险社会有不同的理解，进而对风险社会的研究路径也不尽相同，德伯拉·勒普顿归纳了三种研究范式：风险社会理论、风险文化—象征理论和风险治理性理论[1]。杨雪冬则将西方风险社会理论总结为现实主义的、文化意义上的和制度主义的三个理论流派。[2]张广利则总结了当代西方风险社会理论的三个研究维度：制度维度、文化维度、系统与环境维度。[3] 不论基于何种理论对现代社会风险进行研究和探讨，风险文化向度是学者们无法回避的路向；然而这种秉承主观主义的研究范式的存在，尚缺乏系统的梳理和总结。特别是风险社会理论整体基于一种西方中心主义的取向，忽略了其他国家的经验，秉承风险社会理论文化向度的研究旨趣——风险本身即是特定思想与文化背景下的产物与建构，应对现代社会风险在我国的快速发展，亟须从西方风险文化理论的思想精髓出发，立足于中国文化传统，吸收其中有利于风险预防和风险规避的合理成分，实现中国本土风险文化的建构。中华文化历史悠久辉煌、内涵博大精深，中国文化传统的精神和价值理应在风险社会的时代得以彰显。

一、从"实在风险"到"风险感知"：风险文化理论的滥觞

与其说贝克开创了风险社会理论，不如说他也曾是一位大海边拾贝壳的孩子……他的发现也是站在前人肩上的，这里的前人正是风险文化理论的开创者玛丽·道格拉斯，1982年在和维尔达夫斯基合著的《风险与文化》一书中，她率先解释了公众不断增强的风险意识和关注科技风险的新现象。四年

---

[1] Deborah Lupton. Risk and Sociocultural Theory: New Directions and Perspectives. Cambridge: Cambridge University Press, 2000.
[2] 杨雪冬，等：《风险社会与秩序重建》，北京：社会科学文献出版社2006年版，第27—29页。
[3] 张广利、许丽娜：《当代西方风险社会理论的三个研究维度探析》，载《华东理工大学学报（社会科学版）》，2014年第2期，第1—8、16页。

后，贝克正式提出并建构了"风险社会"理论，指出现代风险与现代性的过分膨胀密切相关——是技术理性的必然产物和现代性制度①的固有困境。这种判断和逻辑走向②造就了现代社会一种新型的社会秩序——财富在上层集聚、风险在底层集聚。之后，拉什汲取了道格拉斯和维尔达夫斯基研究的有益养分并通过"风险社会与风险文化"的对比论述，开辟了风险社会研究的文化向度，并系统地提出了风险文化理论。拉什认为"风险社会"的概念和理论表述无法准确描绘出我们当前的社会风险情境，因为风险并非客观实在的、并非具有明确的指向性。具体来说，风险文化理论强调现代社会风险是文化意义上的，把风险社会的出现表征为人类对风险认识的加深，技术发展的副作用及其引起的灾难使人类获得了新的认识，原本用来解决问题的手段以人们的认知为中介，使人类产生担忧和恐惧，进而引起了新的问题。所以，风险文化理论认为：现代社会风险不是一种制度规制下的社会秩序，而是作为一种心理认知的结果，是人们主观意识的结果，社会风险凸显的是一种文化现象。

（一）现代风险是人们主观意识的结果

"风险社会"还是"风险文化"的概念之争，实质上是要回答：现代社会风险到底是社会历史发展过程中的客观事实还是人们主观意识的后果。不同于贝克、吉登斯认为现代社会大量充斥的各种风险问题是全球化时代不能回避的客观现实，道格拉斯、拉什为代表的学者则表示现代社会中的风险一直都存在着，且恒定如一，大量增加的是人们的风险意识。风险社会主观主义者在认知和管控风险中强调文化的作用，认为现代风险问题是制造风险的

---

① 现代社会创设了各种激励措施、保障制度、预防体系等，无论是冒险取向还是安全取向的制度，这些制度本身也带来了另一种风险，即制度运转失灵、制度执行无效、制度监管缺位、制度异化等所带来的社会风险。

② 从制度性风险的角度看，政策制定者和专家结成的联盟制造了当代社会中的危险，然后又建立一套制度话语将风险推卸给最没有抵御能力的底层民众。

文化的产物。①

传统社会的推动力可以用"我饿"来概括，意涵人们能够直接感受到的后果；而风险社会的集体性格则可以用"我怕"来概括，意涵一种不确定的风险。进一步讲，在风险文化理论的界定中，我们生活的时代和之前的时代同样具有危险性，区别是风险的种类上的差异。在工业社会以前，人们面对的风险主要是来自外部环境中的各种自然灾害，譬如地震、洪水、台风、旱涝灾害、滑坡泥石流等等；到了现代社会，地壳运动、大气环流、万有引力、物质运动的规律依然存在，我们依然遭受着此种原因带来的各种风险，只不过这些风险在某种程度上对我们的威胁已经被置换为现代工业社会"制造的风险"所产生的威胁，譬如大气污染、核辐射对人体健康可能带来的危害。对此，我们没必要流露出比工业社会之前（面对各种风险和灾难）更多的恐惧。因为我们的恐惧一直都存在，只不过从一种恐惧类型转移到另一种类型。风险理论家普遍承认恐惧和风险是密切联系起来的，风险"已经成为恐惧、焦虑和不确定性的感情的核心"②，"对风险的反思现在被吸收进不安全、受害者和恐惧的广泛文化中"③。总之，风险文化理论始终坚持：当代社会风险仅仅是被察觉、被意识的风险增多。

（二）现代风险是特定风险文化背景中的建构

风险文化理论认为，伴随着人们受教育程度和认知水平的提升，人们对风险的感知能力也越来越强；而且不同文化背景中社会群体对风险的感知状况也是不同的。拉什基于道格拉斯和维尔达夫斯基的研究，提出了三种风险文化，即倾向于把社会政治风险视为最大风险的等级制度主义文化、倾向于把经济风险视为最大风险的市场个人主义文化和倾向于把自然风险视为最大

---

① 张宁：《风险文化理论研究及其启示：文化视角下的风险分析》，载《中央财经大学学报》，2012年第12期，第91—96页。

② Deborah Lupton. Risk. London; New York: Routledge, 1999.

③ Cohen, S. Folk devils and Moral Panics (3rd ed.). London; New York: Routledge, 2002.

风险的社会群落之边缘文化①。风险文化理论认为风险是不同社会和文化背景下的"建构",例如环境污染在发达国家被视为风险,在落后地区和亟待开发地区却很少引起人们的关注。在全球化背景下,不同的国际环境下,人们对风险的感知也是不同的,例如在经济繁荣时期和经济萧条时期,不同区域和文化背景下的社会群体对市场和投资风险的理解是不同的。

等级制度主义文化和市场个人主义文化构成了社会的主流和中心,社会群落之边缘文化则是社会主流和中心构成威胁的边缘群体,这种文化的对立,继而导致了社会失序和社会解组。在风险的责任归咎上,信任扮演着至关重要的作用。不同群体潜意识中最突出的风险即来自于对其他社会群体的不信任开始,譬如失信的专家系统带来的制度性风险和技术性风险,又如战争、犯罪、艾滋病等等,每一个群体都在谴责他们不信任的其他群体,并把它们当作风险的肇事者。再如近年来频发的环境抗争导致的群体性事件,政府视之为影响社会稳定的风险,企业将之看成影响经济效益的风险,而广大群众感知的却是环境污染的风险。可见,现代社会风险作为特定风险文化背景下的一种主观建构思维,是制造风险的文化日益突出的结果。

(三)风险认知作为一种问题解决的取向

风险文化理论关于现代风险是特定风险文化背景中的建构的论断,有利于理解现代风险的生成逻辑,体悟现代社会风险的存在、感知和应对,也正是风险的这种现实性与建构性相融合的特性,决定了它的问题解决取向——风险文化产生了风险,风险的消弭也有赖于风险文化的再造与风险认知的重塑。即便如制度风险的代表人物贝克也不得不承认:风险是指向未来的,风险对社会的刺激在于未来的预期,促使人们提早采取行动②。一方面,很多

---

① [英]斯科特·拉什,王武龙:《风险社会与风险文化》,载《马克思主义与现实》,2002年第4期,第52—63页。
② [德]乌尔里希·贝克:《风险社会》,何博闻译. 南京:译林出版社2004年版,第35页。

危险和破坏今天已经发生了；另一方面，风险生成理论的探寻，有利于寻找有效应对风险的方法。因而，风险意识和风险认知拥有一种与风险预防和风险规避相联系的特质。风险文化理论的话语下，人们应对现代风险更多地不再是诉诸技术更新来排除风险，而只是通过道德理念和价值信念来处理现代社会风险充盈带来的各种问题，譬如通过生态启蒙实现生态理性，以环境正义的理念对环境弱势群体权益的尊重和保护的实现来解决在全球弥散的环境风险。

在现代社会风险应对上，风险文化理论主张全面提升人类整体的风险意识，摒弃消极的悲观主义和盲目的乐观主义，强调立足现实，既承认风险的毁灭和破坏作用，又承认人类成长进步的光明前景，强调把风险意识作为一种具体的反省批判意识[①]。转变人的自我观念，确立合理的自我意识，合理地控制自我，达到人与自然和谐相处的目的，最终实现风险的规避。所以，从这个角度看，风险文化理论强调风险意识和风险认知的优化提升，这本身就是一种消弭现代社会风险的问题解决取向。可见，风险文化理论肇始于对客观实在风险的感知与体验，形成了应对现代社会风险问题的独特视角。

二、理性重塑与信任建构：风险文化理论的价值

有别于传统社会统治合法性基础的宗教、权威，现代社会合法性的基础是称为"理性化"的理性。在19世纪末20世纪初，认为人类行为是受到个体利益最大化驱使的，这样的观点一时甚嚣尘上。该论调试图证明稳定的社会规范能够作为个体利益的后果而产生，所以从某种意义上讲，现代社会是以"理性"为思想基础而建立起来的。启蒙理性的价值预设本是要使人性摆脱宗教和神权的束缚，体现人的价值，使人成为自然和社会的主人，这种理

[①] 刘岩：《风险文化的二重性与风险责任伦理构建》，载《社会科学战线》，2010年第8期，第205—209页。

性主义的发展固然推动了人类社会的大幅进步；然而随着现代社会的发展，启蒙时期的理性发生裂变，集中表现为工具理性主导了价值理性—启蒙理性以数学计算为自己的原则，变成了没有任何价值的形式理性。继而形成了如贝克所言的技术风险、生态风险等"文明的火山"。而风险文化理论基于对主体性的强调，从风险意识与风险认知的角度出发，通过对风险确定性的解构，直指人类精神家园荒芜的根源，以期重新找回被价值理性遗忘的边缘与角落。

（一）标准化与确定性的解构

秉持客观主义立场的风险社会理论假定了人类社会从传统社会、早期工业社会向后工业社会转变的历程，从而也假定了一种标准化的社会发展状态——"风险存在"是现代化发展无可逃避的逻辑。而风险文化理论却高调地宣称：风险应该被感知，而绝非一种客观之物，风险是基于在特定文化背景和社会形式中孕育而被定义和感知的，而且风险在特定环境下还会产生社会放大的效应，特别是灾难事件往往与社会心理和文化制度等因素相互作用，进而影响人们的风险感知能力并形塑风险行为。所以，拉什宣称"我们也许需要开始向风险社会说再见了。风险社会如今已是日薄西山并终将寿终正寝。我们将要拥抱风险文化，尽管有些许焦虑不安，但绝无担忧和恐惧"[①]。因为利益群体对风险的感知有助于风险的公众参与与治理。

在风险应对上从依靠专家系统的确定性判断到社会边缘群体的审美自反，社会公众的主体意识和主观能动性的彰显在一定程度上实现了对现代风险确定性判断的解构。不同于贝克和吉登斯的自反性现代化的论断，认为现代社会发展成果对人类社会带来的灾难性破坏与风险毫无疑问是一种无可逃避且客观存在的现实后果；风险文化理论致力于发掘自反性现代化的美学维度，从另外一个层面弥补了贝克和吉登斯在现代性分析上的欠缺和不足，强

---

① B. Adam, U. Beck, J. Van Loon. In the Risk Society and Beyond: Critical Issues for Social Theory. London: Sage, 2000: 61.

调人类行为与客观事物之间的关系并非相互对抗的主客对立关系,而是可以发挥个体的能动作用,通过主体的自我反思与价值诉求来为规避现代社会风险开辟道路。

(二)价值理性的回归

不同于贝克、吉登斯等人强调现代风险的制度性以及应对风险的程序性和规范性;风险文化理论镶嵌于反制度性之中,依靠的不是规则和规范,而是道德和价值。这种价值体现的是渗透于日常生活中人类的一种精神活动,强调自反性现代化不仅是认知性和制度性的,而且还是美学维度的,是基于道德和价值之上的"自我诠释"。

康德把审美判断分为决定性判断和反身性判断。拉什指出,前者是一种客观判断,而后者是一种情感性的主观判断①——审美的反思性。崇高的审美判断将暴露出作为主体的人的致命缺点和弱点,暴露出人性中令人恐惧和颤栗的阴暗角落。这种审美判断概括出来的风险让我们触及自身的不足。风险文化理论敦促人们在体验工具理性、科技理性的负面作用后,重新回到了价值理性与社会理性的怀抱。特别是风险文化理论强调社会边缘群体在应对现代社会风险的作用,认为他们是价值理性的倡导者,只有这种无功利性的主体才是应对现代社会风险的真正中介者和终结者。相对于以工具理性为特征的现代社会以及对社会风险的确定性判断,道德理性与价值关怀的回归成为理性分裂和现代社会风险的"解毒剂"②。

(三)信任危机的弥合

信任危机的产生源自于专家系统的失信,媒介作为专家系统的重要组成部分在其中发挥了至关重要的作用。现代风险弥漫的时代,在风险制造和风

---

① 王伯承:《西方风险社会理论困境与中国本土化启示》,载《内蒙古社会科学》,2015年第6期,第27—32页。

② 严复:《严复集(第3册)》,中华书局1986年版,第690页。

险应对上，不同的专家系统往往代表着不同的利益集团，作为公共权力交换的设租寻租活动便不可避免，专家被收买的风险增大了，现代社会风险即滥觞于这种知识和权力共谋。

然而，风险文化理论则认为现代社会风险不仅是制度建构的产物，还是一般大众认知的结果：前者强调风险制造，但这种观点并不否认风险发生的外在因素，而是认为利益集团决定了风险问题是否应纳入公共议程以及何时采用何种应对方式，它强调风险发生原因和风险损失是一种话语权下的建构；后者强调风险认知，只有公众觉知风险，才能形成与专家、学者、权力部门等风险制造者的互动。在专家系统遭遇信任危机的第二次现代性①，社会边缘群体和社会公众的作用无疑正当其时，在风险应对和规避方面，公众参与风险决策可以使风险政策制定更科学化。例如央视主播柴静的雾霾深度调查纪录片《穹顶之下》一经播出，通过视频网站、社交网络等共同的力量即刻引起了数以亿计的中国人对这种环境风险的关注，问题直指加快落实中国能源体制改革。社会通过更广泛的观点采集、意见表达，就更有可能形成新的、原创性的思想，而不是在技术官僚制下形成某种决策。所以，风险文化理论强调通过增强社会公众的风险意识，关注处在社会边缘的弱势群体，努力提高他们参与社会政治活动的能力，进而增加公众的话语权，通过专家系统与社会公众的双向互动与互信，提升公共决策的科学性和风险应对制度的有效性。

三、从西方理论到东方经验：风险文化理论的局限

风险是一种不确定性、一种潜在可能性；而风险意识也因人、因时、因

---

① 贝克将社会划分为两种类型：一为"简单现代化"社会，另一类是"自反性现代化"社会。后一种社会形态又称为"第二次现代化"社会，意指现代化的胜利成果开始危及现代社会本身。

地而异,亦体现为一种不确定性。这两种不确定性的叠加,更是体现为风险演变机理的复杂性。一方面,就风险文化理论本身而言存在着主观化、理想化与夸大化的局限;另一方面,从风险文化理论的普遍适用性上来讲,因中国与西方经济社会发展阶段的不同,导致西方的这种理论陈述不完全适应中国的实际情况。

(一)过于主观化和理想化

风险文化理论认为实实在在的现代风险本身并不重要,关键是不同社会文化背景下的社会群体的特定文化观念促进了风险意识的形成发展,文化的意义在于提醒人们关注并获得现代科学技术负面效应的意识。因此,在风险应对问题上,他们并不像制度主义者主张的那样,通过制度再造和国际合作来有效地控制风险,而是通过社团活动等非政府组织运动来应对风险。通过审美反思获得带有主观性判断的价值标准为基础建立起反思性社会。在这种社会形态下,应对社会风险的治理方式不是制度规范,而是要依靠高度自觉的风险文化意识来对现实社会进行深刻的自省与反思。总体来看,这种视角为摆脱风险社会的制度主义结构困境提供了另一种思路,然而风险文化维度过于倚重从文化视角和人们的主观意识出发阐释风险问题,忽视了现代社会的制度性存在的作用,尤其是把风险应对寄希望于具有不同文化背景的社会群体的风险感知和文化信念,甚至将问题的解决引向了美学领域,带有明显的主观化和理想化色彩。

(二)夸大了社会边缘群体的作用

风险文化理论倡导对风险社会进行反思,坚持从文化和群体的角度出发,认为处于社会边缘的社团群体最具现实精神、非功利性、道德意识和公共情感;相对于社会主导群体的工具理性,对社会边缘群体作用的强调实质上是对价值理性的召回。在个体化的时代,在应对社会风险的问题上,提升社会边缘群体的话语权固然能发挥巨大的作用,这是时代进步的一种诉求,弱者的声音不能被忽视。然而，在发生全球性危机的时候，处于社会主流地位的专家系统依然是应对风险的中流砥柱，因为只有他们才掌握着应对风险最雄厚的资本和资源。此外，处于社会边缘地位的弱势群体，他们本身对于现代社会风险的发生更加敏感，这虽然有利于积极增强自我保护意识，但基于自身应对能力有限常常也会诱发出过度反应，比如谣言的制造与传播，集体恐慌的猝发等。社会边缘群体的集体非理性行动，往往会制造出新的风险，例如日本核泄漏后引发的抢购食盐热潮就是一个典型案例。

（三）西方中心主义，忽略了其他国家的经验

与风险文化理论对西方发达国家现代社会风险论述的情境不同，目前广大发展中国家还处于一个传统与现代兼具的混合型社会形态，社会风险呈现历时性的风险共时性存在的格局：既遭受着工业化、城市化带来的环境污染、贫富差距、社会问题丛生等现代社会风险，又深受地震、海啸、滑坡、泥石流、沙尘天气等传统自然灾害的荼毒。而且在发展中国家人们的意识和感知里，传统自然风险依然在社会风险结构里占据主导地位。以中国为例，我国的社会风险结构与西方有明显不同[1]。相对于西方发达国家的社会风险而言，因为"压缩饼干式"的发展，使得中国形成了一个传统社会、简单现代化社会和高度现代化社会并存的社会形态。基于自然地理环境的多样性和区域时空发展的不平衡性，也使得当今中国社会所面临的风险相互交织、彼此渗透、错综复杂：农村和边远地区面临着极端恶劣气候等自然灾害威胁；中西部地区处于工业化进程早期阶段，面临着生产事故、意外伤害等与简单现代性相关的社会风险；而只有北、上、广、深、津等已接近西方国家发展水平的沿海城市和发达地区存在着的主要是与高度现代化相联系的现代社会风险。而且在风险应对上，西方风险文化理论重新宣扬了对价值、信仰、共同意义的追求，企图通过社群重建来形塑医治过度工具理性的弊病，而中国

---

[1] 王伯承：《西方风险社会理论困境与中国本土化启示》，载《内蒙古社会科学》，2015年第6期，第27—32页。

传统上是长期处于一种重伦理、轻团体生活的社会形态，进而缺乏凝合边缘社会群体进行社群重建的土壤。

四、传统复兴与本土调适：风险文化理论的新生

西方风险文化理论的提出在一定程度上实现了对现代社会风险确定性的解构、社会理性和价值理性的回归、信任危机的弥合，但是仍然存在着明显的缺陷和不足，特别是其过于主观的理想化色彩，夸大了社会边缘群体的作用。虽然针对当今高风险社会的各种理论流派越来越倾向于一种融合的态势，即风险既是客观存在，也是一种主观认知，但是不管风险社会理论，抑或风险文化理论，都体现了一种以西方社会为背景的理论反思，形成一种西方中心主义理论，而忽略了其他国家的经验。此外，在精神气质上，也存在着中西文化分途：西方文化传统强调"人与物"的对立以及"人对物"的征服和开发，中国文化传统则注重"人对人"之间关系的处理——意涵的是一种德行文化、和谐文化，而非西方的智性文化、对抗文化。历史悠久辉煌、内涵博大精深的中华文化，绵绵五千年而长盛不衰，在全球社会风险的历史发展阶段，中国传统文化的精神和价值应该得到彰显。

（一）中国传统文化的复兴

回溯往昔，中华文化在历史上曾独领风骚数千年。直到近代，列强纷纷入侵，国家贫弱，致使各种社会问题和矛盾积重难返……民族独立、国家富强的时代使命迫使我们不得不向西方看齐，学习西方的"精气神"，无论马克思主义，抑或自由主义，卸下"背负"了五千年的精神枷锁，通过简单化地抛却传统、"轻装上阵、加速前行"成了鸦片战争后这个国家思想解放、文化发展的主要轨迹。在新文化运动时期，当发现西方近代理性对信仰、人性对神性的胜利，我们适时举起了科学和民主两面大旗，打倒"孔家店"成

为时代的呼声。然而，西方近代文化代表着的工业文明在促进人类社会发展的同时，却由于工具理性盛行而导致人的物化和价值缺失，继而产生各种社会问题和蜂拥而至的现代社会风险。民国时期，梁启超在游历海外的过程中，通过见闻感受较早对西方文化下的近代工业文明进行了批判。作为新文化运动的代表性人物，严复在晚期开始认识到西方文化的负面效应，并认为西方文化的极端化会给人类社会带来灾难性后果，而中华文化的价值则正当其时——"西国文明，自今番欧战，扫地遂尽。……往闻吾国腐儒议论谓'孔子之道必有大行人类之时'，心窃以为妄语，乃今听欧美通人议论，渐复同此，彼中研究中土文化之学者，亦日益加众，学会书楼不一而足，其宝贵中国美术者，蚁聚蜂屯，价值千百往时，即此可知天下潮流之所趋矣。"[①] 可见，自反性现代化在消解传统的同时，另一方面又在重建传统；梁启超、严复所处的时代与我们虽然相去甚远，但殊途同归，中国文化传统的固有价值不容抹杀。重建风险弥漫社会中支离破碎的自我认同与意义缺失，可以在中国传统文化里找到有益的文化资源和智慧因子。国学大师梁漱溟晚年曾有言，"四书五经，故是最富矿藏，惟需用新式机器发掘陶炼而已"，然而，文化复兴，这个1840年以来的课题，至今仍然未得到解决。时至今日，我们已然吹响了中华民族伟大复兴的时代号角——如果没有文化的复兴，便不能算作真正的民族复兴。应对风险问题的中国式回答对全球风险社会治理做出自身的理论与实践贡献，亦是中华民族伟大复兴目标实现的另一种呈现。

（二）中国文化传统具备抑制风险的内在属性

西方价值理念中对自然的征服，而不顾"征服"所造成的危害，如果我们依旧沿袭西方的文化，人类的生存环境只能是越来越恶化。梁漱溟曾指出，"所谓中国文化复兴者非他，意指以伦理本位代自我中心，原来一味向外用力是'人对物'的态度，而不是'人对人'的态度。西洋人靠此态度制

---

① 严复：《严复集（第3册）》，中华书局1986年版，第690页。

胜自然，是其成功，但用此态度对人除出现了势力均衡之民主制度外，大体上是失败的，特别在民族间在国际酿成大战，可能把人类毁灭了，把文化也毁灭了，那真算得文化上之彻底失败。"[1] 不似西方文化讲究过度进取，中国文化传统是在进取中思量与自然和平共处的规则。如何唤醒人与自然和平共处，是现在风险社会理论话语下我们迫切需要关注的话题；而中国"天人合一、民胞物与"崇尚自然的思想精神回应了这一诉求。以此观照现代社会风险，在风险文化的视域下，中国文化传统具备抑制风险的内在属性，特别是集中体现在中国文化传统中的和谐文化与德行文化之中。

1. 和谐文化，而非对抗文化

在西方，"文化"一词源于拉丁文 culture，原意耕种、培养、教育、发展等；而在中国，"文化"出自"人文化成"的简称。《周易·贲象》云：刚柔交错，天文也；文明以止，人文也。观乎人文，以化成天下。这里"人文化成"至少包含了四层含义：其一，"人"凸现不能与禽兽等同，人类的道德判断之于生活不流于动物式的本能；其二，"文"通"纹"，其引申涵义为语言、礼仪、制度等人类使用象征符号；其三，"化"则为培育、改造、教化的意思，以此与暴力、武功、野蛮相对应，其本身的伦理意义即在于追求和平、反对冲突；其四，"成"指培育、改造的效用而言，"化成"表明教化并发生功效，内化为道德意识，外显为公序良俗。可见，中国传统知识体系对"文化"概念的界定，体现的就是人们日常生活中所表现出来的道德行为的作用，亦合风险文化理论所倡导的价值理性的回归。中国文化传统是一套重视道德生活和人伦规范的系统的知识体系，根本上是在追求人与人、人与自然和谐相处的关系，而非西方文化强调征服自然，一味地向"物"用力的对抗特质。

2. 德性文化，而非智性文化

中国文化传统注重"人对人"之间关系的处理，西方文化传统强调"人

---

[1] 梁漱溟：《中国文化的命运》，中信出版社2010年版，第170页。

对物"的征服和开发。进一步讲，中国文化传统是一种德性文化，而不同于西方的智性文化。伴随着西方工业革命以来的启蒙运动，人权对神权、民主对专制、科学对愚昧的胜利，理性主义开启了现代性的步伐，并产生了不同于传统的新价值观和生活方式。至此，工业社会的蓬勃发展势不可遏，但同时也失去了道德文明的庇护，各种现代性问题接踵而至，这就是现代社会的特点。然而随着现代社会的发展，启蒙时期的理性发生裂变，一个面相是工具理性的泛滥，科技理性、经济理性的膨胀，盲目地追求科技进步、经济发展；而另一个面相是被忽略的社会理性和价值理性以及附着其上的社会畸形发展、伦理道德滑坡。我们谈传统文化的现代意义，就是要恢复道德和价值来医治和慰藉虚妄无根的现代心灵。①"毁灭人类的并不是科学，而是只知相争不知相让之人生态度。此种以自我为中心，而不能尊重对方，一味向外用力，而决不肯向内用力之人生态度，从来便是人类祸根。不过，加上科学其祸大，没有科学其祸小。是人类不善用科学，科学岂任其咎？今后人类要免于自己毁灭，必须改变此种人生态度而后可。"②中国的文化传统注重协调人与人、人与自然的关系，体现为五伦八德的伦理与道德精神，对人和自然是仁民爱物、民胞物与；意欲避免重蹈西方工业社会发展的危机，通过对自己的修省立诚，透过教育而重植人心，或可以德性文化有效应对现代社会风险。

（三）中国本土风险文化的建构

全球化背景下中国经历的一系列社会转型性风险需要我们对其密切关注并及时解决。尽管中国目前并没有真正进入"高风险社会"阶段，但我们面临的风险挑战前所未有。风险文化理论作为一种以风险意识和风险认知为核

---

① 邓立光：《中国传统文化的现代意义》［EB/OL］. 凤凰网历史（2010-04-24）［2015-10-04］. http://news.ifeng.com/history/special/jiachunqiu2/detail_2010_04/24/1055943_0.shtml.

② 梁漱溟：《中国文化的命运》，中信出版社2010年版，第170页。

心的知识体系，致力于对现代社会风险确定性的解构、推动社会理性和价值理性的回归、追求人与人之间的信任，其本质是要在现代社会风险笼罩的氛围中形成以道德和价值为基础的风险规避文化。随着我国经济社会的转型和市场化进程的加速前行，社会分化和利益失衡等问题日益加剧，西方发达国家社会风险的各种表征已在我国的政治、经济、社会、文化以及自然生态等各个层面和领域呈现出来，并呈现出普遍性与特殊性相结合的特点。面对全球风险社会的复杂局面，我们迫切需要从西方风险文化理论的思想出发，立足于中国传统文化，吸收有利于风险预防和风险规避的合理成分，未雨绸缪、防患于未然，通过增强风险意识来治理社会风险，防止其从潜在的形态变为显在的现实，继而形成当代中国社会的风险文化，以应对我国目前的各种社会风险。中国风险文化的建构，其着重点是指对一些可以医治现代社会风险的文化因子—预防和规避我国各种社会风险有利、对应对全球社会风险有所贡献的知识和智慧，进行系统的提炼和总结。可以形成思想文化要素、艺术文化要素、实用文化要素、政治文化要素涉入的中国本土风险文化建构。具体来说，思想文化要素是基于"和"文化，形成以和为本的宇宙观、协和万邦的国际观、和而不同的社会观、以和为善的伦理观；艺术文化要素是基于审美文化，弘扬中国传统的经验美学、伦理美学而非西式的理性美学和宗教美学；实用文化要素则可以基于语言、节日、社交、饮食、生活等日常禁忌文化，形成主体自觉的风险规避意识；政治文化要素主要可以基于民惟邦本、修身自律、重刑促廉、廉洁从政等中国廉政文化，实现政府清明、国家稳定的内在文化诉求。

五、小结

《周易》云："天行健，君子以自强不息。地势坤，君子以厚德载物。"这里的"以"是指"用"的意思，总体意思是教人要懂得顺应天道，懂得承载包容。比较中西文化传统的差别，有四个方面值得关注：西方文化宗教信仰浓厚、政治和教化有别、理想与现实分离、价值和知识对立，而中华文化中宗教信仰淡泊、政治主宰教化、理想和现实不分、价值统领知识。所以，就风险文化理论话语下的价值和文化知识的关系而言，中国传统文化中确实蕴含着应对现代社会风险的内在属性，特别是中国传统文化强调的是一种德性文化、和谐文化，而非西方的智性文化、对抗文化。可见，中国传统文化的现代意义并非指的是古籍典章制度在现代社会的恢复，而是在风险弥漫的时代实现中国本土风险文化的建构，于西方理论精髓与中华文化精神的融会贯通中最终实现风险的规避与消弭，这是西方理论的本土化实践，亦是新常态模式下的中国对全球风险社会治理做出的独特贡献。

新时期，习近平总书记在全国哲学社会科学工作座谈会上的讲话强调，绵延几千年的中华文化，是中国特色哲学社会科学成长发展的深厚基础，要按照立足中国国情、借鉴国外、洋为中用、古为今用，着力构建中国特色哲学社会科学，在指导思想和话语体系等方面充分体现中国特色、中国风格与中国气派①。立足于960万平方公里的广阔中华大地，吸吮着中华民族五千年历史积淀的文化养分，在风险社会的时代，中国文化传统的精神和价值应该得到彰显，这种西方理论的本土调适，进一步实现了风险文化理论的新生，对新时期构建中国特色哲学社会科学亦有重要的启示意义，现代风险的"中国式回答"一定程度上亦是中华民族伟大复兴目标实现的另一种呈现。

---

① 习近平：《在哲学社会科学工作座谈会上发表讲话》［EB/OL］.新华网（2016-05-17）［2016-05-18］. http://politics.people.com.cn/n1/2016/0518/c1024-28361421-2.html.

灾害文化的中日比较[1]
——以地震灾害记忆空间构建为例

王晓葵[2]

导言

灾害文化是日本学者林春男于 1988 年提出的概念,他在研究美国灾害文化(disaster subculture)的基础上参照了美国学者 Moore. H·E 的观点,将其定义为"灾害多发地的地域共同体(社区)所保有的文化意义上的安全保障策略,它在灾害的前兆、受灾、灾后重建的全过程中,对地域共同体和住民的行为模式和应对措施产生作用和影响。和其他文化一样,灾害文化是由地域共同体共有的价值、规范、信念、知识、技术、传承等诸要素所构成

---

[1] 原刊于《云南师范大学学报(哲学社会科学版)》2013 年第 6 期。
[2] 王晓葵(1964—),男,河北文安人,华东师范大学教授,博士生导师,研究方向为灾害文化研究。

的"①。

由于日本是灾害多发国家，特别是1995年阪神淡路大地震发生以后，灾害文化的研究在日本人文社会科学领域全面开展，在这个领域居于国际领先的地位。其主要学术指向有如下三个方面：第一，从灾害记忆传承的角度探讨地域社会如何建构灾害记忆，通过纪念碑、灾害遗址、纪念仪式、口头传承等手段使全社会成为一个灾害记忆装置，防止灾害记忆的风化，进而提高防灾的意识。其中代表性的学者之一是樱井龙彦，他在2005年、2010年先后发表了相关论文，②《论灾害民俗学》③ 等论文，从民俗学、人类学的角度分析了关于灾害的传说、神话、祭祀、仪礼等，这些民间的集团记忆装置对提高防灾意识的影响做了考察，揭示了灾害研究从历史学、民俗学、文化人类学角度切入的必要性和有效性。

1995年日本阪神淡路大地震以后，日本很多学者结合震后重建的社会进程，开展了灾害文化的研究，比如岩崎信彦、田中康雄等人编写《災害と共に生きる文化と教育》（昭和堂，2008年），涉及灾害教育的方法、灾害死者的祭祀悼念方式、灾害记忆社会传承机制的建立、学校教育中防灾减灾内容的编制、受灾者口述历史的调查研究、灾害博物馆的展示方针和陈列方式、灾害志愿者的活动研究、灾害文化的国际比较，等等。2010年东日本大地震发生以后，灾害文化的研究得到更进一步的推进，日本最负盛名的出版社岩波书店编辑出版了"震灾与社会"丛书，共11册，内容涉及建筑学、核物理、经济学、传媒等领域。和人文科学有关的有《记忆与记录——311全

---

① 林春男：《災害文化の形成》，安培北夫等，《応用心理学講座（三）自然災害の行動科学》，福村出版1988年版，第236页。
② 虞萍、赵彦民译，王晓葵校《灾害的民俗表象：从"记忆"到"记录"再到"表现"》，载《文化遗产》，2008年版第3期。
③ 王晓葵、何彬：《现代日本民俗学的理论与方法》，学苑出版社2010年版。

资料化》①、《学者能做些什么》②、《如何与震灾后的自然相处》③ 等。著名民俗学家野本宽一出版了《自然灾害与民俗》④，介绍了地震、火灾、台风、泥石流、洪水、霜冻等灾害在民俗中的反映，这些都强化和深化了灾害文化的研究。

灾害文化研究的第二个学术指向是灾害的"文化化"研究。这种观点认为，自然灾害常常起因于人类对自身绝对自由追求而导致的对自然的改造。近几十年频繁发生的水旱灾害和地质滑坡等，大多是由于人类活动对自然的影响。但从反面说，正是由于灾害的存在，人类的进步才成为可能。灾害往往成为人类进步的推进器。日本学者藏持不三也研究欧洲黑死病的历史。他提出了从灾害"文化化"把握灾害的视角。他所谓的"文化化"是"把自然—兽性对人类社会文化的破坏力转换成为文化创造的力量"。藏持在他的专著《黑死病——欧洲的民众文化和疫病》⑤ 中，通过对黑死病在欧洲流行过程的分析，在介绍黑死病对人类生命、文化造成巨大破坏的同时，指出了黑死病作为文化创造者的作用。他指出，黑死病曾使欧洲丧失了近3亿人口。但是，在和黑死病对抗的过程中，人类发明了检疫制度，确立了污水处理、垃圾收集焚烧的制度体系，形成了公共垃圾箱的设置、公共浴场的建立等公共卫生的种种规范，防疫医学的概念也由此产生。

灾害"文化化"当下的表现也有不少，比如灾害志愿者的出现。1995年日本发生的阪神淡路大地震，催生了大量救灾志愿者。这些志愿者从过去的零星少数发展成为有组织地从事救援活动，而且并未随着灾后重建的逐渐完成而销声匿迹。相反，他们的理念和经验，逐渐在日本社会扎根开花，如今

---

① ［日］長坂俊成：《記憶と記録－311まるごとアーカイブス》，岩波書店2012年版。
② ［日］広渡清吾：《学者にできることは何か》，岩波書店2012年版。
③ ［日］鷲谷いづみ：《震災後の自然とどうつきあうか》，岩波書店2012年版。
④ ［日］野本寛一：《自然災害と民俗》，森話社2013年版。
⑤ ［日］蔵持不三也：《ペストの文化誌－ヨーロッパの民衆文化と疫病》，朝日新聞社1995年版。

志愿者的活动已经遍布日本社会的各个领域，成为政府行政服务的有力补充，因此，1995年被称为"日本志愿者元年"。而中国的汶川大地震，也出现了同样的状况。在救灾过程中社会激发出来的互助与奉献精神，不但促进了社会发展和进步，而且改变了行政、民间、自然的关系格局。在汶川大地震的救灾中，各省市对灾区实施的对口支援，在提高救灾效率和强化人民的国家认同方面都起到了良好的作用。对当下这些实例的分析，也是目前灾害文化研究的一个热点。

在地域研究领域，灾害的"文化化"研究也受到关注，2011年日本的《地域研究》杂志出版特刊号《灾害与地域研究》讨论灾害研究在地域研究中的价值和意义。其中山本博之发表《灾害对应的地域研究——从灾区调查到防灾苏门答腊模式》[1] 一文，文中提出要将灾害研究从防灾减灾发展到"利灾"。"利灾"是山本博之的造词，意指针对过去以防止灾害和减少灾害损失为中心的灾害研究，应该以更积极的态度去把握灾害。

山本认为，灾害给人类带来人身和财产损失的同时，也将社会很多潜在的问题暴露出来，这一方面为地域研究提供了新的观察的可能性，同时也为社会变革带来了新的契机。灾害产生以后，往往有来自国内外的人道援助，本来相对封闭的地域社会，在全球化的今天，往往成为跨文化的观察对象，地域研究者可以对自己的调查区域的很多"固有特性"进行重新审视，或可发现在过去静态观察下的很多"固有特性"往往是很多其他地域和社会共有的，进而开拓地域研究的新领域。[2]

灾害文化研究的第三个焦点是对地域共同体在灾害事前预防、受灾、灾后重建全过程中的动态分析。这方面的研究认为，灾害是自然现象引起的人员伤亡和物质损失，同时也是社会现象。在灾害（非日常事件）发生时，人

---

[1] ［日］山本博之：《災害対応の地域研究―被災地調査から防災スマトラモデルへ》，《災害と地域研究》（Vol. 11），2011年第2期。

[2] ［日］山本博之：《災害対応の地域研究―被災地調査から防災スマトラモデルへ》，《災害と地域研究》（Vol. 11），2011年第2期。

们的行为方式如何,决定了受灾的程度和获救可能的大小。因此,需要对受灾者的"行为模式"进行分析,比如:(1)受灾者的自救、互救、他救的行为模式。(2)对上述行为模式的分析(灾害体验、灾害记忆、宗教信仰、教育水准、社会分层等)。(3)通过访谈记录和参与观察,对上述行为进行模式分类,分析其原因和特征。

除此之外,还有对灾后"无形受灾"的调查与分析,其中包括:(1)灾害对地域社会组织系统的破坏。(2)家人亲友关系毁坏造成的心理、生活损伤。(3)地域文化传统(非物质文化遗产)的破坏等。

综上所述,灾害文化研究涵盖了社会学、民俗学、人类学、历史学等诸多学科,同时也包含了量化分析、质性研究等多种研究方法的可能性。由于灾害文化是由地域共同体共有的价值、规范、信念、知识、技术、传承等诸要素所构成的,对它的研究,实际上可以成为地域研究的一个部分。而这个地域大可扩展到民族国家这样"想象的共同体",也可以缩小到村落这样本质意义的传承母体上。从时间维度上,可以通过对一个地域灾害文化变迁的历史考察,揭示地域文化的特征,进而解释当下社会问题的症结所在。

本文在上述灾害文化研究的诸多领域中,选取灾害记忆构建的角度,来分析中日两国在这个领域的差异,探讨灾害文化在文化研究中的可能性。

一、作为综合防灾策略一环的灾害记忆

笔者曾于2008年夏和2009年初赴四川汶川地震灾区进行灾害传承的调查,在重灾区汶川县映秀镇萝卜寨调查时,问一个小学生地震时的反应,他说:"地震时我正在操场上玩耍,因为突然刮了大风,而且有轰隆隆的响声,像打雷一样,撒腿就往教室里跑。后来老师叫住了我。"

问:"你爸爸、妈妈、老人和你说过地震的事情吗?"

答:"没有。"

问:"在学校,老师给你们讲过地震的知识吗?"

答:"没有。"

问:"下次如果发生地震,你知道该怎么办吗?"

答:(沉默半晌)"听老师的。"

地震发生时,这个受访的学生本来处在安全的场所(学校操场),但是他却往危险的场所(教室)移动。他的这个行为模式起因于没有任何关于地震的知识。从访谈中可知,有关地震,他既没有来自家庭和村落社会的口头和身体传承,也没有来自学校的知识传授。那么,是不是这个地区从来就没有地震呢?带着这个问题,笔者翻阅了当地的地震记录,从中发现,仅仅在20世纪,这个地区有记录的地震就有9次之多,1933年的叠溪大地震和1976年的松潘平武大地震,震级都达到7级以上。特别是叠溪地震,除直接造成大量伤亡以外,震后还引起洪水,造成二次灾害,现存的很多海子都是当时形成的。围绕这些还有不少民间传说。①

上述灾害虽然有文字记载,但是一个小学生去翻阅那些地方志和灾害资料的可能性有多大呢?换言之,虽然有记录,但是这个记录停留在纸面,被封存在资料馆和图书馆中。而原来存在于日常生活的口头传承,随着现代教育制度的确立和电视等媒体的普及而逐渐衰退。这些都妨碍了灾害体验转换成为一种有效的公共记忆。

而日本的一个例子则告诉我们传承的价值。2011年东日本大地震的重灾区岩手县宫古市姊由地区,有一个记录明治29年(公元1897年)和昭和8年(公元1933年)海啸水位的警示碑,这个碑树立在当年海啸水位的最高处,标示出海啸到达的海拔高度。碑文写道:"此处之下勿建房屋。"当地村民听从祖先教训,把房屋建在这个警示碑标示的海拔60米以上,结果在这次海啸中无一人伤亡。

在中国,过去的灾害经验成为后来防灾行为指针的例子也有不少,比如

---

① 张曦:《地震灾害与文化生成——灾害人类学视角下的羌族民间故事文本解读》,《西南民族大学学报》2013年第6期。

风险、危机与灾害——基于文化视角的解读　>>>

1976年唐山大地震发生时，有人避灾时被自行车绊倒。以后受灾者接受教训，楼道里不再停放自行车，即使是盗贼猖獗。1920年甘肃海原大地震，造成27万人死亡，地震之后，当地也产生了一些新的习俗，比如炒豆子。每年地震发生的十一月初七前后，当地人就把扁豆或者黄豆等原粮炒熟了吃。据说地震时，很多人被压在房子下面，就是靠吃原粮活下来的。另外，地震过后，很多人家都习惯性地在门后放一把铁锹，以备万一被埋在下面，能够用以自救。

现代科技发达的今天，人们往往把防灾的目光集中在土木工程和建筑学等科技领域，但是，日本大地震的经验教训告诉我们，在灾害文化领域，人类学家格尔兹所提出的"地方性知识"依然具有重要的价值。他所指的地方性知识是基于当地住民的视点形成的"固有知识"。它植根于地域社会跨越世代传承下来的生存知识，包括了禁忌和巫术等所谓"非科学"的部分，特别以神话、传说、故事、史诗、说唱等口头传承，依然值得我们予以关注。

但是，正如樱井龙彦指出的那样，这些所谓的"知识"是指了解灾害发生的原因，能够确定防灾所需要的技术性对策的知识，或是像形成能客观把握情况、正确传达信息系统的知识那样，从经验规则中总结出的救灾基本知识。而"智慧"则是指如在危机状态中的即时预测和判断、见机行事、准确迅速的行动等建立在知识层面上的应用能力。也就是说，仅仅凭借"知识"，难以对行动形成正确的指导。扎根于"知识"的"智慧"，其作用才得以真正发挥。[①]

防灾的知识需要转换成指导行动的能力和随机应变的"智慧"，这一点至关重要。因为任何已有的经验性知识都无法应对未来事态变化的无限可能性。众所周知，为应对可能发生的灾害，防灾部门通常会根据过去的灾害经验制订对应的预案，而这些应急预案的制订以及在此基础上具体对策的有效性，是建立在一个对灾害发生时对现状临场感的想象力基础上的。这个想象

[①] [日]樱井龙彦：《论灾害民俗学》，陈爱国译．出自《现代日本民俗学的理论与方法》，王晓葵，何彬．学苑出版社2010年版。

力涵盖了从灾害发生到推移的过程中各种细节，在一触即发的紧迫感之下，对灾害引起的复合、波及、连锁的问题进行适当的判断。而且，一切应对灾害的方案，都无法涵盖所有的突发状况，即使事先做了非常周密的部署，事态的发展未必会按照这个预测发生和推移，因此，执行者必须认识到这一可能并需要对此做出临机应变的反应。这种反应的能力，很大程度上取决于是否具有相关的体验或者训练。一个人一生经历两次以上大灾难的概率并不高，因此，对于大多数没有亲身体验的"未来的受灾者"来说，只有通过传承和教育获得相应的"知识"，在这些知识的基础之上训练培养对灾害对应的想象力。而灾害体验的风化和记忆的忘却，会极大地降低这种想象力，从而使任何周密的计划、完备的守则都变成一种形式而丧失作用。从这个意义上来说，灾害记忆直接影响到灾害意识和防灾能力的保持和提高，不但可以直接应用于灾害发生时的自救、减灾，而且能够对灾后重建提供经验。

二、灾害记忆的资料收集和公开

日本是灾害频发的国家，历史上地震、海啸、火灾等频发，日本各地都可以见到记录灾害的纪念碑、纪念馆、墓碑。在民间，有大量关于灾害的口头传承以传说、故事、谚语等方式世代相传。此外，还有在纪念日举行的各种追悼纪念仪式，这些一起构成了灾害记忆的表象空间。

1923年9月1日，日本东京发生了关东大地震。这次地震造成大约58000人死亡。第二年的9月1日，东京市官民一体，成立了"东京震灾纪念事业协会"，协会的主要任务就是筹建"东京震灾纪念堂"。1931年8月18日，名为"复兴纪念馆"的设施建成开放。馆中收藏了包括从市民中征募的灾害纪念资料共2000件。类型有实物、照片、印刷品、绘画雕刻、模型、图表、书籍等。① 有些地震发生在战争期间和战后恢复时期，当时限于条件无法大规模收集资料。如1944年的鸟取地震、东南海地震、1945年的三河地震、1946年的南海地震、1948年的福井地震等。在灾后40多年后的80年代，这些受灾地区开展了灾害口述调查的活动，希望在灾害体验者还健在的时候，将他们的体验保留下来，以警示子孙后代。②

1995年阪神大地震之后，为了把阪神淡路大地震的教训传诸后世，首先由志愿者开始了把自身活动记录下来的工作。神户大学图书馆的工作人员自发收集相关资料，特别注意收集图示资料以外容易被忽略的传单、海报等。同年10月，作为兵库县复兴计划的一部分，实施了"震灾复兴资料收集"等事业，开始对震灾、救灾的资料收集和保存工作。1998年4月，财团法人阪神淡路大震灾纪念协会继承了这项事业。从2000年6月到2002年3月，进行大规模震灾资料的调查和收集，内容包括：文字资料、映像资料、音声资料。文字资料包括：图书资料类（照片、报纸、公报、地图等）、民间的传单、张贴物、墙报、公司内部小报、微型信息杂志、志愿者日记、体验文、感想文、笔记、专业研究的记录（研究报告、调查报告、政策建议）、讲演记录、学术研讨会、小型交流会资料、统计资料（各种行政统计资料）。映像资料有电视映像、报道照片、录像带、胶片、照片、光盘、磁盘等。音声资料主要指录音带等。

收集活动非常成功，一共得到十六万六千多件实物资料。2002年4月建成的"阪神淡路大震灾人与防灾未来中心"公开展示了其中的七万多件（2007年为止）。在这个纪念馆里，还设置了一个专门的展示厅，收录了上千受灾者的体验讲述录像，参观者可以在这里听到、看到受灾者讲述自己在地震中的亲身体验。

---

① ［日］武村雅之、［日］篠原宪一：《「資料」神奈川県平塚市での関東大震災の跡―慰霊碑巡礼の記録》，载《歴史地震》，2010年第5期。
② ［日］岩崎信彦等编：《災害と共にいきる文化と教育―〈大震災〉からの伝言》，昭和堂2008年版。

阪神淡路大地震以后，日本政府加速了地震记忆资料的收集和整理工作。2004年，日本总务省开始将分散于全国各地有关灾害的传说、文献加以收集整理，构筑数据库。这个计划将有关自然灾害、事故、火灾等事例的文献、绘画、体验叙事、传闻传说等通过整理后公开，这一事业历时三年，2007年正式在网上公开（http：//www.fdma.go.jp/html/life/saigai densyo/）。这个网站上将有关灾害的传承资料按照下面的分类做成了数据库：

（1）至今为止还在被口传的"灾害"。

（2）有关防灾的"口头传承"。

（3）个人防灾的措施。

（4）组织防灾的措施。

（5）防灾的展示和体验设施。

（6）参考资料。

其中（1）"至今为止还在被口传的'灾害'，介绍了至今为止还流传在日本各地的关于"灾害"的叙事，使用者可以据此找到日本各地有关灾害的名称、发生时间、地点、灾害的大致情况以及教训。研究者可以根据信息找到资料来源。体例为：事例编号、都道府县、市町村名、灾害传承信息的内容、资料形态、出典信息。

在（2）"有关防灾的'口头传承'"中，介绍了各地关于灾害的谚语和传言，比如013676-1号事例，北海道奥尻町的谚语"地震发生时，马上上高台"告诫大家地震发生以后必有海啸，要登高保身。030007-8号岩手县的事例是"外国发生地震，这里也会有海啸"。

历史上，南美的秘鲁等地发生地震引发的海啸波及日本东北部，造成很大危害。这个警句就是由此留下的教训。体例为：事例编号、都道府县、市町村名、警句内容、意义、要点、出典（参考资料）。

如上可知，日本对地震资料的收集整理由来已久，而且全面系统，并且重视资料的公开和共享。从20世纪初到现在，这方面的工作一直在持续不断地进行。而且在方法和理念上都能推陈出新，与时俱进，这些都是值得我们借鉴的。

三、灾害记忆空间的构建

建构灾害记忆空间，仅仅有资料和数据这些记录材料还是不够的。因为要形成社会记忆，还需要唤起这些记忆的装置。日本各地遍布灾害纪念物。关东大地震以后各地都有为死难者建立的纪念碑，仅仅东京附近的一个小城市平坂市，2009 年调查就发现了 7 处纪念碑。[①]

在阪神大地震的灾区，各处都有殉难者的纪念碑。建碑从 1995 年开始，一直持续到现在。震灾纪念碑分布于受灾的伊丹市、宝塚市、西宫市、芦屋市、神户市、明石市、淡路岛等 4 个府县、13 个市、4 个町，涵盖了所有的受灾区域。纪念物的位置通常选在公园、绿地、商店街车站等公共性较高的空间。还有幼儿园、小学校等教育设施以及寺院、神社、教会等宗教设施。NPO 法人阪神淡路大震灾"1·17 希望之光"的调查表明，地震纪念碑的建设没有随时间的消逝而停滞，相反，数量呈逐渐增加的趋势。比如 1999 年有 55 个，2003 年增加到 219 个，2010 年更增加至 288 个。财团法人"阪神淡路大震灾纪念协会"还为纪念碑旁设立的记载纪念碑由来、受灾者体验和回忆等文字的解说铭牌提供一半的经费补助。

这些纪念碑从形制上来看，大致有以下几类：（1）镌刻诗歌、作文的文学碑；（2）刻有"慰灵""安息"等铭文的纪念碑；（3）种植或移植樱花、梅花等树木，旁边设立铭牌，镌刻殉难者名字和哀悼文字；（4）将时针停留在地震时刻的钟表、建筑残存的一部分等作为纪念物加以保存；（5）地藏像、观音、基督像等与宗教关联的石像；（6）将受灾时的照片制成石版、铜板等。

[①] ［日］武村雅之、［日］篠原宪一：《「資料」神奈川県平塚市での関東大震災の跡—慰霊碑巡礼の記録》，载《歴史地震》，2010 年第 5 期。

从这些纪念物建设的主体来看，有地方政府出资修建的，也有地方商会、街道、学校、教会等机构，还有不少出自市民团体。

市民团体还将这些纪念物的分布状况制成一览表和地图，对每个纪念碑都配上照片和说明文字，以便市民了解。NPO法人阪神淡路大震灾"1·17希望之光"从1999年1月17日地震纪念日开始，组织市民步行祭拜纪念碑。殉难者亲人朋友沿着图示路线一起行进，共同缅怀逝去的亲人，互相安慰破碎的心灵。到2011年11月为止，已经举行了53次。西宫市还把这个活动和健康步行运动结合起来，向市民介绍推广。

这些纪念物和定期举行的活动，可以纾解受灾者的精神创伤。他们通过与遭受过同样劫难的受害者交流，分担各自的痛苦与悲伤。而这些活动，也使整个社会经常唤起对灾害的记忆，避免随着时间的流逝，灾害的记忆被"风化"、消失。

和日本相比，中国收集灾害记录的工作并不逊色，唐山大地震发生以后，政府组织科学工作者将中国历代史料中的地震记录加以归类整理后出版了《中国地震历史资料汇编》。本书是中国自远古至1980年地震历史资料的总集，按时间顺序，分编为五卷。[①] 此外，各个省也出版了本省的地震资料。各地还有大量地震纪念碑和纪念馆等设施，起到了保留地震记忆的作用。但是，和日本相比，纪念物的数量较少，比如阪神淡路大地震有将近300处纪念物，而唐山大地震的纪念物大概不到这个数字的十分之一，其他地方就更少了。此外，对于历史上的灾害纪念物，多重视其史料价值，而忽视其当下灾害记忆重构的现实意义。四川西昌地区有明清时期以来近百个与地震相关的墓碑和记事碑，分布在地震灾区村落、庙宇等处，20世纪80年代，四川省凉山州博物馆将这些石碑集中起来，建立了四川地震碑林。这个做法对于保护这些地震资料是非常有意义的，避免了这些文物在施工中遭到毁弃和破坏。但是在客观上，纪念物离开了原来的空间，也就丧失了作为记忆生产装

---

① 杨殿珣：《中国地震历史资料汇编评介》，《文献》1990年第1期。

置的作用。受灾地区由于没有记忆灾害的表象物，原有的灾害记忆空间也就不复存在。基于目前中国的状况，集中保存多有不得已的原因，但是，如果能够在原处设立标牌，对原来的纪念物相关内容加以介绍，也不失为一个弥补的方法。

四、灾害记忆的建构与政治文化

我们知道，社会记忆的建构，是记忆主体对过去事件意义重构的行为，而具体的方式也基于当下的判断进行选择。美国人文地理学家肯尼斯·福特曾说，人类大体有"圣化、选择、复旧、抹消"4 种方式来对待过去，具体选择何种方式，取决于这个社会对相关人物和事件的价值判断。在经过上述4 个方式处理过的"景观里，镌刻着个人、集团乃至社会整体如何解释、认识过去的基本态度"。[1]

灾害记忆也不例外。如何表象灾害，从来就是非常政治化的事件。中国历史上，常常有把灾异的发生和失政联系在一起。认为灾害的发生是来自天的警示。例如。康熙十八年，北京近郊发生三河地震，当时的史料记载："（康熙十八年七月壬戌）命满汉大学士以下副都御史以上各官集左翼门。上遣侍卫费耀色赍谕旨，仍口传上谕曰：顷者地震示警，实因一切政事不协天心，故召此灾变。在在朕固宜受谴，尔诸臣亦无所辞责。然朕不敢诿过臣下，唯有力图修省以冀消弭。兹朕于宫中勤思召灾之由，力求弭灾，约举大端，凡有六事。尔等可详议举行，勿仍以空文塞责。"[2]

这里，康熙把地震的原因解释为"实因一切政事不协天心"，即处理政务不当，违反了天意，对此，君臣都要反躬自省。在这里，灾害被解释为来

---

[1] Kenneth E. Foote. America'S Landscapes Of Violence And Tragedy，和田光弘等译. 記念碑の語るアメリカ–暴力と追悼の風景，名古屋大学出版会 2002 年版。

[2] 《清圣祖实录（卷八二）》，第 18 页。

自"天"这个超越人类力量的"示警",是政治是否清明的晴雨表,必须通过改良政治来加以回应。

在尊奉科学主义的当代,这样"物理即天理"的思考范式固然已成为过去,但是,由于自然灾害往往造成大规模死亡,容易产生的社会动荡、救灾的成功与否,直接影响到政权的合法性。因此,如何表象灾害,记录或记忆灾害,都是非常重大的政治问题。利用得当,可以强化民众对国家权力的认同,相反,则会危及民众对政府的信任。对此范可曾经撰文专门讨论。范文举出唐山大地震的记忆建构,认为唐山抗震纪念馆"把地震纪念与爱国主义教育联系在一起,是典型的灾难仪式性建构"。[1]

1976年7月28日发生的唐山大地震后的记忆建构,的确给我们呈现出了一个中国政治文化对灾害记忆建构的展演。这场死亡24万人,轻重伤76万人,地面建筑几乎全毁的大地震,发生之后的七八年中,唐山几乎没有举行过大规模的悼念仪式,也没有建造任何纪念设施。而随着城市建设的推进,地震遗迹在不断减少,一时间,"忘却"和"抹消"是国家权力处理这场灾害的主旨。这个原因在于当时的中国,经历了国家领导人去世以及之后的改革开放等政治上的"地震"之后,需要一定的时间来确立对这场灾难的意义诊释。直到震后第8年的1984年,唐山市政府决定建造唐山抗震纪念碑,两年后落成的纪念碑不是记忆灾害本身的地震纪念碑,也不是追悼亡灵的墓碑,而是以"唐山抗震纪念碑"命名的以彰显人类对抗自然力量的纪念物,碑文通过对灾害救助过程的描述,得出一个对灾害记忆的终极指向,即对国家权力的认同。

从碑文的整体来看,我们不难看出,唐山抗震纪念碑、抗震纪念广场、抗震纪念馆构成的灾害记忆再生装置,所建构的不是灾害的破坏和伤痛为核心的文化创伤,而是一种教育、规训的力量。

这种规训的力量也体现在灾民的口述体验之中,笔者调查了1986年、

---

[1] 范可:《灾难的仪式意义与历史记忆》,载《中国农业大学学报(社会科学版)》,2011年第1期。

1996年、2001年唐山地区公开发表的灾害口述叙事，发现其叙事无不遵循唐山抗震纪念碑碑文的结构，即灾害发生—获救—感恩的逻辑。① 同样在2008年汶川地震后发现大量学生的作文中，也依然能够看到完全类似的格式化表述。国家权力主导构建的灾害记忆空间和叙事，不断重构着唐山大地震的灾害记忆，这个过程对中国的灾害记忆具有典型和示范意义。在其后的灾害记忆空间的建设过程中，都可以看到唐山地震的烙印。

唐山大地震记忆空间的建构体现出来国家权力主导的特征，和新中国成立以来特别是"文化大革命"中对意识形态的强调密不可分，当时的政治文化崇尚对领袖、社会制度的绝对忠诚，以阶级、出身划分敌我，否定普遍人性的存在和人道概念的价值，这使得灾害对人造成的损害，往往被对国家权力主导救灾活动的彰显所掩盖。"文革"中云南通海地震后的救灾过程就向我们展示了这一特点。

1970年6月15日发生在云南通海的大地震，被称为新中国成立以来死亡人数超过万人的大地震，震害涉及的面积有8881平方公里，其中重灾区面积达2400平方公里。但是，在2010年《南方周末》报道它为止，中国社会对这次地震几乎一无所知。

五、日本的灾害记忆空间

日本的灾害记忆更强调表现灾害本身对人的影响以及人类在灾害面前的弱小。比如纪念阪神淡路大地震主纪念碑的碑文是这样写的：

1.17 *希望之光*

1995年1月17日早晨5点46分，阪神淡路大震灾。

地震夺去了生命、工作、团圆、街道、回想。

---

① 王晓葵：《国家权力、丧葬习俗与公共记忆空间》，载《民俗研究》，2008年第2期。

我们人类是何其渺小，我们甚至无法预知一秒钟之后将要发生的一切。

地震留下了温情、关爱、连带、友人。

这个灯火，连接着我们和所有逝去的生命。

这个纪念碑所展现的慰灵、复兴的核心理念，可以说代表了日本灾害记忆空间的基本特征。这里没有具体的党派、政治理念、人种、国家等"固有名词"，最大限度地排除了党派和意识形态的因素，力图从人性的角度建构阪神地震的记忆空间。它所展现的悲伤、痛惜、对人类自身弱小的感慨，以及对人与人之间的关爱和纽带的呼唤，都体现出了普遍人性的价值理念。

在日本的灾害文化中，受灾者的口述记录，也是非常具有独特性的部分。受灾者通过叙事自身受灾经过和灾后体验，一方面达到自身心里净化、缓解震后压力的治疗作用，一方面还可以留下丰富的资料，为防灾减灾提供参考。而和中国相对格式化的灾害叙事不同，日本灾民为我们呈现出多种形式和内容的感受。下面是1995年日本阪神淡路大地震灾民口述记录的一部分。

"我最大的感受，就是和我一样蒙受痛苦的人还有很多，我不孤独。我得到了很多人的鼓励、帮助，我不想辜负他们的帮助和鼓励，我也不想被挫折吓倒。沉湎于过去只有痛苦和沮丧，要面向未来。死去的人不能复生，活下来的家人还要生活下去，得互相扶持着一步一步走下去。"[①]

这些既有积极向上的情绪，也有消极失望的感受，也有对生活的新的感悟，还有对人与自然关系的新思考，呈现出多样化的记忆形式。神户的纪念碑彰显的是悲哀、失落、伤痛、复兴的渴望、生命之可贵、人力之脆弱、人与人之间的连带意识、互助意识。从建构主体来说，阪神大地震是以当地市民团体为主的地域社会组织，他们通过记忆空间的构筑，起到共同分担伤痛，确认和强化地域社会连带意识的作用。

---

① 樽川典子編：《喪失と生存の社会学大震災のライフ・ヒストリ》，有信堂2007年版，第211页。

结语

巨大天灾引起的共同体的崩溃和受灾者的不幸、悲哀、绝望、失落等精神上的巨大伤痛，无法纯粹由"个人的时间"来自然消除，它需要通过社会构筑的"追忆的秩序"来加以消解。这个"追忆的秩序"建构直接受到国家权力、地域社会文化传统的影响。

这个秩序是人们通过现世和超越现世的世界之间的交换行为。① 这个过程对整个社会而言，也是灾害记忆形成的过程。对这个过程的分析和揭示，是灾害文化由一个经验性的事实转换成一个意义化叙事的过程，这个过程也可以理解为文化创伤的建构过程。所谓文化创伤，是美国学者杰弗逊·亚历山大提出的概念，他认为："当个人和群体觉得他们经历了可怕的事件，在群体意识上留下难以磨灭的痕迹，成为永久的记忆，根本且无可逆转的改变了他们的未来，文化创伤（cultural trauma）就发生了。"②

虽然有大量个体的伤痛以经验性事实的方式存在，但是，还需要一定的条件灾害才能转换升华为全社会的文化创伤记忆。对此，杰弗逊·亚历山大指出，文化创伤建构的一个必要条件，就是需要有言说者和承载群体，既必须具有反思能力和建构能力的主体性群体出现，比如独立思考的知识分子。同时还需要允许和接受这些言说的情境：言说行动发生的历史、文化和制度环境。我们可以理解为在改革开放以后的中国，开始出现这样独立思考的知识分子。

为《南方周末》撰写关于通海地震调查报告的作者说：

---

① 荻野昌弘：《資本主義と他者》，関西学院大学出版会 1998 年版。
② ［美］杰弗逊·亚历山大（Jeffrey C. Alexander）《Towards A Theroy Of Cultural Trauma, Jefferey C. Alexander（Ed）. Cultural Trauma And Collective Identity》王志弘译，陶东风、周宪编：《文化研究》（第 11 辑），社会科学文献出版社 2011 年版。

"1995年8月,我开始着手调查通海大地震。我感到这是我的责任,我必须这样做,才对得起在地震中死去的一万多个生命。"①

而当代的中国,也提供了这样的社会环境,使得这个灾害的叙事话语得以重构。2006年,一本名为《唐山大地震亲历记》的唐山地震口述文集出版,文中的叙事,已经不再是灾害发生—获救—感恩这样的格式化的构造,而是呈现出不同个性的喜怒哀乐的活生生的人生体验。这表明,中国社会开始了重新省察灾害的意义、建构灾害记忆的新里程。

日本从20世纪初期开始,就有意识地保存灾害资料,建构灾害记忆空间。一直延续至今,其间不断改进方法,导入新的技术和方法。其过程也较少受到意识形态的直接影响。比较中日灾害空间的建构过程和特点,我们不难看出,作为灾害研究的先进国家,日本的很多经验值得我们借鉴。而近期的发展也让我们看到,中国灾害意识的变革、灾害记忆空间的建构也逐渐和国际接轨。

---

① 杨杨:《通海大地震亲历记》,《南方周末》2010年3月19日。

▶第三部分
人类学视角下灾害文化研究

灾害场景的解释逻辑、神话与文化记忆[①]

李永祥[②]

一、灾害场景、神话传说与文化记忆

在2002年8月14日发生的哀牢山特大滑坡泥石流中,有很多的灾害场景难以用日常知识来解释,征兆成为人们理解灾变的感性基础。例如,一个村民声称看到了从深山里流出来的水,像鲜血一样的红,他既觉恐怖又感震惊。有一拴在圈里的水牛据说对着主人流泪,人们看到之后,奔走相告:"快来看呀,这些水牛会流泪!"后来泥石流到来时这些水牛全部死去。很多人家的猪也不愿意呆在猪圈里,而是拼命地往外逃跑,主人没有办法,就用塑料布将猪圈盖起来,但是,有几头猪还是跑了,那些未逃出去的猪在泥石流灾害中没有存活下来,而逃出去的则幸免于难。还有一些鸭子整夜追着主人跑,人们也对此十分困惑,认为是凶兆。这些反常现象出现之后紧接着就

[①] 原刊于《青海民族研究》2016年第3期。
[②] 李永祥(1964—),男,彝族,云南新平人,云南省社会科学院民族文学研究所研究员博士,主要从事灾害人类学、环境人类学等研究。

发生了泥石流灾害。征兆属于文化记忆的一部分，在一些学者那里，它们也被认为是"认知图示"①。笔者认为，这些现象和场景与文化记忆、神话和宗教观念有着密切的关系，而探讨相关的神话传说及其文化记忆对于我们理解和解释灾害场景具有重要的意义。

文化记忆，有的学者也称为社会记忆、历史记忆、族群记忆等，指的是个人或集体对过去的记忆。② 对于人类学家来说，社会记忆也可以视为一种历史记忆，强调以"记忆"的观点来看待史料，可以发掘一些隐藏在文字与口述之后的"史实"。③ 记忆不是简单的个体和主观经验，而是社会性地构建出来的，它以现实为导向，再次构成经验。④ 但是，这些再建构的经验作为文化记忆的一部分，在实践中起到功能性的作用。笔者认为，历史记忆和社会记忆与文化有关，都是文化记忆的组成部分。因此，本文将与灾害神话和传说有关的记忆定位为文化记忆，在少数民族地区的灾害管理实践中，从人类学的角度对灾害神话进行解读就离不开神话和传说。

神话是人类文化的重要组成部分。神话是通过叙事方式来表达其意义的，它具有某种使用的功能，在灾害神话方面，特别是在洪水神话、干旱神话等方面，不仅具有历史生态学中的景观内容，还有人类与环境关系的内容。前者可以作为解释人类和生物圈之间复杂历史关系的重要视野⑤，后者

---

① 陈雪英：《西南少数民族灾难认知图示、叙事及传统应对》，载《西南民族大学学报（人文社会科学版）》2013年第7期。
② 赵世瑜：《传说·历史·历史记忆——从20世纪的新史学到后现代史学》，载《中国社会科学》2003年第2期。
③ 王明珂：《历史事实、历史记忆与历史心性》，载《历史研究》2001年第5期。
④ Becher Gay, Yewoubdar Beyene and Pauline Ken, Memory, Trauma, and Embodied Distress: The Management of Disruption In The Stories Of Cambodians In Exile. Ethos, Vol. 28, No. 3, 2015, pp. 320 – 345.
⑤ Balebe, William L. And Clark L. Erickaon," Time, Complexity And Historical Ecology," In Bale? E, William L. And Clark L. Erickson Eds. Time And Complexity In Historical Ecology: Studies In The Neotropical Lowlands. New York: Columbia University Press, 2006, pp. 1 – 6.

风险、危机与灾害——基于文化视角的解读   >>>

可以通过早期生态人类学中新进化论和新功能主义的取向来理解①。实际上，神话是以文献和口述的方式存在的。神话研究者彭兆荣认为，神话研究有七种代表性学派，它们是：历史学派（认为神话就是历史）、自然元素学派（认为神话是自然元素演变的结果）、心理缘动学派（认为神话是人类心理积郁的投影）、道德喻教学派（认为神话是社会喻教的示范）、语言游戏学派（认为神话表现为一种语言游戏）、仪式互疏学派（认为神话和仪式相互印证，缺一不可）以及结构主义学派（主张用结构主义眼光看待神话，以结构的方法处理神话）。② 上述研究学派中的历史学派、道德喻教学派、仪式互疏学派等，都可以看到神话与灾害之间的各种联系。马林诺夫斯基曾经指出："神话，实际说起来，不是闲来无事的诗词，不是空中楼阁没有目的的倾吐，而是若干且极其重要的文化势力。"③ 笔者认为，神话传说如同一种历史记忆，能够在一个民族的记忆中留下烙印，对于那些无文字民族来说，神话的传承就是历史和文化记忆的传承形式。

神话与灾害有着密切的联系，神话中有很多的灾害内容，很多研究神话的学者认为，中国神话中的一个重要主题就是灾害④。中国神话分类与自然灾害有关，内容包括了与洪水灾害有关的神话；与干旱灾害有关的神话；与地震灾害有关的神话，如女娲补天就是一个与地震灾害有关的神话⑤，或者说女娲补天具有多种灾害的反应⑥；还有与火灾、雷电等灾害有关的神话。等等。西南地区的少数民族神话与全国各民族的神话相似，反映了灾害的内

---

① Orlove, Benjamin S," Ecological Anthropology. " Annual Review Of Anthropology, Vol. 9, 1980, pp. 235 – 273.
② 彭兆荣：《神话叙事中的"历史真实"——人类学神话理论述评》，载《民族研究》，2003 年第 5 期。
③ [英] 马林诺夫斯基：《巫术科学宗教与神话》，李安宅译，中国民间文艺出版社 1986 年版，第 82 页。
④ 叶舒宪：《文学中的灾难与救世》，载《文化学刊》2008 年第 4 期。
⑤ 王黎明：《古代大地震的记录——女娲补天新解》，载《求是学刊》1991 年第 5 期。
⑥ 李少花：《近年女娲补天的本相及其文化内蕴研究综述》，载《绥化学院学报》2007 年第 1 期。

容，其中，与洪水、干旱、地震、地陷（滑坡泥石流及崩塌）、风雨雷电、火灾等有关的神话占很大的部分。在现实生活中，洪水、干旱、地震、泥石流等是西南民族地区的主要灾害。研究灾害神话是重要的，因为神话总是将人们带回远古时代，将人们的意识和价值结合在一个统一的观念之下，族群中的正统性得到加固，民族意识得到加固，因此，神话发挥着它的实践性功能。① 神话的重要功能同时是让人们记住曾经发生过的事情，在代代相传的过程中，成为社会记忆的一部分。神话具有多种符号内容，它"就像这样一个方程体系：让人永远看不清楚的符号接近所选中的具体值的平均值，这样就给人以幻想，认为基础的方程有解"②。因此，研究神话、历史记忆与灾害，特别是防灾减灾之间的关系是一项难解的方程，人类学意义上的灾害与文化，即灾害神话和传说的现实体现，具有防灾减灾的价值和意义。

二、灾害神话类型与历史记忆内容

洪水神话在不同的民族中也称作洪水滔天、洪水漫天、洪水泛滥等，在中国少数民族中广泛流传，彝族、哈尼族、纳西族、拉祜族、独龙族、苗族、布依族、景颇族、基诺族、佤族等都流传着洪水神话。这些神话大同小异，内容有洪水漫天、人类毁灭、兄妹（或者人神）成婚、人类再生等。洪水神话在中国古代史书中也有很多的记载，如《山海经》《淮南子》《尚书》《史记》等文献中都有记载，说明洪水灾害在历史上产生过广泛的影响。彝族史诗《查姆》中记载了洪水神话的故事。《查姆》中，人类最初分为独眼人、直眼人，但是由于这两种人良心不好，被格兹天神所收。当直眼人被天

---

① ［日］樱井龙彦：《混沌中的诞生——以〈西南弃志〉为例看彝族的创世神话》，巴莫阿依、黄建明编：《国外学者弃学研究文集》，云南教育出版社2000年版，第238—262页。

② ［法］克洛德·列维-斯特劳斯（Claude Levi-Strauss）：《嫉妒的制陶女》，刘汉权译．中国人民大学出版社2006年版，第138页。

神所收的时候,它就是通过洪水实现的,后来,天神创造了横眼人,一代代地传到今天。① 正因如此,彝族丧葬仪式中,有一个叫"踩尖刀草"的仪式,《踩尖刀草经》的后半部分就记载了洪水漫天的传说,表明尖刀草可以追溯到遥远的洪水时代。

洪水神话与灾害有着密切的联系,学界也一致认为洪水灾害确实发生过,但是对于洪水发生的时间和范围可能存在不同意见。洪水神话是天神或者其他神灵降灾来惩罚人类的,当然也有没有讲明原因的洪水神话,但是大多数都是与神灵有着某种关系,关键的原因是人类已经到了道德十分败坏的时代,天神要更换人类。天神在更换人类时,是以道德为标准进行的。对于那些道德败坏的人,在洪水中并没有得到生存的机会,神灵教授或者赐给他们铁船;而那些善良的人,天神赐给或者教授他们使用木船或者葫芦,使之能在洪水退了之后继续生存。对于有幸生存下来的人——兄妹,还得到天神或者神灵的帮助,让他们成婚,繁衍人类。洪水神话在我国南方各民族的神话中普遍存在,有的学者认为洪水神话在世界很多地方都是存在的,它体现出一种区域性的洪水灾害。洪水神话可能涉及多民族的合作和互助,彝族洪水神话中出现了藏族、汉族、哈尼族和傣族;怒族洪水神话出现了汉族、白族、怒族和傈僳族;傈僳族洪水神话出现了藏族、汉族及克钦等人;普米族洪水神话中出现了藏族、纳西族,表明洪水灾害的受害者或者受灾地区不仅有本民族人,还包括了其他民族或者其他地区的人。

干旱神话反映的是人类与干旱灾害斗争的传说和故事。彝族长诗《万物的起源》记载:"天旱海见底,海旱底无水;鱼儿无水喝,泥鳅张嘴哭,螺蛳流眼泪;大地不栽秧,浮萍当菜用,山药当饭吃。"② 史诗《梅葛》也记载:"天上有九个太阳,天上有九个月亮,白天太阳晒,晚上月亮照,晚上过得去,白天过不去,牛骨头晒焦了,斑鸡毛晒掉了……格滋天神……留一

---

① 查姆:《西南地区民族民间文学楚雄、红河调查队搜集》,郭思九、陶学良整理,西南人民出版社1981年版,第31页。

② 梁红:《万物的起源》,西南民族出版社1998年版,第96—98页。

个太阳在天上,留一个月亮在天上……"①《查姆》记载道:"天上水门关了,四方水门关了。三年见不到闪电,三年听不到雷声,三年不刮一阵清风,三年不洒一滴甘霖。大地晒干了,草木渐渐凋零;大地晒裂了,地上烟尘滚滚;大海晒涸了,鱼虾化成泥;江河晒干了,沙石碎成灰;老虎豹子晒死,马鹿岩羊晒绝,不见雀鸟展翅,不见蛇蝎爬行;飞禽走兽绝迹,大地荒凉天昏沉。"②除了彝族之外,西南各少数民族都有与干旱灾害有关的神话、传说和故事。如藏族传说有9个太阳、9个月亮;而9个太阳烧干万物,烧焦土地,所以,被射下8个太阳8个月亮。傈僳族传说有9个太阳、7个月亮,9个太阳晒得大地上人畜难活,后来被射下8个,最后一个害怕躲了起来,最后人类请公鸡将最后一个太阳请出来,大地才恢复了光明。布朗族传说过去顾米亚造田地时,遭到9个太阳姊妹和10个月亮兄弟的破坏,放射强光,导致大地干裂,鱼的舌头都被晒化了。顾米亚为了拯救万物,射下8个太阳和9个月亮,剩下的1个太阳和1个月亮躲起来了,大地一片黑暗和寒冷。顾米亚在白鸟的帮助之下,将太阳请出来,造福人类。③由此可知,很多民族都有9个太阳、9个月亮的传说,说明这些民族都经历过干旱灾害,历史说明了人类与干旱斗争的过程。

地震神话在西南少数民族中广泛流传,例如,怒族人认为地球像一座平顶屋,上面是平的,下面是空的,地下由9根金柱、9根银柱支撑。上帝为了让地球转动,就用一对金鸡和一对银鸡拉动地球,当金鸡和银鸡跳动的时候,地震就发生了。如今每当发生地震时,怒族老人会说金鸡银鸡又在跳动了。④怒族认为地球是由一对金鸡和一对银鸡拉动的,所以,地球的震动与

---

① 梅荡阁:《西南地区民族民间文学楚雄调查队》,西南人民出版社1959年版,第9—20页。

② 查姆:《西南地区民族民间文学楚雄、红河调查队搜集》,郭思九、陶学良整理,西南人民出版社1981年版,第31页。

③ 《中国各民族宗教与神话大词典》编审委员会编:《中国各民族宗教与神话大词典》,学苑出版社2009年版,第31—156页。

④ 普学旺主编:《西南民族口传非物质文化遗产总目提要 神话传说卷》(下卷),云南教育出版社2008年版,第254—309、第424—425页。

它们有关。与怒族的传说不一样，哈尼族人认为地震是因为海神密嵯嵯玛把支撑田地的大金鱼密乌艾希艾玛的尾巴搬来搬去，因此，要停下生产，祭祀海神。哈尼族叶车妇女穿短裙就是为了镇压地震不使之发生。[①] 彝族人认为地震就是鱼翻身造成的，彝族史诗《梅葛》中记载："水里面有鱼，世间的东西要算鱼最大；公鱼三千斤，母鱼七百斤；捉公鱼去！捉母鱼去！公鱼捉来撑地角，母鱼捉来撑地边。""公鱼不眨眼，大地不会动，母鱼不翻身，大地不会摇，地的四角撑起来，大地稳实了。"[②] 满族人认为地震是由于3条大鱼饿了，晃动身子造成地震。[③] 汉族的女蜗补天神话被认为是地震神话，女蜗补天是人类想征服自然力，这种自然力就是地震。[④]

　　火神话、火崇拜与火灾害之间的关系特别复杂，各民族都有撞木起火或者撞石起火，或者天上偷火的故事。由于火的特殊作用，各民族都有不同程度的火崇拜，彝族、哈尼族、白族等都有火把节。彝族的火崇拜可能与蝗虫灾害有着密切的联系，至今武定、禄劝等地的彝族火把节都要将火把插在田间地头，并进行驱赶蝗虫的仪式，说明古代虫灾问题严重，人们用火把来驱赶蝗虫，武定、禄劝地区的火把节的起源因此与这些驱虫活动有关。云南省新平县漠沙镇的傣族流传着通过火制服龙神的传说，他们认为红河岸边原来是龙神居住地，一个美丽的傣族女孩在江边劳动时，由于天气炎热又找不到水，就自言自语说："如果现在哪个人给我水喝，我就嫁给他了。"这话不巧被龙王听到了，就将清凉的水送给女孩喝，女孩没有办法，只好跟着龙王到了龙宫里。但是，到了龙宫之后，小姑娘才发现龙宫中有各种怪物，她决心逃出来，恰巧她的父亲也来到龙官救女儿，他们用火烧毁了龙宫，龙宫烧了

[①] 《中国各民族宗教与神话大词典》编审委员会编：《中国各民族宗教与神话大词典》，北京：学苑出版社2009年版，第31—156页。
[②] 梅荡阁：《西南地区民族民间文学楚雄调查队》，西南人民出版社1959年版，第9—20页。
[③] 乌丙安：《满族神话探索——天地层. 地震鱼. 世界树》，载《满族研究》1985年第1期。
[④] 王毅、吕屏：《汶川地震与"补天"神话原型研究》，载《重庆大学学报（社会科学版）》2008年第6期。

三天三夜，龙王逃跑了，他们也顺利地回到了家乡。① 火不但是人类的需求品，能给人类带来灾难，也能成为人类使用的工具，整治妖魔鬼怪。火灾是民族地区经常发生的灾害，从古至今有之，与火有关的神话和故事也非常丰富。各民族的火神话主题首先是人间没有火，但人类得到各种帮助，通过偷、抢等手段得到火种；其次是通过火来制服或者驱赶鬼神、害虫；再次是神灵或者人类用火来制服别人，火变成一种灾害。

除了与洪水、干旱、地震、火灾等有关的灾害之外，还有其他很多灾害神话、传说和故事，如虫灾、雷电、大风、大雪、冰冻等灾害神话、传说和故事，它们不仅在现实生活中有所体现，还与相关信仰结合在一起，形成各少数民族与防灾减灾有关的思想体系。

三、灾害神话、历史记忆与场景解释

灾害神话在一个社会中形成历史记忆，它不是作为个人的现象（虽然心理学中是个体的），而是一种集团的现象而发挥作用。② 灾害神话所形成的社会记忆和历史记忆，虽然与历史之间的真实性关系还在探索，但是，神话在无文字民族中的记忆是可靠的，虽然洪水神话融入各种哲学观念，但它却表明了洪水泛滥的真实性，正如杜涛所认为的一样，洪水神话源于原始人对于水灾的记忆。③

灾害神话告诉人们，灾害与宇宙万物之间相互影响和制约。人类用火来治理蝗虫灾害，虽然火把与火灾不同，但是治理蝗虫的方法与火灾有着密切的联系。美国人类学家 Hoffman 将火灾比喻成魔兽，因为魔兽传达着某种危

---

① 李永祥：《国家权力与民族地区可持续发展——西南哀牢山区环境、发展与政策的人类学考察》，中国书籍出版社 2008 年版，第 179—180 页。
② ［日］岩本通弥：《作为方法的记忆——民俗学研究中"记忆"概念的有效性》，王晓葵译，载《文化遗产》2010 年第 4 期。
③ 杜涛：《灾害与文明：中西洪水神话传播比较》，载《前沿》2012 年第 16 期。

险,它是一个破坏者。在魔兽和灾害来临时,科学探索和人类有序的理性思维全都轰然崩溃。① 从另外一种意义上讲,火是具有驱邪去污的功效,它能烧掉一切可以导致疾病的有害成分,从而净化人和牲畜。因此,火是一种消毒剂,能毁坏一切物质的或精神的邪恶因素。② 法国历史学家雅克·勒高夫(Jacques Le Goff)曾经指出:"记忆滋养了历史,历史反过来又哺育了记忆,记忆力图捍卫过去以便为现在、将来服务。"③ 我们在研究灾害神话,追溯历史和社会记忆时,当然不能忘记探索它们的防灾减灾价值。

灾害神话同时启示人们,受到灾害影响的不仅仅是人类,而包括生物圈中的其他动物和植物。在干旱灾害中,无论是干旱还是黑暗,人类和动物都受到了损失。人类与动物都在一条小船上,所谓"同舟共济",当太阳躲进山洞时,大地一片黑暗和冰冷,人类在动物的帮助下,将太阳请出来,因此,我们可以这样认为,生物圈中的动植物,在抗击灾害的过程中都或多或少地起到作用的。或许,解释这种隐喻的最好理论就是韧性或者弹性理论(resilience thinking),认为因为所有的人都是人类和自然系统(社会—生态系统)的一部分,④ 对于生态系统来说,任何一个部分受到损害都影响到整个系统的功能,或者说整个生态系统都会对灾害产生预见性,哀牢山泥石流灾害中的各种动物异常现象与暴雨结合在一起,预示出某种灾害征兆。因此,系统中的任何部件都会受到灾害的影响,也会影响到灾害。

神话中具有防灾减灾的功能,这种功能是通过描述灾难事件和景观,举行仪式和遵守宗教规则,宣讲道德规范和社会传统等来实现的。神话中的重要内容是通过仪式的方式流传下来,并将意义普及到大众中。彭兆荣认为,

---

① [美]苏珊娜. M. 霍夫曼:《魔兽与母亲——灾难的象征论》,赵玉中译,载《民族学刊》2013年第4期。
② 张文元:《从文献资料看西南火节的内涵和外延》,载《思想战线》1994年第2期。
③ [法]雅克·勒高夫(Jacques Le Goff):《历史与记忆》,方仁杰、倪复生译,中国人民大学出版社2010年版,第57—113页。
④ Wallcer, Brian & David Salt, Resilience Thinking: Sustaining Ecosystems And People In A Changing World. Washington, Covelo & London: Island Press, 2006, pp. 1.

神话仪式中的"叙事—记忆"方式为"结构—功能"的解释方法提供了极大的可能性。[1] 陈雪英认为西南少数民族的洪水神话、禳灾仪式及日常践行构成了灾难认知叙事外化、仪式内化并向生态伦理转化的过程,在人与神性自然"失序—有序"的动态平衡中诠释灾难的发生—消解及其自然和人为双重属性。[2] 在当代社会中,灾害记忆的方式很多,如灾害资料的收集和公开,灾害记忆空间的构建与政治化,[3] 等等,但作为古老的方式之一,灾害神话和文化记忆仍为解释现实场景的重要途径。

更为深远的意义是,比较神话研究可以揭示一系列与灾害文化相关的问题,如跨文化对灾害认知的异同,地震、干旱和洪水神话中有很多相同和不同的认知,它反映出灾害文化在不同民族文化背景下的演进方式,如此的文明进程在罗马、远东地区和东南亚同样存在。此外,灾害研究能推进比较神话学的发展,神话比较如果与现实结合在一起,特别是对当代灾害现状与古代灾害神话的对比分析的话,更能理解不同地区灾害神话形成的历史进程和根源,为比较神话学研究提供更为丰富的实践基础。最后,灾害神话的比较研究,能够促使人类重新思考自然界的认知历史与灾害现状的关系,灾害神话是确立一种因果关系的认知模式,它以传统知识、历史和文化记忆、宇宙观为基础,形成灾害场景的解释逻辑。在很多灾害发生地区,此种建立在神话基础之上的场景解释逻辑不仅普遍存在,还是灾害人类学研究的重要内容和途径。

---

[1] 彭兆荣:《瑶汉盘抓神话——仪式叙事中的"历史记忆》,载《广西民族学院学报(哲学社会科学版)》,2003 年第 1 期。

[2] 陈雪英:《西南少数民族灾难认知图示、叙事及传统应对》,载《西南民族大学学报(人文社会科学版)》,2013 年第 7 期。

[3] 王晓葵:《灾害文化的中日比校——以地震灾害记忆空间构建为例》,载《云南师范大学学报(哲学社会科学版)》,2013 年第 6 期。

干旱灾害的西方人类学研究述评[1]

李永祥

一、引言

全球超过40%的陆地属于干旱、半干旱地区,这些地方是25亿人民的家园。[2] 自1970年以来,全球有330万人死于自然灾害,仅非洲就有100多万人死于干旱灾害。[3] 干旱灾害在全球分布并不均匀,非洲撒哈拉地区受灾范围最大,东非肯尼亚、埃塞俄比亚、苏丹、索马里、赞比亚、坦桑尼亚、博茨瓦纳、津巴布韦等国特别严重,亚洲的中东、印度、西亚、中国西北等地深受干旱灾害之苦,大洋洲的澳大利亚、南美安第斯山脉地区以及欧洲部

---

[1] 原刊于《民族研究》2016年第3期。

[2] Evan D. G. Fraser, Etc., "Assessing Vulnerability To Climate Change In Dryland Livelihood Systems: Conceptual Changes And Interdisciplinary Solutions," Ecology And Society. Vol. 16, Issue 3, 2011。

[3] The World Bank, Natural Hazards, Unnatural Disaster: The Economics Of Effective Prevention, 2010; Https: WWW. Openknowledge. Worldbank. Org/Handle/10986/2512; Accessed At 2016 – 3 – 10。

分地区也经常发生干旱灾害。在东非地区，干旱灾害占该地区所有灾害的95%以上。①

根据联合国减灾战略（UNISDR）的资料，在1980—2010年，全球共发生415次干旱灾害，死亡558,540人，约16.69亿人受到影响，经济损失851.2亿美元。② 干旱灾害的严重性、损失和影响程度因国家、地区、经济和社会文化背景的不同而异，非洲干旱灾害造成的死亡人数最多，但造成的经济损失最小，因为欧洲、美洲、大洋洲和部分亚洲国家的计算成本比起非洲国家要高出很多。

为了探索干旱灾害的应对方法和措施，学界对干旱灾害进行了多学科的研究，包括人类学、社会学、经济学、历史学、发展学等学科在内的专家学者做出了卓有成效的研究。在此方面，人类学的整体观、比较视野和田野调查方法具有特殊的价值和意义。灾害人类学者如托瑞（Tony）、麦凯布（McCabe）、凯姆贝尔（Campbell）、弗勒里特（Fleuret）等对非洲肯尼亚、埃塞俄比亚、苏丹、乌干达以及亚洲孟加拉国、印度等国家的干旱灾害进行了深入探索。人类学家为全球干旱灾害研究，特别是不发达国家和边远落后地区的干旱灾害研究做出了重要贡献。非洲的干旱灾害研究在人类学中占有重要地位，相关成果具有广泛的影响力。③ 当然，南美、中东、大洋洲及南太平洋地区的干旱灾害研究也提供了多样性的成果，弥补了非洲干旱灾害研究的不足，是不同文化背景下理解干旱灾害的重要方式。需要着重指出的是，在非洲、亚洲、南美等边远农牧地区，有关干旱灾害的调查与研究几乎都是通过人类学家来完成的。正是由于人类学家的贡献，人们才能将不同地区的干

---

① Adan Bika," Overview Of Drought Risk Reduction In The Igad Region," In Unisdr, Africa Informs: Special Issue On Drought, 2012, pp. 10 – 12; Http: //WWW. Unisdr. Org/We/Inform/Publications; Accessed At 2016 – 3 – 20。

② Unisdr, Disaster Through A Different Lens: Behind Every Effect, There Is A Cause, 2011; Http: //WWW. Unisdr. Org/We/Inform/Publications/20108; Accessed At 2015 – 3 – 20。

③ William I. Torry, "Anthropological Studies In Hazardous Environments: Past Trends And New Horizons," Current Anthropology. Vol. 20, No. 3, 1979。

旱灾害资料集中起来，形成系统完整的资料体系，在此基础上进行比较研究。

因此，有必要对干旱灾害的人类学研究进行总结，为不同地区的干旱灾害研究提供借鉴。① 本文旨在梳理干旱灾害的西方人类学研究成果，特别是针对第三世界国家和地区的干旱灾害研究成果。本文同时希望能对中国的干旱灾害研究提供启发与帮助。

二、干旱灾害及其后果的人类学界定

干旱有四种不同的定义方式：第一，气象方式。气象方式指的是降水背离正常值的测量。由于气候差异，对是否发生干旱的标准有所不同。第二，农业方式。农业方式指的是土壤中的水分含量不再满足特定农作物的需要。第三，水文方式。当地表和地下水低于正常水平时出现。第四，社会经济方式。社会经济方式是指水缺乏开始对人造成影响的情况。② 拉斯姆森（Rasmusson）认为干旱定义中有很多参数，如降雨量、径流、蒸发、气温、土壤湿润度、农作物生产等，但是，没有一个单一参数能成为一种合适的或者综合的干旱指数。③ 人类学家布拉米尔（Brammer）认为，干旱被定义为这样一个时期，当庄稼需要正常生长的时候，该季节的土壤无法提供足够的水分

---

① 目前来看，尚缺乏系统的相关述评。如美国著名杂志《人类学年度回顾》（Annual Review Anthropology）也没有专文加以述评，与干旱灾害有关的述评是在灾害、饥荒、难民等综述中提到的。

② Unisdr, Disaster Through A Different Lens: Behind Every Effect. There Is A Cause, 2011; Http://WWW. Unisdr, Org/We/Inform/Publications/20108; Accessed At 2015 – 3 – 20。

③ Eugene M. Rasmusson, "Global Climate Change And Variability: Effects On Drought And Desertification In Africa," In Michael H. Glantz Ed., Drought And Hunger In Africa: Denying Famine A Future, Cambridge: Cambridge University Press, 1987, pp. 3 – 22。

<<< 第三部分 人类学视角下灾害文化研究

确保庄稼生长。①

从遥远的古代开始，人类就有与干旱有关的各种记录和解释。干旱是否会演变成干旱灾害，取决于它对社会、经济、文化和环境所产生的影响。干旱灾害与其他类型的灾害一样，很大程度上是一种文化现象，是社会文化构建的产物。巴特尔（Bator）认为，灾害，不管它是自然的如地震和海啸，还是人为的如福冈核事故，都是一种文化现象，因为从它发生的瞬间开始就成为人类社会的一部分，所有的灾害都有文化的、社会的和政治的维度，灾害造成的创伤能从基础上动摇文化、社会和政治结构。② 卡尔（Carr）指出，灾害的形成是文化和社会功能不再继续发挥作用的结果，③ 灾害之所以会造成严重损失，是因为文化保护功能的"崩溃"或者"垮塌"。④ 就干旱灾害而言，文化不仅建构了干旱灾害，也是干旱灾害的重要应对方式。

干旱灾害具体表现为降雨量少，持续时间长，牧草枯死，庄稼绝收，粮食减产，森林和草原火灾增加，农业和森林病虫害频发等；还会出现饥荒、营养不良、流行病、难民、冲突动乱等社会文化后果；干旱灾害会改变一个民族或者部落原有的经济方式。⑤ 这些前因后果及次生灾害在学术上被称为"灾害链"，即，"一个重大灾害发生之后激发另一个重大灾害，并呈现链式有序结构的大灾传承效应"。⑥ 干旱灾害和并发性次生灾害的产生，既有自

---

① Hugh Brammer, "Drought In Bangladesh: Lessons For Planners And Administrators," Disasters. Vol. 11, No. 1, 1987。

② Joanna Bator, "The Cultural Meaning Of Disaster: Remarks On Gregory Button's Work," International Journal Of Japanese Sociology, No. 21, 2012。

③ L. T. Carr, "Disasters And The Sequence – Pattern Concept Of Social Change," The American Journal Of Sociology. Vol. 38, No. 2, 1932。

④ Wolf R. Dombrowsky, "Again And Again: Is Disaster What We Call 'Disaster'? Some Conceptual Notes On Conceptualizing The Object Of Disaster Sociology," International Journal Of Mass Emergencies And Disasters. Vol. 13, No. 3, 1995。

⑤ Ladislav Holy, "Drought And Change In A Tribal Economy: The Berti Of Northern Darfur," Disasters, Vol. 4, No. 1, 1980。

⑥ 高建国：《重大灾害链的演变过程、预测方法及对策》，中国科学协会学术部编：《重大灾害链的演变过程预测方法及对策》，中国科学技术出版社2009年版，第43—56页。

然原因也有社会原因：自然原因包括因气候条件、地质地貌等环境和生态脆弱性而导致的自然致灾因子；社会原因包括了供水不足、水利设施缺乏或者落后、社会资源管理和分配不公平等。

干旱灾害的发生与当今气候变化有着密切的联系。在一些地区，干旱灾害就是气候变化的结果。气候变化不仅会导致强降雨，还会导致严重的干旱灾害，影响人类社会和整个生态系统。[1] 不仅如此，气候变化发生在人类社会的每一个角落，从高纬度的针叶林和苔原地区，到高海拔的山区生态系统，从热带雨林到近海岸线，到处都能听到原住民和当地人讲述的相同或相似的故事和经历，即，人们已经看到和经历了气候变化的影响。对于当地人来说，气候变化不是将来要发生的事情，而是立即发生在他们身边并需要就有关方面进行协商和应对的事情。[2] 气候变化的话语，通过科学的、经济的、政治的和道德的维度，展现在国际舞台之上。[3] 干旱灾害在非洲、亚洲地区与气候变化一起受到人类学家的关注。

很多人类学家研究干旱灾害所导致的难以预料的直接、间接后果和次生灾害，包括由水量减少导致的人畜饮水和生产用水困难、树木和草原以及牧场上的草本植物死亡、粮食绝收和食品短缺，发生流行病和饥荒，出现社会冲突和动乱等。布拉米尔认为，干旱灾害会导致牲畜赖以生存的树木和草本植物死亡。尽管干旱灾害不能立即杀死植物，但能够导致树叶枯萎和凋谢，叶子变少或者死亡，幼芽生长缓慢。如果土壤潮湿度耗尽，植物和庄稼就会死亡。[4] 斯威夫特（Swift）在有关牧业述评的文章中也指出，草本植物和树

---

[1] John Magistro And Carla Roncoli, "Introduction: Anthropological Perspectives And Policy Implications Of Climate Change Research," Climate Research. Vol. 19, 2001。

[2] Susan A. Crate And Mark Nuttall, "Introduction: Anthropology And Climate Change," In Susan A. Crate And Mark Nuttall Eds., Anthropology And Climate Change: From Encounters And Actions, Walnut Creek, Ca: Left Coast Press, 2009, pp. 9–36。

[3] Kay Milton, "Anthropological Perspectives On Climate Change," Australian Journal Of Anthropology, Vol. 19, No. 1, 2008。

[4] Hugh Brammer, "Drought In Bangladesh: Lessons For Planners And Administrators," Disasters, Vol. 11, No. 1, 1987。

木的减少会给牲畜带来灾难性后果,造成人类的贫困。① 莫斯利(Moseley)也认为,干旱灾害对降雨农业(以降雨浸润土壤为主)和径流农业(以灌溉浸润土壤为主)都有较大影响。在安第斯干燥地区,因干旱灾害,导致能种植的作物从原来的3—4种减少到1—2种,收成也更差。安第斯地区牧场也有相似情况,牧草的种类和数量变得更少。② 格兰兹(Ulantz)强调,干旱灾害的后果在早期阶段是比较容易发现的,如水源干枯,植物枯萎,牲畜减少等,但后期的社会文化后果则很难发现,如价格上涨,食品进口增大,乡村到城市的移民增加等。③ 总之,干旱灾害产生的直接后果是显而易见的,而间接后果则有可能超越目前的时空范围,它们都是人类学家关注的对象。

另外一些人类学家研究干旱灾害所导致的流行病、营养不良和牲畜死亡等。尽管这些次生灾害与人畜饮水困难、农作物绝收、牧草干枯等有着密切的联系,但其实质性的根源依然是干旱灾害。凯姆贝尔对肯尼亚卡加多(Kajiado)地区的研究表明,卡加多干旱灾害时期牧民受到的损失主要是牲畜数量上的损失,其中又以因疾病和饥饿导致的死亡牲畜为最多,造成损失的另一个原因是牧民出售牲畜以换取现金、购买粮食。④ 库特勒(Cutler)在苏丹呗加(Bejia)地区的调查发现,动物死亡占干旱灾害损失的比重最大。在他的调查中,死亡的骆驼占骆驼总数的88%,死亡的绵羊占绵羊总数的66%,死亡的山羊占山羊总数的79%,死亡的牛占牛总数的28%,动物出售与死亡的比例是1∶22⑤,这说明在非洲地区(特别是东非地区)干旱

---

① Jeremy Swift, "Sahelian Pastoralists: Under Development, Desertification, And Famine," Annual Review Of Anthropology, Vol. 6, 1977。

② [美]迈克·莫斯利著,申晓虎译、彭文斌校:《安第斯的久旱、并发性自然灾害及人类的反馈模式》,载《云南民族大学学报》,2013年第2期。

③ Michael H. Glantz, "Drought And Economic Development In Sub-Saharan Africa," In Michael H. Glantz Ed., Drought And Hunger In Africa: Denying Famine A Future, pp. 37-58。

④ David J. Campbell, "Response To Drought Among Farmers And Herders In Southern Kajiado District, Kenya," Human Ecology, Vol. 12, No. 1, 1984。

⑤ Peter Cutler, "The Response To Drought Of Bejia Famine Refugees In Sudan," Disasters, Vol. 10, No. 3, 1986。

灾害中，动物死亡占据了损失中的大多数。动物死亡的原因是干旱灾害造成了严重水资源不足，而水资源不足又使卫生条件受到影响，为疾病的产生和传播提供了条件。除了关注干旱灾害导致动物疾病和死亡之外，还有一些人类学家研究气候变化条件下人与动物之间的关系，特别是环境变迁中的动物管理与适应方式。①

一些人类学家研究干旱灾害所导致的饥荒、食品短缺及相关的分配方式。东非的埃塞俄比亚、肯尼亚、苏丹、乌干达、索马里等国家因干旱灾害导致了饥荒，亚洲国家如印度等在干旱灾害期间也会发生饥荒。② 史普顿（Shipton）认为，饥荒是适当性食品（包括水）严重短缺，由此对人类生存构成威胁并影响到当地主要人口的事件。饥荒由自然和文化两种因素导致，自然原因是干旱、洪水等灾害，文化原因包括人口压力、资源剥夺、管理不善、市场运转失灵等。③ 饥荒是自然和社会因素相互作用的结果，即干旱、土地压力、社会因素的相互作用造成了饥荒。④ 斯威夫特（Swift）认为，干旱灾害是导致饥荒的主要原因，20世纪非洲撒哈拉地区的大饥荒都因干旱灾害引起，如1913—1914年、1930—1932年，以及20世纪40年代早期、60年代晚期和70年代早期的干旱灾害都导致了饥荒。⑤ 托瑞等学者指出，尽管所有的饥荒都并非由干旱灾害导致，洪水、战争、不健全的食品管理系统、贫困等都能够导致饥荒，但干旱灾害是最直接、最重要的原因之一。发展中

---

① Rebecca Cassidy, "Lives With Others: Climate Change And Human – Animal Relations," Annual Review Of Anthropology, Vol. 41, 2012。

② WilliamI. Torry, "Morality And Harm: Hindu Peasants Adjustments To Famines," Social Science Information, Vol. 25, No. 1, 1986。

③ Parker Shipton, "African Famines And Food Security: Anthropological Perspectives," Annual Review Of Anthropology, Vol. 19, 1990。

④ International Disaster Institute, "Drought And Famine Relief In Ethiopia," Disasters, Vol. 7, No. 3, 1983。

⑤ Jeremy Swift, "Sahelian Pastoralists: Underdevelopment, Desertification, And Famine," Annual Review Of Anthropology, Vol. 6, 1977。

国家特别是非洲的干旱灾害是造成饥荒的主要因素。[1] 托瑞认为,饥荒的标志是严重的食品短缺或者危机,其根源是干旱灾害,如印度的干旱灾害是导致食品短缺的主要因素。[2] 同时,饥荒是一种复杂的社会现象,在贫困的非洲地区,它几乎与干旱灾害难以区别。不仅如此,它还能改变人类的行为、价值和文化,导致营养不良、疾病、难民潮、人口贩卖、卖淫等问题,是一种由气候紊乱等因素引发的人为灾害[3]。

还有一些人类学家关注干旱灾害所引发的严重社会冲突和动乱。在肯尼亚的图尔卡纳(Turkana)部落中,有很多牧区土地是很少使用的,因为距离敌对部落近的地区被认为是危险的地区。图尔卡纳边界地区各部落充满敌意,迁徙的牧民尽量避免进入敌对部落地区。然而,干旱灾害期间的冲突是不可避免的,因为图尔卡纳一些高海拔地区比平原地区更高、更潮湿,它们在干旱灾害发生的时候成为争夺的对象。麦凯布认为,图尔卡纳地区因干旱灾害导致冲突的原因在于如下几个方面:首先,图尔卡纳牧民历史上就有迁徙的传统,东非牧民部落之间的袭击延续了一百多年,在干旱灾害到来的时候,牧民们赶着牲畜跨越高山,进入乌干达和苏丹的草原地区,与当地牧民发生冲突;其次,当地武装群体越来越多,埃塞俄比亚、索马里和苏丹分离主义运动促使当地很多群体武装起来;最后,充满敌意的武装群体经常跨越国际边界,制造冲突,使冲突解决变得困难重重。[4] 因此,非洲牧民在迁徙地点的选择上必须非常慎重。由于非洲干旱灾害发生地区存在着水资源、牧

---

[1] William I. Torry, "Economic Development, Drought, And Famines: Some Limitations Of Dependency Explanations," Geojournal, Vol. 12, No. 1, 1986; S. J. K. Baker, "A Background To The Study Of Drought In East Africa," African Affairs, Vol. 73, No. 291, 1974。

[2] William I. Torry, "Drought And The Government – Village Emergency Food Distribution System In India," Human Organization, Vol. 45, No. 1, 1986。

[3] William I. Torry, "Social Science Research On Famine: A Critical Evaluation," Human Ecology, Vol. 12, No. 3, 1984。

[4] J. Terrence Mccabe, "Success And Failure: The Breakdown Of Traditional Drought Coping Institutions Among The Pastoral Turkana Of Kenya," Journal Of Asian And African Studies, Xxv, 3 – 4, 1990。

草和食品短缺等现象,不同部落之间会因争夺牧地、湿地发生冲突。若干旱灾害、冲突和社会动乱叠加在一起,灾害后果会变得更为复杂和严重。

此外,干旱灾害所导致的森林和草原火灾、农业和森林病虫害等,也受到人类学家的关注。美国人类学家霍夫曼(Hoffman)专门研究火灾,她将火灾比喻成魔兽,认为火灾传达着某种危险,给人们制造了紧急事件。在火灾来临时,科学探索和人类有序的理性思维将全都轰然崩溃。① 干旱灾害还能导致农业和林业病虫害,气象农业服务中有很多关于干旱灾害期间农业防灾减灾的内容。干旱灾害对社会、经济和文化产生了深远的影响,如农产品和牲畜价格下降,农村工作机会减少,工资降低等。由于粮食供给困难,人们不得不到难民营,通过国际组织提供的难民食品维持生命。人类学家认为,干旱灾害对社会的消极影响是可视的,但是,干旱灾害的恢复却因为人口的增长变得困难重重,能否从干旱灾害中得以恢复取决于社会的、政治的和经济的因素。②

三、不同地区、不同文化背景的干旱灾害应对方式

传统社会干旱灾害应对方式是人类学研究的重点。其研究成果多以"应对方式"为题,这是人类学干旱灾害研究的特点。人类学家认为,世界上没有一种干旱灾害是相同的,也没有单一的干旱灾害应对方式,几乎所有的干旱灾害应对方式都具有多样性的特点,应对战略因此具有灵活性和针对性。③ 边远落后地区的传统经济中存在应对干旱灾害的有效方法;但长期面对干旱

---

① [美]苏珊娜·M. 霍夫曼著、赵玉中译:《魔兽与母亲——灾难的象征论》,《民族学刊》2013年第4期。

② Urs J. Herren, "Droughts Have Different Tails: Response To Crises In Mukogodo Division, North Central Kenya 1950s – 1980s," Disasters, Vol. 15, No. 2, 1991。

③ Ian Scoones, "Coping With Drought: Responses Of Herders And Livestock In Contrasting Savanna Environments In Southern Zimbabwe," Human Ecology, Vol. 20, No. 3, 1992。

灾害，传统经济也会成为干旱灾害的牺牲品。① 人类学家认为，在不同地区、不同环境和不同文化背景下有着不同的干旱灾害应对方式，这些应对方式是当地文化的重要组成部分。

第一，通过传统知识应对干旱灾害。在世界各地的田野调查中，人类学家发现，通过地方性传统知识、经验和技术来应对干旱灾害在传统社会中普遍存在。在非洲地区，当地的高粱比外来玉米更能应对反复无常的雨量和干旱。当地人选择抗旱作物并进行混合播种。在肯尼亚的一些地区，农民通过长期实践使玉米的成熟期从 170 天减为 120 天，以避免干旱灾害期间粮食收成的减少。② 孟加拉国的农民在应对干旱灾害中积累了丰富的经验，如通过灌溉种植庄稼，在下小雨的时候进行庄稼移栽或者直接种植种子，重新在干旱受灾的田野里进行种植，对庄稼的轮作进行调整等。③ 传统知识应对干旱灾害的方式还体现在饮食文化中。弗勒里特对非洲亚撒哈拉地区的研究发现，茨瓦纳人（Tswana）能找到 250 多种野菜，泰塔人（Taita）中的儿童能找到 80 种野生果子，其具有当地特色的食品保存方式有效地应对了干旱灾害和饥荒。④ 埃斯皮诺萨（Espinosa）对秘鲁北部干旱地区萨拉斯（Salas）的研究表明，当地原住民的传统生计策略，包括养殖山羊，种植玉米，到外地进行短期打工以获得现金，养猪、养鸡，出售柴薪、木炭、工艺品等能够有效应对干旱灾害，而性别、文化变迁和市场动力学等因素在干旱灾害应对中具有重要作用。⑤

---

① Michael O' Leary, "Responses To Drought In Kitui District, Kenya," Disasters, Vol. 4, No. 3, 1980。

② S. J. K. Baker, "A Back Ground To The Study Of Drought In East Africa," African Affairs, Vol. 73, No. 291, 1974。

③ Hugh Brammer, "Drought In Bangladesh: Lessons For Planners And Administrators," Disasters, Vol. 11, No. 1, 1987。

④ Anne Fleuret, "Indigenous Responses To Drought In Sub–Saharan Africa," Disasters, Vol. 10, No. 3, 1986。

⑤ M. Cristina Espinosa, "Negotiating Landscapes, Survival, And Modernity: Goals, Migration, And Gender In The Arid Lands Of Northern Peru," Culture & Agriculture, Vol. 31, No. 1, 2009。

第二，通过迁徙应对干旱灾害。人类学家在非洲的田野证明，迁徙是当地应对干旱灾害的有效方式。非洲地区牧民和农民都有迁徙的传统。当然，通过永久性移民应对干旱灾害的情况在非洲并不常见，① 他们主要采用季节性和临时性迁徙来应对。由于干旱灾害期间经常出现严重的牧草短缺，人们自然会迁徙到相对潮湿和牧草丰盛的地区，在那里生产、销售农产品并放牧。在肯尼亚的卡加多地区，牧民面对水短缺时就会开始迁徙，目的是为了获得水、牧场等资源。干旱灾害之初只是年轻人和部分牲畜迁徙，如果干旱灾害很严重并导致资源短缺，那么全家都会迁徙。农民也有相似的应对方式，因为农民也有牲畜，在干旱灾害期间，他们会迁徙到有水和牧草的地方。30%的牛和20%的羊会迁徙，23%的家庭随着牧群迁徙寻找新的放牧地方。② 肯尼亚的图尔卡纳人频繁迁徙，他们将牲畜分为有奶牲畜和非奶牲畜两个部分，全家性迁徙每年可达15次，但大多数迁徙都是短距离的，通常在8—12公里之间，目的是应对变化中的环境和社会状况。尽管这种生活方式需要很大的耐心，但对于适应艰苦和不可预知的环境状况是非常有效的。③ 迁徙中相互合作对于应对干旱灾害极其重要，因为合作能够获得更高的生存能力，个体或者物种生存的可能性更多地取决于人与人、人与环境之间的和谐关系。④ 通过迁徙应对干旱灾害是行之有效的，是适应环境的一种方式。迁徙中若能加强合作，彼此持一定的边界，则有利于提高应对能力，实现抗击干旱的目的。

第三，借助宗教仪式应对干旱灾害。灾害与宗教文化的关系是人类学研究的重点。通过举行宗教仪式应对干旱灾害普遍存在于世界各地。凯姆贝尔的研

---

① Earl P. Scott, "Introduction: Life And Poverty In The Savanna – Sahel Zone," In Earl Scott Ed., Life Before The Drought, London: George Allen & Unwin Inc., 1984, pp. 1 – 28。

② David J. Campbell, "Response To Drought Among Farmers And Herders In Southern Kajiado District, Kenya," Human Ecology, Vol. 12, No. 1, 1984。

③ J. Terrence Mccabe, "Drought And Recovery: Livestock Dynamics Among The Ngisonyoka Turkana Of Kenya," Human Ecology, Vol. 15, No. 4, 1987。

④ Earl P. Scott, "Life Before The Drought: A Human Ecological Perspective," In Earl Scotted., Life Before The Drought, pp. 19 – 76。

究证实,在东非肯尼亚的卡加多地区,超过90%的牧民曾祈求降雨,当地人用钱、绵羊、山羊作为报酬付给祭司之后,由祭司代牧人求雨。① 在保加利亚,当干旱灾害发生的时候,农民们要举行"佩佩鲁达"(Peperuda)和"旧耳曼"(Uerman)仪式,目的在于阻止、中断干旱灾害或洪水灾害,恢复自然的平衡状态。当地教堂要组织一种叫"莫勒班"(Moleben)的对抗干旱灾害的仪式。村民在教士带领下围绕村子、礼拜堂、田地和水源地祷告降雨。②

第四,借助亲友互助和结亲应对干旱灾害。通过亲友互助、结亲等方式来应对干旱灾害,在传统社会中也是比较常见的。麦凯布的研究显示,在东非地区,应对干旱灾害的有效手段,包括将依赖他人生活者从比较穷的人家转移到比较富有的人家,从朋友和亲戚家索求或者暂借牲畜,以及让女儿出嫁以获得陪嫁等。东非牧区的女儿出嫁能够得到丰厚的聘礼,包括40—50只骆驼,40—50头牛,100—200只山羊和绵羊,能够加快灾后恢复的速度。③通过结亲和陪嫁的方式应对干旱是合理的,如同图尔顿(Turton)所指出的一样,新娘聘礼的分配不是单纯的经济转移,也不是无意义的戏剧性表演,其最重要的意义是创造了一种网络关系,提供了新的经济合作关系,为物品流动创造了有利条件。④ 通过财富的共享和再分配,人们能够抵御更大的灾害风险和预防物资短缺。

第五,借助现金收入和外来援助应对干旱灾害。人类学家已经注意到现金收入和外来援助对于抗旱救灾的重要意义。欧力瑞(O'Leary)在调查中发

---

① David J. Campbell, "Response To Drought Among Farmers And Herders In Southern Kajiado District, Kenya," Human Ecology, Vol. 12, No. 1, 1984。

② [保]塔尼亚·波涅娃著,于红译:《共同体和家庭中克服自然与生活危机的传统机制:基督教伦理、人类行为和健康》,[保]艾丽娅·查内娃、方素梅、[美]埃德温·施密特主编:《灾害与文化定式:中外人类学者的视角》,社会科学文献出版社2014年版,第22—48页。

③ J. Terrence Mccabe, "Success And Failure: The Breakdown Of Traditional Drought Coping Institutions Among The Pastoral Turkana Of Kenya," Journal Of Asian And African Studies, Xxv, 3-4, 1990。

④ David Turton, "Response To Drought: The Mursi Of Southwestern Ethiopia," Disasters, Vol. 1, No. 4, 1977。

现，肯尼亚齐图依（Kitui）人不仅通过现金收入投资了牲畜业，建设了陆地梯田，还改善了住房、教育条件，提升了生活标准，有效应对了干旱灾害。[1] 有学者强调当地人获得外来食品援助，包括教会、国际发展项目、地方组织等的帮助来应对干旱灾害的重要性，[2] 还有学者则强调地方政府和国家帮助的重要性，如贝尔森（Belson）等人针对干旱灾害中出现的供水不足、食品短缺、饥饿、难民性人员流动、被迫移民等情况，强调政府在改善上述状况中的重要作用。政府通过提供饮用水、食品、现金补助等方式，能够将灾害所造成的影响降低到最小程度。[3]

传统社区中干旱灾害应对方式与人类学的关怀当然远不止这些，在讨论干旱灾害的社会文化影响和应对方式之时，还要分析干旱灾害在社区中的象征意义。美国人类学家奥利弗-史密斯（Oliver-Smith）指出，灾害是现行社会秩序、人与环境关系，以及历史结构过程的运作方式，是社会性嵌入事件。[4] 换言之，灾害深深地嵌入一个社会的政治、经济和文化之中。干旱灾害也是这样，它是社会性嵌入事件，与地方的自然环境、经济、政治和文化紧密联系在一起。

---

[1] Michael O'Leary, "Responses To Drought In Kitui District, Kenya," Disasters, Vol. 4, No. 3, 1980.

[2] Louise Sperling, "Food Acquisition During The African Drought Of 1981-1984: A Study Of Kenyan Herders," Disasters, Vol. 11, No. 4, 1987.

[3] Donald R. Belson And Timothy J. Finan, "Praying For Drought: Persistent Vulnerability And The Politics Of Patronage In Ceara, Northeast Brazil," American Anthropologist, Vol. 111, No. 3, 2009.

[4] Anthony Oliver-Smith, "'What Is A Disaster?': An Thropological Perspectives On A Persistent Question," In Anthony Oliver-Smith And Susanna M. Hoffman Eds., The Angry Earth: Disaster In Anthropological Perspective, London: Routledge, 1999, pp. 18-34.

<<< 第三部分 人类学视角下灾害文化研究

四、干旱灾害的人类学解释框架与方法论

（一）干旱灾害的人类学解释框架：环境和社会脆弱性与生态韧性

干旱灾害的人类学研究需要与之相适应的解释框架和理论。其中，传统的人类学理论在干旱灾害研究中强调文化应对方式，重视分析民族、阶级、性别、社会不平等和贫困等有关因素。此外，环境和生态人类学理论在干旱灾害研究中日益受到重视。总体上，从事非洲干旱灾害研究的学者更为强调沙漠化、冲突、饥荒、难民、土地使用等问题，其解释框架也集中在人口、环境、资源、公有地等理论上。如马尔萨斯主义者所坚持的，人口和动物数量的迅速增长，超过了资源的承载能力，导致了干旱灾害期间的耕地、牧地减少，造成粮食和牧草减产和生态压力。① 一些学者则强调环境脆弱性、生态韧性、适应和文化应对问题，这种与地方话语和全球化紧密联系在一起、具有多学科视野的理论，被引入人类学领域，并被视为干旱灾害研究的核心。

脆弱性被定义为"一个社区、系统或资产的特点和处境使其易于受到某种致灾因子的损害"。② 在人类学界，威斯纳（Winner）等人将其定义为"个人或者群体的状况影响他们处理、抗击和恢复自然灾害（一种极端的自然事件或者过程）损伤的能力"。③ 福约德（Fjord）认为，脆弱性是社会生

---

① Michael Watts, "Drought, Environment And Food Security: Some Reflections On Peasants, Pastoralists And Commoditization In Dryland West Africa," In Michael H. Glantz Ed., Drought And Hunger In Africa: Denying Famine A Future, pp. 171–211。

② Unisdr：《2009unisdr 减轻灾害风险术语》，Http://WWW. Preventionweb. Net/Files/7817_ Unisdr Terminologychinese. Pdf，浏览日期：2015 年 10 月 20 日。

③ Ben Wisner, Etc., At Risk: Natural Hazards, People'S Vulnerability, And Disasters, London: Routledge, 2004, pp. 11。

203

态中增加伤害风险的不平等的社会关系。脆弱性群体被认为是这样一群人，他们缺乏物资的、情感的、认知的或者社会的资源，而资源缺乏使他们在灾害和日常生活中受到非均衡伤害。[1] 干旱灾害处于自然环境和社会群体脆弱性的交汇处。[2] 莫任（Morren）甚至认为，自然致灾因子直接源于人类活动。[3] 欧力瑞对肯尼亚齐图依的研究证明，气候不确定性、人口增加、土壤裸露、放牧范围的减少等都威胁着该地区的生态系统，[4] 说明人类活动对于生态环境所产生的负面影响加剧了灾害的形成。可见，社会群体的脆弱性是灾害形成和应的关键。在生态环境和气候条件相同或相似的情况下，不同的社会群体和群体内部状况会导致一些群体或者人群比另一些群体和人群更为脆弱。维布（Webb）指出，干旱对同一地区富人和穷人家庭所造成的影响并不一样。富人可以出售更多的财产来应对干旱灾害，而穷人能够出售的财产有限。在埃塞俄比亚，富人应对干旱灾害所出售的财产是穷人的6倍。[5] 穷人会因干旱灾害而变得更加脆弱，生活更加依赖于外界援助。[6] 穷人是脆弱群体的标志，他们与自然环境脆弱性和致灾因子结合在一起形成了灾害。

干旱和半干旱地区的发展、生存和环境脆弱性之间有着密切的联系。例如，非洲牧民的流动性放牧导致了当地的环境脆弱性和生态退化。在气候脆弱性研究中，适应被用来阐释减少脆弱性和避免多变气候而产生的消极影响

---

[1] Lakshmi Fjord, "Making And Unmaking 'Vulnerable Persons': How Disasters Expose And Sustain Structural Inequalities," Anthropology News, Vol. 51, No. 7, 2010。

[2] Paul Susman, Etc., "Global Disasters, A Radical Interpretation," In Kenneth Hewit Ted., Interpretations Of Calamity: From The Viewpoint Of Human Ecology, Boston: Allen & Unwin, 1983, pp. 263 – 283。

[3] Jr. George E. B. Morren, "The Rural Ecology Of The British Drought 1975 – 1976," Human Ecology, Vol. 8, No. 1, 1980。

[4] Michael O'Leary, "Responses To Drought In Kitui District, Kenya," Disasters, Vol. 4, No. 3, 1980。

[5] Webb Patrick, "Coping With Drought And Food Insecurity In Ethiopia," Disasters, Vol. 17, No. 1, 1993。

[6] Kuldeep Mathur And Niraja G. Jayal, "Drought Management In India: The Long Term Perspective," Disasters, Vol. 16, No. 1, 1992。

的过程。对于特定的环境脆弱性而言，适应是狭义的，它是指合理的风险评估和履行决定的权力结构。① 毫无疑问，怎样在干旱灾害易发地区、环境脆弱性和生态退化地区生存和适应是人类学研究的主题。弗勒里特认为，任何一个民族在面对像干旱、食品短缺这样的持续性灾害的时候，都会激发出基于传统文化的多种多样的应对和适应方式。② 凯姆贝尔认为，即使在同一地区，不同群体对环境脆弱性也有不同的适应方式，肯尼亚卡加多地区的农民面临的问题是适应不可靠的雨量和低肥力土壤，而牧民则需要调整放牧模式以接近牧场和水。③ 干旱地区的环境适应不仅是文化适应的过程，还具有地方和群体特点。

很多学者将干旱灾害放入生态韧性的解释框架之内。韧性（resilience）是一个生态学概念，它被定义为社会——生态系统能承受干扰并继续保持其功能的能力。④ 有的研究者将韧性定义为生态系统能够在不改变自我组织过程和结构的情况下抵抗干扰的总量，或者生态系统在干扰之后回到稳定状态的时间。韧性表明稳定性领域的宽度和限度，它是一个系统能够在稳定状态改变之前吸收的干扰度⑤，或者是"一个系统能承受干扰动乱并保持其基本功能和结构的能力"。⑥ 韧性理论的核心是系统生态学，它是衡量生态系统是否健康的重要标志。随着韧性理论在社会科学中的应用，又提出了"社会韧性"或者"人类韧性"的概念，指的是人类或者社区"在最短的时间内少

---

① Donald R. Nelson, Etc., "Adaptation To Environmental Change: Contributions Of A Resilience Framework," Annual Review Of Environment And Resources, Vol. 32, No. 11, 2007。

② Anne Fleuret, "Indigenous Responses To Drought In Sub-Saharan Africa," Disasters, Vol. 10, No. 3, 1986。

③ David J. Campbell, "Response To Drought Among Farmers And Herders In Southern Kajiado District, Kenya," Human Ecology, Vol. 12, No. 1, 1984。

④ C. S. Holling, "Resilience And Stability Of Ecological Systems," Annual Review Of Ecology And Systematics, Vol. 4, 1973。

⑤ L. H. Gunderson, "Ecological Resilience In Theory And Practice," Annual Review Of Ecology And Systematics, Vol. 31, 2000。

⑥ Brian Walker And David Salt, Resilience Thinking: Sustaining Ecosystems And People In A Changing World, Washington, Covelo & London: Island Press, 2006, P. Xiii。

依赖或不依赖外界援助从灾难中恢复过来,并在这一过程中加强自身能力"。① 人类生存依赖于自然资源,社会系统与生态系统、社会韧性与生态韧性有着密切的联系,生态系统的崩溃有可能直接导致社会系统的崩溃。如果生态系统失去韧性,那么社会系统也将失去韧性。② 对于人类学家来说,社会韧性是一种社区韧性,它不是附属于个人上的现象,它与社会资本、资源和社区能力有关。

在干旱灾害的人类学研究中,很多西方学者使用了韧性理论作为解释框架,如弗莱特勤(Fratkin)主张将干旱地区的分析放入生态稳定性和韧性的分析框架,认为生态环境有不变和多变的特征,因此,生计也有普遍性生计和特殊性生计之区别,前者是稳定性,后者是韧性,它们对于解释社会群体适应特殊环境具有重要的意义。在肯尼亚北部地区,任迪里(Rendille)部落使用的是一种稳定性的牧业生计模式,而阿里阿尔(Ariaal)部落使用的是灵活性的韧性生计模式。③ 瓦德里(Wadley)对印度尼西亚东卡里曼坦(Kalimantan)地区进行了深入的研究,认为在以农业为基础的社会中,传统家庭就有应对危机和灾害的方式,妇女大多从事农业活动,男性则大多外出打工或者狩猎捕鱼,即使没有男性劳力,女性也能成功种植水稻,这些传统生产策略所具有的社会韧性能够有效应对干旱及其他灾害。④ 这些传统策略是脆弱性条件下社区韧性的标志,它证明在环境退化和社会脆弱性条件下,当地社会能够最大限度地发挥传统策略的作用,达到防灾减灾的目的。

韧性理论可以更好地理解在干旱地区中环境和社区能够最大限度地吸收干扰并保持其基本功能的特性。有些地区的环境韧性散失了,但是社区韧性

---

① 西亚姆巴巴拉·伯纳德·曼耶纳著,张益章、刘海龙译:《韧性概念的重新审视》,载《国际城市规划》,2015 年第 30 卷第 2 期。
② W. Neil Adger, "Social And Ecological Resilience: Are They Related?" Progress In Human Geography, Vol. 24, No. 3, 2000。
③ Elliot Fratkin, "Stability And Resilience In East African Pastoralism: The Rendille And The Ariaal Of Northern Kenya," Human Ecology, Vol. 14, No. 3, 1986。
④ Reedl. Wadley, "Coping With Crisis – Smoke, Drought, Flood And Currency: Iban Households In West Kalimantan, Indonesia," Culture & Agriculture, Vol. 24, No. 1, 2002。

仍然可以发挥作用；在有的地区，环境韧性和社区韧性都散失了，干旱灾害就会给当地社会造成很大的损失，需要靠外力作用，如政府和非政府组织等的帮助，才能够克服灾害带来的困难。在非洲一些地区，特别是东非饥荒发生地区，人们只好到难民营中依靠政府和非政府组织的食品分发才能生存下去，这些状况就是社区韧性散失的体现。

（二）干旱灾害的跨文化比较研究与应用人类学研究

从笔者目前掌握的资料看，干旱灾害的跨文化比较研究集中在以下几个方面。比较研究证明，不同地区、不同文化背景下的干旱灾害应对方式对防灾减灾具有重要意义。

第一，对国家内部不同部落的干旱灾害应对方式进行比较。如弗莱特勤比较了肯尼亚北部任迪里和阿里阿尔两个部落不同生态环境和生计条件下的干旱灾害应对方式和适应能力，说明即使是具有共同的语言、居住结构、社会组织等的群体，在不同的生态条件下，也会通过不同的生计模式来应对干旱灾害。[1] 米尼格尔（Minnegal）和德伊尔（Dwyer）对新几内亚帕普阿（Papua）低凹内陆地区的两个群体，即贝达姆尼（Bedamuni）和库伯－克乃（Kubo－Konai）进行比较，认为即使两个群体在环境、技术、语言、文化和资源上都具有相似性，但是，由于人口密度、土地使用精度和社会复杂性问题，相同的干旱灾害也会带来不同的影响，由此产生不同的应对方式。[2]

第二，对同一地区农民和牧民的干旱灾害应对方式进行比较。凯姆贝尔通过对肯尼亚卡加多地区农民和牧民干旱灾害应对方式进行比较，说明在相

---

[1] Elliot Fratkin, "Stability And Resilience In East African Pastoralism: The Rendille And The Ariaal Of Northern Kenya," Human Ecology, Vol. 14, No. 3, 1986。

[2] Monica Minnegal And Peter D. Dwyer, "Responses To Drought In The Interior Lowlands Of Papua New Guinea: A Comparison Of Bedamuni And Kubo－Konai," Human Ecology, Vol. 28, No. 4, 2000。

同地区不同生活方式的群体对于干旱灾害有着不同的应对方式。①

第三,对两个国家之间的干旱灾害进行比较。如保利格(Bollig)和舒尔特(Schulte)通过对肯尼亚牧区和纳米比亚牧区的比较,阐述了非洲牧区居于传统知识所发展出来的可持续牧业的生态管理方式。② 跨度较大的比较是对非洲干旱灾害与中国云南干旱灾害之间的比较研究,虽然非洲与中国云南相距甚远,但可以看出干旱灾害应对方式的共同性与差异性。③

第四,对多雨地区与干旱地区的比较。如格尔兹(Ueertz)对印度尼西亚巴厘人和摩洛哥人的灌溉系统进行比较,认为尽管印尼和摩洛哥在伊斯兰教信仰、贫困、民族主义、官僚体制、人口过剩、殖民史等问题上都具有共性,但是由于气候上的差异性,两个地区的灌溉系统体现出很大的差异。④

干旱灾害的应用人类学研究既有学术上的探索,也有政策上的建议,这就是所谓的双重责任(dual imperative),即研究不仅要满足学术需求,而且要用知识来保护被研究者并影响政府机构,⑤ 干旱灾害的应用人类学研究体现了这种双重责任。维布(Webb)通过对埃塞俄比亚的研究提出了三个长远政策:第一是通过技术改进和商业化促进农业增长;第二是通过精密的共劳动力服务创造工作机会;第三是提高健康和卫生服务。⑥ 布拉米尔也通过对孟加拉国的研究提出了干旱减灾技术的应用性建议,包括可能性的政策干

---

① David J. Campbell, "Response To Drought Among Farmers And Herders In Southern Kajiado District, Kenya," Human Ecology, Vol. 12, No. 1, 1984。

② Michael Bollig And Anja Schulte, "Environmental Change And Pastoral Perceptions: Degradation And Indigenous Knowledge In Two African Pastoral Communities," Human Ecology, Vol. 27, No. 3, 1999。

③ 李永祥:《干旱灾害的跨文化比较研究——以非洲干旱与云南干旱的比较研究为例》,载《云南师范大学学报》,2013年第6期。

④ Clifford Geertz, "The Wet And The Dry: Traditional Irrigation In Baliand Morocco," Human Ecology, Vol. 1, No. 1, 1972。

⑤ Karen Jacobsen And Loren B. Landau, "The Dual Imperative In Refugee Research: Some Methodological And Ethical Considerations In Social Science Research On Forced Migration," Disasters, Vol. 27, No. 3, 2003。

⑥ Patrick Webb, "Coping With Drought And Food Insecurity In Ethiopia," Disasters, Vol. 17, No. 1, 1993。

预，更灵活的农业信贷和保险，更加有效的农业技术、灌溉、畜牧科技等，以及更为关注农民的庄稼生产研究。① 通过应用研究，人类学家也警告，灾害是自然致灾因子和人类文化交叉的结果，技术干预有时不但没有减少灾害后果，还会增加人类脆弱性，短期干预有可能造成永久性的负面影响。②

干旱灾害的跨文化比较研究和应用人类学研究体现出多学科合作的优势。随着全球化时代的到来，在干旱灾害与全球气候变化的关系方面，人们越来越将地方社区与全球话语联系在一起，人类学的地方话语成为全球对话的一部分。人类学家在《科学》（Science）上发表全球变暖研究的论文③，显示了多学科研究的重要性。无论是干旱灾害和气候变化，还是其他自然和人为灾害，以自然科学为核心的灾害观受到批评，④ 人类学、社会学、地理学等学科在自然灾害研究中的作用得到强调，灾害的复杂性特点从多学科取向和方法中得到解释。⑤

五、小结

干旱灾害的人类学研究在西方已经取得了丰硕成果，就干旱灾害的定义、起因、后果、应对方式、理论解释框架、研究方法等很多方面做出了有益的探索。传统社区在干旱灾害的人类学研究中具有重要地位，文化处于干

---

① Hugh Brammer, "Drought In Bangladesh: Lessons For Planners And Administrators," Disasters, Vol. 11, No. 1, 1987。

② Susan H Lees, "The 'Hazard' Approach To Development Research: Recommendations For Latin American Drylands," Human Organization, Vol. 39, No. 4, 1980。

③ Kathryn S. Brown, "Taking Global Warming To The People," Science, New Series, Vol. 283, No. 5407, 1999。

④ Kenneth Hewitt, "The Idea Of Calamity In A Technocratic Age," In Kenneth Hewitted., Interpretations Of Calamity: From The Viewpoint Of Human Ecology, pp. 3 – 32。

⑤ Anthony Oliver – Smith, "'What Is A Disaster?': Anthropological Perspectives On A Persistent Question," In Anthony Oliver – Smith And Susanna M. Hoffman Eds., The Angry Earth: Disaster In Anthropological Perspective, pp. 18 – 34。

旱灾害人类学研究的核心。干旱本质上是由文化构建的,其应对方式也主要通过文化方式来实现,传统应对方式说明了文化传统在抗击旱灾中的重要性。生态学中的环境脆弱性、生态韧性等概念和理论受到人类学家的重视。人类学家的干旱灾害研究不仅重视理论研究,还重视应用研究;既有学术上的探索,又有针对政府和决策者的政策建议;强调跨文化比较研究;关注多学科合作研究。未来,人类学家和包括自然科学在内的相关学科专家之间的合作会经常出现于干旱灾害研究之中。

民族传统知识与防灾减灾
——云南少数民族文化中的防灾减灾功能探讨[①]

李永祥

一、传统知识的防灾减灾研究背景

传统知识,也称为"地方性知识""原住民知识",包括"传统生态知识""文化遗产知识"等,是人类文化的重要组成部分。人类学家将传统知识定义为"与西方科学知识相区别的文化传统、价值、信仰和当地人对世界的看法。"[②] 韩恩(Hunn)认为"传统知识是世界范围内与自然资源的传承和生态整体保护有关的具有很高价值的信息资源。它提供了人类–环境关系的洞察力,这些洞察力是自然科学没有或者无法提供的。"[③] 在我国学界,

---

[①] 原刊于《西南民族大学学报(人文社科版)》,2015年第10期。国家社会科学基金西部项目"云南少数民族地区防灾减灾的理论和实践研究"(11XSH018)阶段性成果。

[②] George J. S. Dei, "Indigenous African Knowledge Systems: Local Traditions Of Sustainable Forestry." Singapore Journal Of Tropical Geography, Vol. 14: No. 1, 1993.

[③] Eugene Hunn, "What Is Traditional Knowledge?" In Traditional Ecological Knowledge: Wisdom For Sustainable Development, Edited By Nancy M. Williams And Graham Baines. Canberra: Centre For Resource And Environmental Studies, Australian National University, 1993.

严永和将传统知识定义为传统部族在其漫长的生产生活过程中所创造的知识、技术、诀窍的综合，一般具有"圣境"性、"经验"性、"整体"性与环境要素的兼容性、另类的科学性及其描述形式等特征。①（P.33）传统知识源于经验，在群体内共享，被编为语言和艺术密码，而非以书面方式保存。原住民社会中，不同的传统知识有不同的拥有者和保持者，所以，很少能找出一个能拥有全部传统知识的个人。② 在灾害的感受和观察方面亦如此，并不是所有的民族群体都以同样的方式感受灾害，所有民族都在自己的脆弱性框架中经历灾害。③ 灾害中所积累的传统知识也因民族的不同而不同。

灾害人类学家重视研究传统知识，认为传统知识与灾害有密切的联系。在人类学家看来，传统知识与灾害之关系研究的基本命题是知识怎样被用来减少破坏和脆弱性。④ 要做到减少脆弱性，实现有效减灾，就要重视灾前预防和积极备灾，在致灾因子发生时通过采取系统的应对办法尽量减少因灾损失，这种方式在国际上被称为"减轻灾害风险"，国内称为"防灾减灾"。在少数民族的乡村社区，无论是何种灾害类型，减轻灾害风险都是通过传统知识来实现的。例如，福里尔利特（Fleuret）就对非洲亚撒哈拉地区原著民通过传统知识应对干旱灾害方式进行了深入的研究，她发现当地茨瓦纳人

---

① 严永和：《论传统知识的知识产权保护》，法律出版社2006年版。
② S. M. Prober, M. H. O Connor And F. J. Walsh. "Australian Aboriginal Peoples' Seasonal Knowledge: Apotential Basis For Shared Understanding In Environmental Management," Ecology And Society, Vol. 16: No. 2, 2011. [Online] Url: Http://WWW. Ecology And Society. Org/Vol16/Iss2/Art12/.
③ ［美］安东尼·奥利弗－史密斯、苏珊娜·M. 霍夫曼，彭文斌编译：《人类学者为何要研究灾难》，载《民族学刊》，2011（6）．另参照Oliver－Smith Anthony; And Susanna M. Hoffman, "Introduction: Why Anthropologists Should Study Disaster," In Susanna M. Hoffman And Anthony Oliver－Smith, Eds. Catastrophe And Culture: The Anthropology Of Disaster, Santa Fe, New Mexico: School Of American Research Press, 2002.
④ Anthony Oliver－Smith, "'What Is A Disaster?': Anthropological Perspectives On A Persistent Question." In Anthony Oliver－Smith And Susanna M. Hoffman (Eds.), The Angry Earth: Disaster In Anthropological Perspective, London: Routledge, 1999. 同时参见［美］安东尼·奥利弗－史密斯：《何为灾难？——人类学对一个持久问题的观点》，彭文斌，黄春，文军译，载《西南民族大学学报（人文社会科学版）》，2013年第12期。

（Tswana）能使用250多种野生食物；泰塔人（Taita）的儿童能找到80种野生果子作为小吃，他们常常能为家中的主食配上野生绿菜，他们的食品保存和储藏方式能让其有效地预防和应对干旱灾害。① 除了在食物方面的传统知识之外，南美原住民还有气候星辰方面的详细观察，② 而非洲西部也有对雨量的详细解读。③ 在亚洲，孟加拉国平原地区的房屋被建筑在地势较高的地台和底座上，并且具有一个特殊的屋顶，人们能够将粮食储藏在屋顶下面，如果洪水进入家里，家庭住户能够在床上做饭、吃饭、睡觉和储藏食品；还能够通过在支架下放上砖头将床升起来。物品被储藏在较高的支架上，或者挂在从屋顶吊下来的麻网内。牲畜被关在特制的木地台里得到保护。④ 韩恩（Hunn）认为西方现代科学知识作为西方文化的代表，体现出的是西方文化的独特视野。从文化视野上看，西方文化与世界上其他文化没有什么不同之处，也没有比别的文化更好。⑤ 非洲茨瓦纳人（Tswana）和泰塔人（Taita）以及孟加拉国平原地区的房屋建筑案例说明了这一点。

我国各少数民族都有丰富的传统知识，这些知识与防灾减灾有密切的联系。本文主要关注建筑、生态环境、动植物和宗教知识的防灾减灾功能。由于笔者来自云南，文中的传统知识也以云南少数民族为主进行讨论。

---

① Anne Fleuret, "Indigenous Responses To Drought In Sub-Saharan Africa," Disaster, Vol. 10: No. 3, 1986.

② Benjamin S. Orlove, John C. H. Chiang And Mark A. Cane, "Ethnoclimatology In The Andes: A Cross-Disciplinary Study Uncoversa Scientific Basis For The Scheme Andean Potato Farmers Traditionally Use To Predict The Coming Rains," American Scientist, Vol. 90: No. 5, September—October, 2002.

③ Carla Roncoli, Keith Ingram And Paul Kirshen, "Reading The Rains: Local Knowledge And Rainfall Forecasting In Burkinafaso," Society And NaturalResources, Vol. 15, July, 2002.

④ Rosalingd Shaw, "Living With Floods In Bangladesh," Anthropology Today, Vol. 5: No. 1, February, 1989.

⑤ Eugene Hunn, "The Ethnobiological Foundation For Traditional Ecological Knowledge," In Traditional Ecological Knowledge: Wisdom For Sustainable Development Edited By Nancy M. Williams And Graham Baines. Canberra: Centre For Resource And Environmental Studies, Australian National University, 1993.

二、民族建筑知识与防灾减灾

云南少数民族有丰富的建筑传统知识,其防灾减灾功能包括如下几个方面:

第一,村寨选址的防滑坡防崩塌灾害内容。少数民族村寨房屋和重要建筑群(如寺庙、山神庙等)都不会建在泥石流滑坡等环境脆弱的地方,村寨选址的第一要素就是地基稳定。因此,绝大部分村寨都会建在地基坚硬的山梁之上,即使在平坝地区,村寨地基也是坚固的。一些具有泥石流滑坡风险的村寨很多是后来的人为因素造成的,如人口增长、过度开发等,古人在选址的时候实际上已经考虑到了规避泥石流、滑坡、崩塌等风险。由此可知,村寨选址中有规避滑坡风险的内容。

第二,民族建筑文化中的防范火灾功能。很多民族建筑都有防火功能,如藏式建筑就具有防火的特点(尽管近期的独克宗古城还是被火灾吞噬了,但究其原因有人为因素)。另外,侗族建筑的防范火灾功能很有代表性。西南民族大学兰婕对贵州黔东南侗族建筑的调查发现,侗族村寨的建筑有防火功能,侗族村寨中的戏台、粮仓等皆为木质吊脚楼,底部木柱建于水塘中,四周都有很多水,用于防鼠和防火,保护粮仓。村中所有的粮仓都集中在一起,与村民住房保持一定距离,粮仓与民房相互隔离的设计使粮食得到了保护,即使村中房屋发生火灾也不会烧到粮仓,而侗族村寨内部和周边的水渠、水塘实际上是村民的消防水源。[①] 云南很多民族的火塘也有防火的功能,藏式建筑、彝族土掌房等都有火塘,彝族人在挖火塘时底部和四周都用厚厚的硬石块隔开,与墙壁保持一定距离。另外,火塘的位置、风向和排烟方式都与防火有关。滇南的傣族、基诺族、哈尼族、拉祜族、佤族等都住干栏式

[①] 兰婕:《不同灾难风险场景下的本土应灾实践探析——以黔东南南侗地区火灾为例》,西南民族大学硕士论文,2014年版。

建筑,他们全部在竹楼上烧火做饭,但竹楼火塘都有较高的防火特点,很少听到干栏式建筑着火的情况。

第三,民族建筑文化中的防范地震灾害功能。独龙族、怒族等民族的建筑对地震有很好的防灾减灾作用,房屋的墙不用石头或者土坯砌成,而是用木头穿斗堆积,整间房屋就是一个整体,地震时不易倒塌。比如,2014年发生在云南省普洱市景谷县的"10·15"地震,震级6.6级,震源深度5千米,地震初期人们估计损失会很大,结果只造成了1人死亡,324人受伤,其中8人重伤。为什么震级那么大、震源那么浅的地震伤亡会那么小呢?包括中央电视台记者、建筑专家和抗震专家在内的人都到该地区进行调查,人们发现,造成景谷地震损失小的原因首先是当地的民间建筑特点是整栋房子连成一个主体,地震时即使墙壁震倒了,整间房子也不容易倒,这种房屋被称为"穿斗";其次,房屋的墙壁与柱子是分离的,柱子在里面,墙壁在外面,墙壁被震倒之后不会往里面倒,因为被柱子挡住了,往外倒的墙壁不会伤到人;再次是当房顶瓦片掉下来时被房子的楼板隔开了,很少砸在人头上,这是造成景谷地震伤亡人员较少的主要原因。6.6级地震只造成1人死亡的情况在全国上下震动很大,中央电视台记者甚至说"这是最不像灾区的灾区",[1] 这说明传统知识能为现代建筑设计提供很多有益的东西,为其他地区(甚至城市地区)的防灾减灾提供经验。

第四,民族建筑文化中的防风灾、防寒灾和防高温灾害功能。在风力巨大的地方,各民族都在房屋建筑上下功夫,如大理白族的"三坊一照壁"房屋结构,就是为了防风防火,设计出了"三合一"的外墙工艺。[2] (P.14) 滇南彝族、傣族的土掌房有冬暖夏凉的特点,高山彝族的土掌房有防寒功能,河谷傣族的土掌房有防高温功能。彝族和傣族的土掌房在建筑方式、外

---

[1] 中央电视台新闻调查"震后的七七组",下载于云南省地震局官网"云南景谷6.6级地震新闻视频资料",http://www.eqyn.com/manage/html/ff808181126bebda01126bec4dd00001/ynpejgdzzt/index.Html。

[2] 段炳昌、赵云芳、董秀团编著:《多彩凝重的交响乐章——云南民族建筑》,云南教育出版社2000年版。

形上的区别不大，差别主要在内部结构上。彝族居住在高山，气候较冷，一般房间都比较小，楼上楼下都有火塘，有的人家有2—3个火塘，整间房屋都比较温暖。而傣族地区气候炎热，他们的房屋都比较高，房间大，不建火塘，一楼宽敞不隔开，二楼虽然隔开，但是房间也比彝族的大。总体上，彝族土掌房有保温防寒功能，傣族土掌房有降温防高温功能。

第五，建筑材料使用中的防灾减灾功能。几乎所有民族的建筑材料都根据当地的地理气候条件进行严格的选择，使用非常结实的木料。如傣族热带地方从来不用松树建房，因为河谷地区的白蚁蚂非常喜欢吃松木，他们用的是坚硬的栎木。此外，所有民族都不用雷击过的树木建房，也不用有鸟窝或者看到蛇爬过的树木建房，因为他们认为这些是不吉利的象征。一旦选用了这些不吉利的材料，就有可能给户主带来灾难。

当然，民族建筑文化中还可以通过举行宗教仪式来预防不吉利事件的发生。例如，建房在开工的时候必须择吉日进行，重要部分的施工也必须择吉日进行。如彝族土掌房立柱、上大梁、填土等，都必须择吉日进行，其他民族的建筑也是如此。任何重要部分的施工都要进行驱鬼仪式，以避免未来发生灾害。

三、地质地貌等环境知识与防灾减灾

任何一个少数民族群体，无论他们生活在高山还是平坝地区，都有与周边环境有关的传统知识。云南总面积的94%是高山，大部分少数民族都有与高山地质地貌结构和环境风险有关的传统知识。如生活在哀牢山的彝族、哈尼族、拉祜族、瑶族等都知道周边环境和地貌状况，他们知道哪座山有多陡，水土湿润度有多大，土质是否疏松，是否发生过泥石流滑坡等，知道某座山是否安全，是否适合人类居住。对于村寨周边的环境，村民也都知道哪里经常滑坡、崩塌和下陷，哪里有裂缝等，每当雨季到来的时候，人们就将这些地方列为重点观测对象。人和动物都不允许去容易塌陷的地方，这样的知识普及到每一个村民中，是传统知识的组成部分。

云南农业的特点之一就是梯田和山地较多，这些地区经常发生滑坡和崩塌。当地人有阻止梯田滑坡和坍塌的传统方法，如果梯田出现滑坡的迹象，就砍竹子或者树干在滑坡点打桩，打桩的深度与滑坡点的危险程度相一致。如果滑坡面积较大，那么打桩数目较多，反之则少。如果已经造成滑坡了，那么就在打桩的同时，用竹子或者树木将滑坡点铺垫起来，然后再用土填上。与梯田相比，山地不具备良好的排水系统，所以山地滑坡主要由排水不畅而引发，但山地不易打桩，一般都是砌墙来防止滑坡和崩塌。对于那些危险山地，一般都放弃种植谷物，而是以种植果树为主。

云南农业的另一个特点就是刀耕火种，几乎所有边境线地区的民族，如佤、哈尼、拉祜、基诺、布朗、德昂、独龙等都有过刀耕火种的传统。根据学者的研究，刀耕火种虽然被认为是原始农业，但它是一种系统的知识体系，对恢复生态环境、提高土地肥力、防范森林火灾、减少草灾和虫灾具有重要的意义。[①] 刀耕火种者很少对山地进行大规模的改造，也不深挖土层或者彻底地砍掉植物，这样就不会造成水土流失，植被恢复也快。表面上，刀耕火种的耕作方式是粗犷的、原始的，但却有利于这些地区的生态环境一直处于较好的状态。笔者到边境地区调查的时候，发现这些地区的生态环境都保持得很好，相反，那些精耕细作农业地区的生态环境相当脆弱。由此可知，云南少数民族的刀耕火种方式中具有丰富的环境意识和防灾减灾知识经验，各民族将这些知识代代相传，保护了边境地区人们赖以生存的土地。

刀耕火种不是简单地把树木砍倒，放火烧之，它孕育了一系列山地火灾防灾的方法，实行刀耕火种者都知道何时烧火，从哪里开始烧，怎样做才能不让火灾发生等。在烧地时，人们会选择在风不太大的日子进行，一般都不从下面往上面烧，而是先在上面烧开一片，然后再从中间点燃，最后才烧底

[①] 尹绍亭：《一个充满争议的文化生态体系——云南刀耕火种研究》，云南人民出版社1991年版。

线部分，这样避免火势太旺。即使不实行刀耕火种，很多民族也有烧山的习俗。据笔者调查，烧山必须遵循一整套规则：一是烧山须在春雨后或者在潮湿的条件下进行，尤其要避免在极度干燥的天气条件下烧山，还要避免大风天气下烧山；二是烧山必须由有烧山经验的成年男子进行，村里在烧山之前有应急的方式，如果火势失去控制，能够及时通知其他村民来灭火；三是要有隔离火种的道路，并且从道路下边最接近道路的区域烧火，然后再烧中段和底部，这样，火势从下而上也不会越过已经烧过的区域；四是烧火的区域不能连接成片，要烧完一片再烧一片，不能整体连片烧山；五是烧山的时间通常是早上或者下午，避免正午时烧地；六是烧山要年年都烧，不能一年烧一年不烧，避免干柴野草堆积过多。与烧山相比，烧地则容易得多。在开荒的时候，人们都会将新开垦地区的树枝、树桩等烧光，以制作肥料，但是烧地总是从上边烧到下边，避免火苗越过新开垦的山地串入森林。因此，烧山在某种程度上可以减少发生森林火灾的可能性。

云南东部、东南部的大片土地具有典型的喀斯特地貌特征，即石漠化，这是生态系统脆弱性地区，包括彝族、苗族、壮族、瑶族、哈尼族等民族都生活在这一地区。由于很多地区出现了灾变，人们无法耕作，无法放牧。但是，各民族在长期的生产过程中积累了对抗石漠化的传统知识，如苗族就通过捡含有种子的鸟粪放入石缝中，成功地种植了很多植物。另外，他们还在石缝里植树，在石山上种植当地的传统植物，实行"树要活，不烧坡"的方法，有效地应对了石漠化。① 在玉溪市元江县洼垤乡，彝族濮拉人和尼苏人都居住在喀斯特石漠化地区，他们通过砌墙造地等方式进行烤烟种植，硬是在石缝中种出了高质量的烤烟，改变了石缝中不能种植优质烤烟的旧观念。当然，喀斯特石漠化问题严重的还有昆明市石林彝族自治县，该县所有地区都处在石漠化的覆盖范围之内，与其他地区不同的是，石林县把石漠化当成一种地理标志产品，申请到了联合国的自然和文化遗产保护，成为他们的经

---

① 石峰：《苗族石漠化地区生态恢复的本土社会文化支持》，载《云南民族大学学报》，2010年第2期。

济之源。

四、民族生态知识与防灾减灾

云南少数民族都有丰富的传统生态知识，这些生态知识一度成为预防干旱和饥荒的重要手段。例如，生活在滇南哀牢山的彝族尼苏人，就能够从山中寻找出200多种野生食物，如野菜、野花、野果、蘑菇、根茎等，加上狩猎和野生蜂蜜等营养品，人们在乡村即使碰到干旱导致粮食减产也可以度过。在尼苏人看来，要在山上寻找可使用的野菜、野果等食物并非是件困难的事情，仅仅野菜类就超过100种，在春季还有各种野花。彝族地区有两种花是可以当成"饭"来使用的，一种叫莫洛朵花，另一种叫维呐花。莫洛朵花被认为是特等的"饭"，而维呐花被认为是次等的"饭"。彝族谚语"莫洛朵花如同大白米饭，维呐花如同玉米饭"就说明了这一点。在彝族地区所有的花中，只有莫洛朵和维呐可以被当成饭来吃，其他所有的花是被当成"菜"来食用的。彝族地区的野果十分丰富，例如黄坡果、黑坡果、枇杷果、杨梅、多依果、野芭蕉果等都能够在不同的季节里找到；彝族地区的蘑菇也十分丰富，很多人都可以拾到50多种食用蘑菇；彝族地区的根茎也十分丰富，如山药、蓑衣果等，如果加上狩猎中得到的野生肉类、蜂蜜、蜂蛹等食品，彝族人的食物种类不仅多样，还具有丰富的营养成分，这些野生的蔬菜水果即使在没有发生干旱和饥荒的年份也是当地彝族人的传统特色饮食。

傣族是非常擅于打鱼的民族，他们不仅对水田中的谷杈鱼、泥鳅、黄鳝、鲻鱼等非常熟悉，还擅于捕捉江河里的各种鱼类，也擅于养殖鱼类。他们男女分工不同，男性下河撒网捕鱼，女子在田中用笼子捕捉泥鳅、黄鳝、鲻鱼等。过去，在傣族社会中还有不会捕捉泥鳅黄鳝的女子很难嫁出去的说法。傣族除了平时下河捕鱼外，碰到暴雨大雨和红河涨水的时候，就会整天捕鱼，很多男子甚至晚上不睡觉，整夜捕鱼到天亮。河谷地区有各种野菜、野花和水果,特别是热带水果种类也丰富,他们能够将野菜、冬瓜等做成各种鲜美的食品,其传统饮食腌鸭蛋和干黄鳝更是让其他民族赞口不绝,所谓"腌鸭蛋,干黄鳝,二两小酒天天干"就是傣族传统饮食的真实写照。

云南少数民族的食物储藏方法也能够为应对因干旱等灾害引起的食品短缺起到重要的作用。高山彝族人、哈尼族人、拉祜族人将猪肉用石板压干后,挂在通风处,制成火腿,能够保存3年以上。傣族人由于气候状况无法制作火腿,他们将所有的猪肉放入土罐中,腌制成酸猪肉,傣语称为"呐木宋",也可以保存3年以上。除了猪肉之外,傣族人还将鸡肉、鸭肉、鹅肉、鱼等放入罐中保存,在热坝地区食用酸肉可以达到解暑效果。高山地区的彝族人、哈尼族人、拉祜族人也经常将各种蔬菜晒干保存,等到没有蔬菜或者食品较少的时候食用。这些晒干的蔬菜、豆类、竹笋等,与腌制品及腊肉、腌肉类结合在一起,可以缓解食品短缺的困难,加上野外的蔬菜水果等,当地人在营养上还能实现多样化。

少数民族都有常用的止血药物,这些药物具有消炎止血的作用,并且被广大人民所知晓。例如,彝族就常用蒿枝来止血,使用时首先用石头将其舂碎,使浆汁出现在表面,然后再涂在伤口上,起初患者会感到非常疼痛,但止血效果很好。止血的药物之所以重要是因为它涉及到灾害发生时期的外伤和急救,当政府的急救医疗队尚未到达的时候,地方传统急救方法就会变得特别重要,特别是很多的村子都没有社区医疗点,连基本的消毒都没有办法进行的时候,传统药物就能发挥重要作用。除了止血方面的药物之外,少数民族对骨科还有非常大的贡献,几乎所有的少数民族都有骨科医生,而且都认为他们能够解决西医没有办法解决的问题。

除了彝族之外,傣、哈尼、拉祜、瑶、苗等民族在骨科上也有丰富的传统医药知识,这些知识都能够在灾害急救中发挥作用。事实上,不论是地震还是地质灾害,政府的急救人员都很难在第一时间到达灾害现场。例如,在唐山大地震中,第一批到达灾区最早开始抢救的外地援救队伍——北京部队坦克某师,也是在地震发生近八个小时后才从西北方向进入已经是一片废墟的市区。其他大部分救灾队伍是在29日和30日即地震发生24小时之后才陆续到达。①（P.210）在救灾队伍未能在第一时间到达灾害现场的时候，民族医药能够发挥作用。

五、民族宗教知识与防灾减灾

各民族都有与防灾减灾有关的宗教知识。人们认为，对天地神灵的尊重是避免灾害的基础，天地在宇宙万物中是最大的，所以任何祭祀活动都必须先祭拜天地神。天地神在所有神灵中必须受到尊重，并且有一整套祭天仪式。如果人类不尊重天地，就会受到惩罚，最突出的方式就是降灾于人类。事实上，彝族洪水神话就是格兹天神要惩罚人类道德败坏的典型案例，彝族史诗《查姆》中从独眼人到直眼人，再到横眼人都说明人类道德衰败与天神降灾收回人种之间的关系，天神让人类再生也是一种道德选择的结果。换言之，当人类自身伦理道德堕落到了"极度恶劣"的程度，也就到了天神换人类的时候。例如，云南红河州开远市的彝族人就流传着这样的传说：远古时候人们的日子太好过了，就不敬天地，他们用白面粑粑作尿布，天神见了之后十分生气，发洪水淹死了那些人。②

风雨、雷电、山川、河流、树木等自然物也是受尊重的对象。最为典型的是滇西藏族的神山崇拜，任何人都要对神山顶礼膜拜，尊重山上的一切。云南新平县的傣族傣雅人禁止向河流做任何不礼貌的行为，包括向河流中丢石头，在河流边随意大小便、说脏话等，认为这些都是侮辱河流的行为，对河流的不敬会引起河神和水神的不悦，并降灾于人类。与傣族的情况相似，彝族、哈尼族、拉祜族等都生活在大山上，人们对于大山是非常尊重的，每

---

① 孙绍骋：《中国救灾制度研究》，商务印书馆2005年。
② 李子贤：《彝、汉民间文化圆融的结晶——开远市老勒村彝族"人祖庙"的解读》，载《云南民族大学学报》，2010年第4期。

年都要对山神进行祭祀，不做不敬山神的事，不说不敬山神的话。彝族、哈尼族等还有神树崇拜，除了神树之外，大树、老树也必须受到尊重，即使在砍柴的时候，也不能砍树龄太大的老树。对动物的尊重和保护也是民族宗教和伦理文化中的重要内容。动物不仅跟人类是朋友关系，还给人类很多启发，不保护动物就维持不了生态平衡，没有基本的生态平衡，人类就会面临灾难。

祖先、父母、长辈也是很多民族最重要的尊重对象。祖先是彝族最为重要的崇拜对象，彝族人死后都要通过毕摩将其灵魂送回到祖先的居住地。对于祖先神灵的不敬，对父母、长辈的不孝、不尊重都会导致灾害降临。所有民族都有尊老爱幼的传统习俗，这些习俗并没有法律上的功效，但是却有防灾减灾的意义。如果一个人对老人不尊敬，神灵就会降灾于人类。少年成长、婚恋、性行为等都涉及到严重的伦理道德问题。各民族对血亲、兄妹等婚姻和性行为都有严格的伦理控制，洪水神话中的兄妹再婚是"世界上只有同胞二人"这一必备条件[1]，并得到了神灵的许可，通过簸箕、筛子、石磨、隔河穿针等验证之后才得以进行，因为那是唯一的人类延续方式，即便如此，兄妹俩也只是勉强答应神的旨意，但他们后来生下的还是肉团、肉坨、葫芦等怪物，这种情况使人类认识到了"近亲婚配之弊"[2]。

对宗教观念的不敬也会带来灾害。各民族都有自己的传统宗教观念和意义。例如，房屋建筑关系到家庭兴衰、子孙后代吉凶祸福、发达与否等大事。房屋的内部结构也有宗教意义，如堂屋、灶房、火塘、大门、门槛等都有一整套伦理道德，认为违反这些禁忌就会带来灾难。[3] 在宗教观念中，从天地万物、人类祖先到日常生活习惯都与防灾减灾联系在一起，宗教信仰的本质就是预防各种灾害，让人类的生活更加美好。

---

[1] 谢国先：《中国南方少数民族神话中的洪水和同胞婚姻情节》，载《长江大学学报》，2010年第6期。

[2] 王宪昭：《中国少数民族人类再生型洪水神话探析》，载《民族文学研究》，2007年第3期。

[3] 张方玉：《试论彝族的宅居文化》，载《楚雄师范学院学报》，2002年第5期。

六、小结

　　少数民族的传统知识与防灾减灾之间有密切的关系，建筑传统知识、人居环境知识、动植物生态知识、宗教知识等都能显示出防灾减灾价值。建筑传统知识中有防震、防火、防高温低温、防火等功能；地质地貌及人居环境知识有防泥石流滑坡、防火等功能；动植物方面的生态知识则有防饥荒、食品短缺和急救的功能；宗教知识的防灾减灾功能是综合性的，它有形而上的特点。少数民族传统知识与防灾减灾之间的关系还在灾害应急、急救、物资分配、恢复重建等活动中体现出来。传统知识对灾害发生的解释、救灾活动的开展、灾后恢复建设的完成都有作用。

　　传统知识是各民族生产生活实践的结果，它深深地嵌入在社会成员的日常生活中，很多成员能够借助传统知识达到防灾和减灾的目的。人类学通常有重视和强调各民族文化的传统，这在灾害研究特别是防灾减灾的研究中也不例外，包括奥利弗·史密斯（Oliver-Smith）在内的多个人类学家都阐述了传统知识对于防灾减灾的重要性。人类学家为什么要去研究灾害，因为灾害提供了人们如何观察环境和生业、解释成因、构建道德观念并将希望投射到未来的机会。笔者认为，所有这些都是通过民族的知识系统来实现的，是实现减轻灾害风险的关键。各民族对于周边环境脆弱性和致灾因子以及灾害的观察建立在传统知识的基础之上，虽然传统社区中的预警系统不像科学的预警系统那样能够在大的地区范围内产生影响，但它能够有效地将收集到与危险、灾害相关的各种信息传播到社区的大多数成员之中，使成员能够在较短的时间内采取行动，这就是传统知识的防灾减灾价值所在。

地震灾害与文化生成
——灾害人类学视角下的羌族民间故事文本解读[1]

张曦[2]

人类与自然相处就必然要面对各类自然灾难，人类与自然生态的相互关系中必然包括人类与自然灾难的相互关系，也必然会在自文化中阐释出这种相互关系。对于灾难的社会科学的研究虽以社会学为先，但大都是在强调灾害对社会环境的冲击，并试图找出灾害所引发的实际社会问题及解决方法。人类学真正进入灾难研究不过是近年来的事，但对于灾害发生、灾害救援、灾后重建以及减灾等过程中文化的作用的关怀却非常重要。尤其是灾后所生成的新的文化，往往会赋予社会及社会成员新的意义，对于揭示社会的本质也具有积极意义。

地球已经有46亿年的历史，所以自然灾害的历史远远超过了只有400万年的人类历史。就此意义而言，自然灾害与人类历史几乎没有可比性。然而人类自诞生之日起就伴随着各种各样的自然灾难，换言之，人类适应环境也

---

[1] 原刊于《西南民族大学学报（人文社会科学版）》，2013年第6期。
[2] 张曦（1964—），男，羌族，四川理县人，中央民族大学民族学与社会学学院副教授，日本东京大学法学部法学博士，研究方向：应用人类学。

就是适应灾难的过程。人类的文化中自然不能缺少应对灾难带来的环境变化、应对灾难带来的人身伤亡以及如何预防同样的灾难的经验。随着人智开启，技术的发明及应用不仅仅使得日常生活及生产力向上发展，同时也产生了诸多新的人为的灾难。现在，人类与所处生态系的关系日益复杂，因此诸多灾难中存在着自然因素与人为因素的复杂交错。2008年汶川的"5·12"特大地震，日本的"3·11"大地震及海啸都是人们记忆犹新的大灾难，生命以及人工建造物在自然灾难前的脆弱性通过平面媒体切切实实地展现在我们面前。自然灾害尤其是地震这种源于地下板块的挤压及巨大的能量释放，对于自然景观本身以及一切地上的人工建造物都有着不可抗拒的破坏力。生产、生活基盘的损毁以及包括动物在内的生命的损失都是我们在每一次地震灾害中不得不目睹的场面。自从智人（homo sapiens）开始使用二次工具[①]增强对自然界的行为能力以来，人与自然的关系就开始变得越来越复杂。至近现代以及当代，人们在强调灾害性的自然界的能量的同时，自然灾害与人类社会的政治、经济、文化的密切关联也受到了重视。

一、人文学科的灾害研究

从社会学角度最早开始研究灾害的学者大致应该是现在美国科罗拉多大学自然灾害研究及应用信息中心（Natural Hazards Research and Applications Information Center）的米勒提（D. S. Mileti）、德拉贝克（T. E. Drahek）以及哈斯（J. H. Hass），他们从1920年至1973年7月1日的198种公开出版物中，找出了1399篇与灾害相关的研究论文，经过细致分类及整理，在1975年完成了 Human System in Extreme Environments: A Sociological Perspec-

---

[①] 由于在猩猩及其他动物身上都能看到诸如利用棍棒、石头等一次性工具的实例，因此利用一次性工具制造并使用的工具被称为二次性工具，诸如打制、压制石器等，这也成为了智人的最重要的特征之一。

tive 一书。① 德拉贝克等认为人们在灾前灾后的对应行为，可以借助系统水准（system level）、灾害的时间性展开（disaster phase）的划分进行分类。同时也强调了灾害研究中研究对象失之偏颇的现象，如1399篇研究论文中，38%的研究是出于受灾的个体性角度，38%的研究集中在灾后不久的社会状况上。虽然1977年刚在俄亥俄大学获得博士学位不久的灾害社会学者邓尼斯·温格（Dennis Wenger）对本书有过酷评，但他也不得不承认该书的重要性，以及该书所要达成的目的即"什么是有关人类适应和应对自然灾害和灾难的既成知识？"②

70年代以后在Mass Emergencies③上出现了一系列世界范围的灾害社会科学研究论文及书评，极大地丰富了灾害研究，也为后来的灾害研究积累了许多重要文献。在东亚，日本列岛因为地震、海啸、台风等自然灾害的频繁光顾，因而在灾害研究上也有所蓄积，1996年8月突然去世的日本驹泽大学教授山本康正留美归国后即在日本的《社会学评论》上介绍过20世纪70年代美国的灾害研究④，随后他也积极地展开了灾害的社会学研究。⑤ 中国幅员辽阔，历史悠久，自然少不了与各类自然灾害打交道，然而社会科学性质的灾害研究起步较晚，中国工程院院士马宗晋、武汉大学经济学院郑功成教授在20世纪90年代末主编了一套由湖南人民出版社出版的《中国灾情研究

---

① D. S. Mileti, T. E. Drabek and J. E. Hass, Human System in Extreme Environments: A Sociological Perspective, Institute of Behavioral Science, University of Colorado, 1975；秋元津郎所编『現代のエスプリ 都市と災害』（No. 181, 1982）有更为详尽的介绍。

② Dennis Wenger, A Review Essay On Dennis S. Mileti, Thomas E. Drabek And J. Eugene Hass, Human System In Extreme Environments: A Sociological Perspective, No. 2, 1977, pp. 51–59.

③ Mass Emergencies 是由灾害研究中心主任俄亥俄大学的 E. L. Quarantelli 与匹兹堡大学的城市研究中心的 Jiri Nehnevajsa 参与编辑 1975 年至 1979 年由荷兰阿姆斯特丹的 Elsevier Scientific 出版的一本专门研究灾害的刊物，除过论文之外，还兼有书评。

④ 山本康正「1970年代後半のアメリカにおける災害研究」『社会学評論』No. 124, 1981年。

⑤ 山本康正"災害時応急体制と組織"『組織科学』25巻3号東京：株式会社白桃书房，1992年，第15—28页。

丛书》，包括《灾害学导论》《灾害经济学》《灾害社会学》《灾害管理学》《灾害统计学》《灾害医学》《灾害保障学》《灾害历史学》《灾害医学》等，从社会科学各个学科如管理学、经济学、社会学、统计学、历史学等角度，展开了中国的灾害问题研究。作为《中国灾害研究丛书》之一的河北联合大学王子平教授所著《灾害社会学》，算是开了社会学灾害研究的先河。[①] 但是，社会学体系下的灾害研究大都将"灾害"包括受灾者个体、受灾社会作为分析对象，以灾后实际问题的把握及问题的解决方法的探索为己任，更加偏向于应用社会学。

在人类学的研究中，虽然有诸多民族志早已提及灾难与文化的关联性，但未曾展开过真正意义的专题研究。在这类灾难与文化的关系的论述中，时常被引用的是 1937 年埃文斯－普理查德（E. E. Evans‐Pritchard）关于非洲阿赞德人（Azande）谷仓倒塌压死人的偶发事件的描述，阿赞德人最终将这次灾难的死亡原因归结为"巫术"，人类学以此事例来说明传统文化对自然灾害的特殊性解释。其实在更早的民族志中，如 1901 年英国人类学家 A. C. 哈顿（A. C. Haddon）的 Head Hunters: Black, White, and Brown 一书中也有类似的描述。在哈顿领军的英国调查队的调查地之一的托雷斯（Toreres Straits）海峡的墨雷岛（Murray Island）上，调查期间遇到过一次猛烈的夹杂着雷电的暴风雨，大量的降水使得岛上的教堂地基下沉，强风也使教堂受到了严重的损害。但是所有的岛民都相信这场暴风雨是某位唤雨师（rain maker）召唤而来，因此岛上有名的唤雨师伊诺千成了怀疑对象。[②] 墨雷岛上的岛民们相信，自然灾害可以是有着某些特殊技能的人所带来。哈顿对此例依然是自然灾害的人文解释，以巫术或民俗宗教信仰来解释灾难似乎在世界范围是普遍存在的，岷涪江上游的羌族人也时常将一些病痛、灾祸归结于"毒

---

① 王子平：《灾害社会学》，湖南人民出版社 1998 年版。其实 1989 年王子平还曾与陈非比、王绍玉一起出版过《地震社会学初探》，北京：地震出版社，大致是关注唐山地震后的灾区社会重建以及出现的社会问题。

② [英] A. C. 海顿著，吕一舟翻译，吕金录校《南洋猎头民族考察记》，商务印书馆 1990 年，第 42—43 页，原版为商务印书馆 1937 年 4 月出版，1990 年为重印。

药猫"在作祟①。

但体系化的人类学的灾难研究应该是从 20 世纪末及 21 世纪初才开始。提及灾害与人类学，人们自然会联想到安东尼·奥利弗－史密斯（Anthong Oliver Smith）与苏珊娜·M. 霍夫曼（Susanna M. Hoffman）的编著《天地异变与文化：灾难的人类学》（Catastrophe & Culture：The Anthropology of Disaster），彭文斌曾将本书的序论 Introduction：Why Anthropologists Should Study Disasters 编译为"人类学者为何要研究灾难"介绍到国内②，而这篇序论正是人类学研究灾难的意义的阐述，也即灾难应该拥有推进文化变迁的作用，人类也会从灾难所导致的文化及社会变化中学到诸多有益的东西。近年来日本的灾难人类学研究也有可圈可点之处，如毕业于东京大学文化人类学专业的木村周平对于土耳其地震灾害的人类学分析，他认为在灾害研究中，社会学与人类学的界限越来越模糊，但同时也需要人类学重新思考灾害研究问题，并建立自己的理论框架。另外如同林勋男的实践人类学视角的灾后重建研究、清水展对菲律宾火山爆发与原住民文化关系的研究也体现出日本人类学对于灾害研究的关注。③

社会科学的灾害研究作为一种传统，一方面大致是从发达国家的社会等组织层面上强调一种针对灾害或灾难的应急管理机制；另一方面则是将发展中国家的灾害地作为田野调查点，从而呈现出不发达国家的"脆弱性"（vulnerability）。由于灾害研究肇始于发达国家，因此上述研究传统中也体现出了灾害对应的南北构造差异，也即发达国家与不发达国家的差异，其中多多少

---

① 例如 2002 年 7 月 M 县 Y 村的 C 氏在山上捡完柴火下山时"无缘无故"摔了一跤，扭伤了大腿，一瘸一拐回村后抱怨被毒药猫给害了。

② Anthony Oliver Smith Susanna M. Hoffman：Catastrophe&Culture：The Anthropology of Disaster：School of American Research Press，Santa Fe，James Currey，Oxford，2002。《人类学者为何要研究灾难》，载《民族学刊》，2011 年第 4 期，第 1—7 页。

③ 林勋男：『みんぱく実践人類学シリーズ9 自然災害と復興支援』明石書店 2010 年；清水展"世界の消滅と新生、あるいは災害と先住民の誕生：フィリピン・ピナトゥボ山 大噴火がもたらしたアエタの経験から"『季刊・民族学』138 号，2011 年，第 89—94 页。

少带有一些发达国家在政治、经济、技术等方面的优越感。

　　灾害特别是地震灾害就不再仅仅是自然之破坏力的体现，而且还与人类的各类建筑的建造技术、人群的社会网络以及文化特征联系甚深。如果说社会学更多地关注灾后的社会问题、受灾者个人或群体的心理问题的话，那么人类学的介入，毫无疑问应该是关注文化的问题了。此处的文化涵盖了灾害区的传统、地方性技术、社会组织的组织方式、宗教信仰等诸方面。当灾害被作为灾害发生、灾害救援、灾后重建以及减灾这样一个时间的循环圈来看时，几乎在每个时间过程中文化的作用都不可忽视。毫无疑问的是，蓬勃发展的人文社会科学对灾害的研究，特别是灾害人类学（disaster anthropology）将会在灾害研究及灾害民族志的描述中，更加明晰地展示出自然灾害与社会及文化的关系，也能在面对自然灾害时提升社会及社会成员的应对能力，甚至还能利用灾害创出一种新的文化，借以凸显人们对社会现实的新的认识。

二、地震灾害与羌族民间传说

　　四川省岷涪江上游的羌族地区大致处在长约500公里、宽达70公里的龙门山断裂带上，因此也是地震的多发地区。除了2008年举世关注的汶川"5·12"大地震以外，民国时代引发堰塞湖崩溃直接间接造成大量人员伤亡的茂县叠溪地震也算是羌族地区记录较全的大地震了。

　　就地理位置而言，茂县北接松潘，东靠北川羌族自治县，南边是汶川县，西部与黑水县及理县相邻，相当于阿坝藏族羌族自治州的中心地带"叠溪地震"的状况据《茂汶羌族自治县志》载："1933年8月25日15时50分30秒，叠溪发生震级7.5级强烈地震，有感范围北至西安，东至万县，西抵阿坝，南达昭通。"[1]此次地震导致叠溪古城全部建筑坍塌，城西松坪沟、城

---

[1] 茂汶羌族自治县设置于1958年7月，由汶川、理县、茂县3县构成。1987年12月，阿坝藏族自治州更名为阿坝藏族羌族自治州，同时撤茂汶羌族自治县为茂县。

北平羌沟、平定关、城南小关子、石大关等地 21 个村寨全毁，13 个村寨房屋垮塌，震区死亡 6856 人，伤 1925 人，叠溪、大桥、银屏岩形成的三处堰塞湖于 10 月 9 日崩溃，水流造成茂县、汶川、都江堰 2500 余人死亡。①

  这次灾难无论是惨重的人员伤亡还是自然的山河巨变，对于生于斯长于斯的羌族人而言应当是记忆深刻的，也自然会在羌族的文化中留下抹不去的痕迹。由于羌族的拼音文字是 20 世纪 80 年代末才开始创制，且未能得以正式推行，因此除了外部汉文零散不全的记录以外，在羌族内部，最便于寻找灾难痕迹的就应该是羌族的口传文学了。日本民俗学者关敬吾在其编著的《民俗学》一书中引用德国民俗学者莫克（E. Mogk）的论述说明过，民俗学的精神创造物大致以"联想性思考"② 为基础，羌族人自然不会放过引发"联想性思考"来叙述这场惨重的自然灾害。

  翻检可信度较高的羌族民间故事资料集③，很容易找到两则有关叠溪地震的故事。第一则"叠溪海子的传说"，其故事梗概如下：

  松潘的某茶号先生在茂县谈好生意以后回松潘，出茂县城门时，遇见一个左手拿帕子、右手拄龙头拐棍的老头与他同行，但是出了北门老头就不见了。茶号先生走到水磨坝子，天气炎热，进到一间磨房准备休息时，发现磨盘上盘着一条金光闪闪的大龙。吓得他转身就退，这时却有人叫他，回头一看则是先前的老头。他告诉老头说看见了一条大龙，老头却称他眼睛花了。随后两人又一起赶路，但走着走着老头又不见了。到平桥沟时，看见老头的拐棍插在河边，茶号先生拾起，准备到松潘再还给老头。刚走到松潘就听说

---

  ① 四川省阿坝藏族羌族自治州茂汶羌族自治县地方志编纂委员会编：《茂汶羌族自治县志》，四川辞书出版社 1997 年，第 37—39 页。
  ② [日] 关敬吾编著：《民俗学》，王汝澜，龚益善译，中国民间文艺出版社 1986 年，第 12 页。
  ③ 笔者在调查过程中也接触到数则有关叠溪地震的故事传说，为避免主观操作嫌疑，故采用已有的民间文学集成工作的成果。

茂县较场坝闹地震，天昏地暗，岷江都堵断了，叠溪都成了海子了。①

第二则"叠溪海子的传说"，故事梗概为：

民国年间，茂县蚕陵乡②的猴儿寨有祖祖辈辈挖药为生的一家三代人，被人称为药大爷、药奶奶、药阿爸、药阿妈、药娃、药金花、药银花、老四、老五、老六共十口人。山下的岷江河畔有一个姓赖的尔布基虽家财万贯但仍是贪财，且手段毒辣，人称癞蛤蟆。农历5月的一天，药娃上山采药时救助了一只正被癞蛤蟆手下管家鬼登哥的猎狗追逐的受伤野兔，并给野兔疗伤。野兔后来变成人形，送给药娃一颗宝珠。药娃回家后将宝珠放进米缸，缸里的米就像泉水一样涌了出来，周边的穷百姓们都分享到了，从此也就没人愿意给癞蛤蟆交租了。后来癞蛤蟆打听到了原委，派鬼登哥上门提出高价收买宝珠，但被药家拒绝。于是趁药娃父子上山挖药时，癞蛤蟆杀了药娃家里的八口人。幸好药娃随身带着宝珠，没被抢走。为了报仇，药娃父子前往叠溪城团防局告状，途中被鬼登哥拦截，药父被打死，药娃吞下宝珠后，被五花大绑带回了癞蛤蟆家。癞蛤蟆正要杀药娃取宝珠时，叠溪城团防局的卫兵来到癞蛤蟆家将药娃带走了。团防局局长也是爱财如命，要刀剖药娃取珠，药娃留下一句话"我就是死了也不能让你们这些杀人魔鬼留在世上害人"，随后被尖刀捅死。药娃倒下后，肚子里腾起一道金光，接着是雷鸣电闪、瓢泼大雨，然后，山摇地动、天崩地裂，整个叠溪城从半山腰沉入岷江河底，团防局也沉入水中。垮塌的山体堵住岷江，河水倒灌将癞蛤蟆的房屋田地淹个精光。一夜之间叠溪城里出现十个大大小小的海子，大家都说这就

---

① 四川省阿坝藏族羌族自治州茂县文化馆1993年8月编：《羌族民间故事》（第五集），"叠溪海子的传说"（第48—49页）。搜集人李冀祖，讲述人为胜银山（65岁、羌族、文盲），采录时间1981年1月3日，采集地为松坪沟乡二八溪。

② 《茂州志》称：汉元鼎6年（公元前111年）叠溪曾置蚕陵县，唐初为冀州，明为叠溪千户所，清改为卫，民国时期属茂县所辖叠溪区，蚕陵成为了区下辖的乡。清代董湘琴的《松游小唱》中被描述为"雄关踞高岭，绝顶路平平。忽然空眼界，俯看叠溪营。溪泉渺渺无处寻，一城号蚕陵。"参见《松游小唱》，成都：四川出版集团·四川美术出版社2004年，第98页。

是药娃一家十口人的冤魂变的。①

两则故事均以"叠溪海子"②为题,可见叠溪大地震在羌族人的记忆中是多么深刻。毫无疑问,由于叠溪海子是1933年因地震而形成,因此这两则故事的成型时间自然在地震之后。无论是地震后完全的故事创新,还是从地震前的羌族民俗口传文学中吸取要素后重新建构而成,这两个故事都与1933年的那次地震相关联。因此,将其作为灾害创出的文化样本应该是没有问题的。

三、文化的生成与弱者的武器

在第一则传说中,从民俗学角度而言,故事结构显得支离破碎,明显缺失了主线。一般而言,这则故事应该是"神示福报型"故事。按"福报型"故事的基本形态,茶号先生应该是道德兼修的商人,或有善行慈念,或有敬畏神灵的行为,所以天神化为凡人,引导他走过茂县至松潘的必经之路叠溪,使他躲过一劫。如果故事剔除"福报型"构成元素,那么大致可以从故事中看出神秘主义的传统,自然的天地异变与不可解的超自然现象的叠合,这也是万物有灵论信仰中常有的形态。因此,此类故事的普遍意义较强,几乎所有的自然灾难都能生成同类的故事,甚至可以反过来说,任何自然灾难都仅仅是增添或丰富此类故事的注解与说明。故事所展示的"福报"也好、

---

① 郑文泽:《羌族民间故事集》,中国民间文艺出版社1988年,第323—327页。故事由李德贵讲述,杨志军记录整理。虽不见于四川省阿坝藏族羌族自治州文化局所编《中国民间文学集成·羌族故事集(上·下)》。但是在四川省茂汶羌族自治县文化馆1984年12月编辑的《羌族民间故事》(第四集)中,有该故事"叠溪海子的传说",并注明是1984年6月4日由杨志军在茂汶县党校搜集,讲述人李德龙为羌族。

② 叠溪海子是1933年地震形成的11个堰塞湖决口后剩下的两个前后相连的堰塞湖,长约10公里,推定面积为350余万平方米。

神秘主义也好，仅仅是一种借助灾难的再次强调而已。因此，此则故事尽管加入了叠溪地震的要素，但地震对故事本身并不重要。所以这场带来山塌水断、众多生命消失的巨大灾害在故事中被轻描淡写为"茂县较场坝闹地震，天昏地暗，山民江都堵断了，叠溪都成了海子了"。

第二则故事不仅篇幅远远长于第一则，而且是一个结构完整的叙述。依德国民俗学学者艾伯华（W. Eberhard）的《中国民间故事类型》而言，本故事应该是"动物报恩型"故事与"神奇宝物型"故事的结合体。"动物报恩型"故事一般需要具有两个要素：一是曾帮助过某一动物；二是当人处于生命危险时，这只动物会前去救助故事主人公。① "神奇宝物型"故事则需具备三个要素：一是某人得到一件神奇宝物；二是凡是与宝物接触过的东西都会用之不竭；三是如果滥用这个神奇宝物，宝物将自行毁掉。② 岷涪江上游的"宝珠"故事，笔者小时候所听也多，大多与水相关，想必是河谷干旱地带的生活带给人们的苦涩经验吧。"叠溪海子的传说"将动物界定为被羌族内部恶势力鬼登哥所追杀的兔子，凸显了羌族内部的阶级分层及阶级冲突。故事中的"宝珠"最终不是因滥用而毁灭，而是成为羌族内部恶势力与外族恶势力团防局长的争夺对象，相当于是普通羌族民众与两股恶势力围绕着宝珠的正面冲突，药娃家十口人被杀是冲突的弱势一方付出的惨痛代价，故事最终以"药娃"被杀，宝珠引发地震，恶人被惩而结束。故事的背后折射出阶级分层及权力不平等的社会现实，最后以药娃、癞蛤蟆、鬼登哥、团防局长共同的生命的丧失而达到终极的平等。故事借地震完成了"时日曷丧？吾与汝皆亡"这一弱者的反抗的绝唱。

近年来有关政治人类学的研究不断地吸引着社会科学界的眼球，其中耶鲁大学斯科特（James. C. Scott）的社会下层抵抗理论三部著作尤为注目。在1976年的《农民的道义经济学：东南亚的反叛与生存》（The Moral Economy of the Peasant：Rebellion and subsistence in southeast Asia）中，斯科特揭示

---

① ［德］艾伯华：《中国民间故事·动物报恩》，商务印书馆1999年，第29—30页。
② ［德］艾伯华：《中国民间故事·神奇宝物》，商务印书馆1999年，第117—120页。

了民间的反抗方式可能的变化方向；在1985年的《弱者的武器：农民日常生活的反抗形式》（Weapons of the Weak: Everyday Forms of Peasant Resistancee）中，斯科特认为在存在剥削压榨的地方总会存在日常的反抗；在1990年的《统治与抵抗的技艺：隐藏文本》（Domination and the Arts of Resistance: Hidden Transcripts）中，斯科特将下层群体扩大为所有受压抑的群体。在中国像斯科特那样以民族志资料详尽阐述"压迫"和"反抗"的并不多见，特别是对日常生活中的反抗的记载。在《弱者的武器：农民日常生活的反抗形式》中斯科特称："即使我们不去赞美弱者的武器，也应该尊重它们。"马来西亚农民的"偷懒、装糊涂、假装顺从、装傻卖呆、偷盗、怠工、诽谤、暗中破坏等"等"日常斗争"武器，其实是"用偷懒、装糊涂、反抗者的相互性、不相信精英的说教，用坚定强韧的努力对抗无法抗拒的不平等"，体现出了一种"防止最坏的和期待较好的结果的精神和实践。"①

在第三本著作中，斯科特将底层的政治对抗用"公开文本"（public transcript）及"隐藏文本"（hidden transcript）加以区分，他认为遁世文化、口头文化及痞子文化都是隐晦曲折的反抗形式。而对于羌族地区1933年以后产生的"叠溪海子的传说"，在讲述者与受众、成为讲述者的受众与下一批受众之间传播时，可以看到故事中展现出的"药娃"们的反抗，这是一个典型的借助民间文化表达反抗的例子。而民间文化则应该属于"隐藏语本"，以应对20世纪30年代的政治、阶级压迫。

然而在20世纪50年代，羌族地区进入社会主义社会以后，这个"隐藏语本"似乎就成了一个"公开语本"。1949年前的阶层分化被社会主义体制非正当化，因此对于1950年前的所有社会批评都拥有了公开的理由。1975年夏天由西南师范学院中文系74级学生及学校教师所收集到的28篇口述羌族家史，后来以《羌寨怒火》为题结集出版《羌寨怒火》就是典型的针对过

---

① ［美］詹姆斯·C·斯科特：《弱者的武器：农民日常生活的反抗形式》，郑广怀等译，译林出版社2007年，第426页。

去的统治者的公开语本。

20世纪30年代的岷江上游羌族地区，普通羌族民众与羌族上层阶级、汉族上层阶级之间都存在对立，这是毫无疑问的，弱势的下层在这种日常的对立中艰难地生活着。在《羌寨怒火》中，有叠溪地震幸存者文彦平的口述"惨遭地震灾害的人"。[①] 在其讲述中，地震发生前口述者与"地主"王玉生存在阶级对立，地震后他逃难到茂县县城，与警察、县衙门等旧制度又有了对立，最后只能在县城外勉强度日。由于《羌寨怒火》成书时代的原因，这种对立虽然被编辑者们刻意放大，但对立的事实却应该是存在的。"叠溪海子的传说"中"药娃"的故事中，弱势者的诸多努力虽然没能"防治最坏"，也没有更好的结果可以期待，最后只能选择同归于尽的结局，这应该是叠溪地震灾难给故事涂上的浓重一笔吧。

四、余论

灾难人类学无非是试图从文化及社会的视角来看待、解释灾难，并探讨灾难对于文化及社会的影响，但是单从人与自然的相互关系来看灾难尤其是地震的话，多多少少又带有生态人类学的影子。人们在与几十年或上百年一周期的地震的相互作用中经历并积累经验，形成新的文化或社会机制以减灾避灾。然而在人类与环境的相互作用中，超越经验的文化不断生成也应当是人类进步的首要原因。诚如 Catastrophe & Culture：The Anthropology of Disaster 的著者所言：灾难于文化、社会变迁存在着推动作用。

灾害特别是地震作为自然环境的改变者、人文环境的破坏者，也必然促使新的文化生成。上述两则"叠溪海子的传说"的故事，如果没有地震这一因素的话，大致就是"动物报恩"型与"神奇宝物"型叠加的一个带有普遍

---

① 《羌寨怒火》编写组：《羌寨怒火》，四川民族出版社1978年，第129—135页。

性的随处可见的民间故事。然而地震后，尤其是在第二则故事中，地震被重新解读，地震灾难故事作为"弱者的武器"被生成出来，在肚腹被破、宝珠即将被抢夺时，故事借用了地震这一灾害，彻底完成了一次弱者的最后的反抗。与两股恶势力的同归于尽，消解了激烈冲突的社会矛盾，消除了事实上不平等的社会阶层分化。药娃的故事，一方面让我们了解30年代至1949年以前羌族地区的社会状况，一方面又给地震灾难赋予了政治人类学的意义，使我们看到弱者无奈的反抗，弱者"同归于尽"的反抗愿望。在一个不平等的社会中，灾难明显地成为反抗压榨、剥削的新的武器的生产者。

另外，在理解斯科特的《统治与抵抗的技艺：隐藏文本》一书时，尚须注意，随着社会制度性质的转变、意识形态的改变或者社会的转型，反抗的技艺会发生由"隐藏文本"向"公开文本"的转换，那么同理，也会出现"公开文本"向"隐藏文本"的转换。

▶第四部分
我国当代风险文化研究

风险社会的结构性困境与风险文化的建构
——一种拓宽当代风险社会理论的视角[1]

刘岩[2]　宋爽[3]

20世纪后半期以来，现代社会的高度风险性问题成为学术界关注的焦点。西方许多著名的社会理论家如乌尔里希·贝克、安东尼·吉登斯、斯科特·拉什、卢曼等都对此进行了开拓性的研究，形成了当代风险社会理论。这些社会理论家虽然从不同角度来研究现代社会的新特性，但都敏锐地预见到一个新的风险社会的来临。当代社会的突出特征在于出现了越来越多的不确定性因素和一些始料未及的风险或者说"副作用"，在未来若干年内人类将面临激烈的社会矛盾和严重的生态危机[4]。本文试图从现代性的结构变异的角度来探讨风险社会的结构性特征以及社会风险控制的结构困境，以拓宽

---

[1] 原刊于《学习与探索》，2005年第5期。
[2] 刘岩（1977— ），男，吉林德惠人，吉林大学哲学社会学院社会学系教师，博士研究生，从事社会学研究。
[3] 宋爽（1982— ），女，吉林长春人，吉林大学哲学社会学院社会学系硕士研究生，从事社会学研究。
[4] 周战超：《当代西方风险社会理论引述》，载《马克思主义与现实》，2003年第3期，第53页。

和深化对当代风险社会的理论研究。

一、两种现代性的冲突与结构变异

贝克认为，现代社会处于从工业社会向风险社会的转变之中，据此他提出了"两种现代性的冲突"的论点：现代性现象中出现了断裂，古典工业社会的现代性草案被否决，一种新的现代形态出现了，这种形态可称为工业化的"风险社会"[①]。"在19世纪，现代化解散了已不断肢解的农业社会，揭开了工业社会的结构图景；与此相似，当今的现代化勾销了工业社会的种种构想，在现代现象的连续性中，出现了另一种社会形态。"

他认为工业社会是传统的封建社会价值的普通现代化的结果，是现代科学和理性取代宗教和等级作为社会原则的社会。在工业社会中，各种官僚的和技术的精英开始占据社会的知识和权力地位，他们的决策和技术创新产生了关于组织和生活的大量风险后果。风险社会就是在工业社会基础上进一步现代化的产物。在风险社会里，理性和科学的第二次浪潮开始质疑工业社会没有受到挑战的工具理性和精英科学。"什么是理性"和"什么是科学"，"什么是权威"，成为人们争论的问题。怀疑论者批评科学，科学也开始质疑自己的方法和过程，理性不再是不证自明的可靠支点，知识沦落为权力的有用工具。总之，在超越工业社会的风险社会中，理性、科学、权威的合法性基础开始动摇，特别是理性和技术的"副作用"及其风险成为社会普遍关注的焦点问题。风险社会的来临引发了社会的深刻变迁。个体生活打破了工业化稳定的标准生活形式；社会结构在新的分化中出现碎裂；社会发展的不确定性不断扩展；生活世界的制度性价值基础以及共识形式发生了根本性动摇。这种现代性的裂变及其所引发的社会意义共识的丧失深刻表明了社会结

---

① 刘小枫：《现代性社会理论绪论》，上海三联书店1998年，第44页。

构的现代变异。

两种现代性的论点意味着质朴的现代化和反省的现代化的区分:"质朴的现代化指传统的理性化,反省的现代化指理性化的理性化。"从现代化的结构性划分来看,这种新出现的现代性就是"风险社会",它指涉的恰是"后现代主义"凸显的现代性危机。对此,贝克指出:"在早期阶段,风险和对风险的感知是推动现代化的'控制逻辑'的'意外结果'……现代化是由民族国家在技术上控制的一项社会规划。"[①] 贝克指出,帕森斯把现代社会形容为一个建构秩序和控制的企业,如果民族国家的控制主张出了问题,不仅是由于风险的全球性,而且也由于其固有的不确定性和风险诊断上的不确定性。韦伯虽然讨论了"意外结果"的概念,但没有认识到或探讨"风险"概念。贝克认为:"在世界风险社会,在现代化的第一个阶段构建和控制促进(社会)思想和(政治)行为的安全机制越来越形同虚设。我们越是想要通过风险部门的帮助来'开拓'未来,它就会越发脱离我们的控制。在世界风险社会,已经不再可能使风险具体化。"由此可见,两种现代性的冲突引发的社会结构变异表明,风险社会已成为现代社会结构的内在品质。

二、风险社会的结构性特征

风险社会的出现及其在理论层面的自觉,既是现代性自我变异的结果,又深深根源于现代性的自反性本身。贝克、吉登斯、拉什认为现代性有着巨大的自反性(reflexivity),他们认为现代性正在由质朴的现代性转向自反的现代性。鲍曼用"流动的现代性"(liquid modernity)也表达了现代性具有的自反性特性。对现代性的自反性特征的洞察,不仅表明风险社会是现代性的结构变异,而且表明结构性风险正是现代社会结构变异的增量,是风险社会

---

① 贝克:《风险社会再思考》,载《马克思主义与现实》,2002年第4期,第47页。

的特定属性。因此，对风险社会的结构性特征的把握就成为理解当代风险社会的独特理论视角。

第一，理性的裂变——工具理性盛行和价值理性衰微。理性是现代性的核心理念，现代性的变异使得工具理性盛行和价值理性衰微，导致生活失去方向感。在工业社会，工具理性大行其道，经济取代了传统的政治、伦理和文化而成为确立新秩序的标准。现代人实际上处在一种不自由的状态，人们无法寻求生活的意义感，导致矛盾重重、焦虑深重，使生活失去了确立性和方向感，增加了社会的不确定性和风险性。第二，信任结构的嬗变——从对以人为主的信任变为对抽象体系的过分依赖。现代性使当今人们的信任关系发生了深刻的变革，从对以人为主的信任关系变为对抽象体系的信任关系。现代社会人与人之间的信任关系在逐渐淡化，取而代之的是金钱、权力、传媒、制度等社会抽象体系。在风险社会，人们不再相信自己，不再相信与自己有同等地位的人，而是相信被机构化了、被制度化了的人。第三，秩序标准的模糊——传统价值规范的失效与现代行为准则的缺乏。现代性的变异导致现代社会秩序的标准变得模糊起来。曾经是大多数人行动所遵守的行动模式、伦理规范和价值准则，现在已经失去了以往的效力。前代人的经验和道路，对于当代人已经不具备参考价值。当代社会的秩序标准正变得日益模糊，人们正生活在一个充满不确定性的风险社会的阴影之中。

三、结构性风险与社会风险控制的结构依赖

贝克在《自由与资本主义》一书中指出："风险是一个表明自然终结和传统终结的概念，或者换句话说，在自然和传统失去它们的无限效力并依赖于人的决定的地方，才谈得上风险。风险概念表明人们创造了一种文明，以便使自己的决定将会造成的不可预见的后果具有可预见性，从而控制尚可控制的事情，通过有意采取的预防性行动以及相应的制度化的措施战胜种种

（发展带来的）副作用。"① 在贝克对"风险"一词的解释中实际上已经包含了社会风险控制的二律背反。一方面强调现代社会风险依赖于人的决定，即具有人为性，而人的活动又受到一定的结构约束；另一方面风险的控制要通过创设各种社会结构来实现，依赖社会风险控制结构来控制这种结构性风险。在这双重意义上说，当代社会的风险就是一种结构性风险。

对结构性风险的把握取决于对"结构依赖"和"结构互倚"的理解。结构依赖指的是内在力量与外在结构构成一个复杂的整体，内在力量与外在结构的联结关系是基于依赖关系而造成的。具体来说，结构性风险是蕴藏于现代性社会结构内部的一种变异力量，它具有不确定性和损失性。因此结构性风险突出表现了现代社会风险的特殊性，它高度依赖于现代社会的结构，是现代性结构变异过程中的增量或者说附产品。核风险、化学风险、基因风险、生态灾难等人造风险已经破坏了风险的可计算性，人们用自己制造出来的结构已经很难消化掉人们自己制造出来的风险，从而让人们奢望通过人类精心编制的所谓"疏而不漏的恢恢天网"就可以将所有的威胁和灾难一网打尽的想法成为了泡影。

贝克认为，在现代社会要控制、规避这种深层的结构性风险也必须依赖创设相应的现代性的社会结构。也就是说，现代社会对风险的内部控制力量同样也要依赖相应的外部社会结构。这样，现代性一方面在不断地分化和优化社会结构，以期更好地适应外力的变化，另一方面又不断增加新的结构性风险。所以从两方面结构依赖关系上看结构性风险及其控制又不是一种单线条的制约关系，而是相互影响、相互制约的"互倚"关系。每一种结构依赖关系都对应于特殊的制约关系及内部结构。在全球化背景下，这种"结构互倚"更增加了现代社会结构的异质性、复杂性和不确定性。为了阐明这种互倚性，我们来分析贝克所提供的四组问题：第一，谁界定或决定有害产品、危险或风险？其责任在于谁？是那些风险制造者？是那些从中渔利者？是那

---

① 贝克：《自由与资本主义》，浙江人民出版社2001年，第119页。

些潜在的受影响者?还是那些公共机构?第二,涉及了哪一种对风险的原因、维度和行为者等的认识或无知?对于他们来说,有可以提交的证据和"证明"吗?第三,在一个充满随机知识的社会而且是有可能对环境风险进行争论的社会里,什么才算充分的证据?第四,谁决定对受害者的赔偿,决定用什么来构成未来灾害限度控制和管理的适当形式。

在现代社会,这些问题很难给出一个确定性回答。"在威胁和危险就要变得更加危险和更加显而易见时,我们却处于两难的境地,越发不能通过科学的、合法的和政治上的方法来确定其证据、归因和补偿。"这实质上说明风险社会本身正在陷入困境。一方面现代社会风险的特殊性在于现代性变异所引发的结构性风险;另一方面要控制、规避这种风险仍然要依靠创设相应的社会结构来实现,这就相当于用自己的"盾"去防自己的"矛"。换句话说,人类很有可能陷入一个怪圈:为了防止一个错误,却冒着犯更大错误的风险,再用另一个更大的错误去纠正前一个错误。这只能不断增加现代社会的不确定性和风险性,出现了越来越多的不确定的因素或一些始料未及的"副作用"。也就是说贝克提出的要建立与自反现代性结构相适应的结构,其本身可能就是具有很大风险性的。"结构互倚"虽然看似给我们展示了一条摆脱风险社会的路径,实质上,用结构去解决结构的问题却并未触及风险社会产生的深层次原因,即共同意识的丧失、价值理性的沦丧。因此,单纯在社会结构的框架里理解风险社会并试图加以控制是难以摆脱这种循环论证的怪圈的,从文化上切入则成为一个重要的路径。

四、走出风险社会结构性困境的风险文化建构

从文化上透视,风险社会实际上也涉及一个文化理解和意义认同的问题。从风险文化的层面进行自觉的建构就可以为摆脱风险社会的结构困境拓宽视域。

道格拉斯和威尔德韦在《风险与文化》一书中从文化建构主义的角度来解释风险社会的概念。他们认为，在当代社会，风险实际上并没有增加，也没有加剧，只是被察觉、被意识到的风险增多和加剧了。人们感觉风险多了，是因为他们认知程度提高了，也就是说，风险和风险社会的相关概念是被建构出来的。《风险与文化》一书将社会结构的变迁分别归结为三种风险文化所酿成的结果：倾向于把社会政治风险视为最大风险的等级制度主义文化，倾向于把经济风险视为最大风险的市场个人主义文化，倾向于把自然风险视为最大风险的社会群落之边缘文化值得指出的是，道格拉斯和威尔德韦虽然从文化角度提出了与贝克不同的解释，但他们最终认定，正是这三种文化类型导致了社会结构走向混乱不堪的无组织状态，显然他们只是从文化归因上分析现代社会的结构变异。但这种理解往往由于过于夸大主观建构的作用，而忽视或回避了现实社会的巨大变化，实际上不确定的和已经被察觉、被认知的风险，与道格拉斯和威尔德韦所承认的风险相比，显得更普遍。

斯科特·拉什就意识到了这一点，拉什认识到建构主义先假定在社会中有一个公众关注的热点和难点，把它称为社会的焦点，假定存在一个确定的、制度性、规范的治理范围，并且每一个单位的成员为了他们的实际利益需要有一个等级秩序，这样就混淆了事实与判断。拉什认为风险文化并不是像建构主义所说的那样假定每个成员都有明确的位置与秩序，而是假定有一个需要通过自然调节的非确定性的无序状态，风险文化依存于非制度性的和反制度性的社会状态，这种文化的传播不是依靠程序性的规则和规范，而是依靠其实质意义上的价值。

正是基于这些方面的考虑，拉什着重探讨了确定"风险"的方式和途径，以便更为有效地通过风险文化来透视风险社会。拉什的结论是："将要被探讨的风险文化与其说是以被认识的事物为基础，倒不如说是基于美学意义上的自省与反思。风险文化正是体现出对风险社会的自省与反思。"他认为，当今时代正是风险文化可能出现的时代，在反思现代性的土壤里风险文化将会成为取代"制度性社会的一种实际形式，风险文化将渗透蔓延到所有的不确定领域,而这些不确定领域以前从传统的规范和秩序来说是确定的,只是在传统社会向现代化社会转型后的高度现代化的社会中才成为会给人类生存带来风险的不确定领域"①。在《风险社会与风险文化》一文的结束部分,拉什宣称,"在风险社会之后,我们将要迎来的是风险文化的时代,伴随风险文化时代而来的也许是人类许许多多的惶恐和战栗,并且不再有小规模的恐惧和焦虑。"

虽然很多学者认为风险社会与风险文化之间没有根本的差异,但拉什认为风险社会总是与制度联系在一起,风险文化却总是处在反制度性的社会中,与不重要的形式相联系。由于这种差别的存在使得单纯从一个方面来解释风险社会都不能得到一个完整的概念。可见,如果用"风险文化"的思想来解读"风险社会"这一概念,那么对社会风险的评价标准将会发生一些变化,或者至少可以说,社会风险预警机制将会得到进一步的完善。更进一步地说,在风险社会时代对社会成员的治理方式不是依靠法规条例,而是依靠高度自觉的风险文化意识——风险社会的自省与反思。因此,现代性的结构变异所引发的结构性风险不仅需要从制度层次上来规避,而且需要建构合理的风险文化来自省。

吉登斯从"现代性与自我认同"的角度讨论了后传统社会的性质。他指出,现代性在其发展历史的大部分时间里,一方面它在消解传统,另一方面它又在重建传统。这意味着现代性要通过其自反性重建支离破碎的自我认同与意义缺失,通过文化的建构来合理把握后传统的不确定性的风险社会。吉登斯特别强调指出,自反性现代性在不断重建传统的历史发展中获取化解当代社会风险的文化资源。这一论断为我们思考风险文化建构的意义提供了重要的启示。

---

① 拉什:《风险社会与风险文化》,载《马克思主义与现实》,2002年第4期,第63页。

基于传统危机文化的现代危机管理体系之构建[1]

汤中彬[2]　张扬　吕兴江

中华民族有五千多年的文明史,在漫漫的历史长河中留下了丰富的思想瑰宝,其中不乏丰富的危机管理智慧,形成了独特的危机管理文化。传统危机管理智慧是我国古代先贤在长期的危机应对及对危机的思考中逐步积累起来的,它们不但对我国古代危机管理具有理论价值及实践指导意义,对当前的危机管理也极具参考价值。以史为鉴,可以知兴替。通过梳理我国古代危机文化,吸收、继承、发展、创新其中有益的部分,古为今用,有助于培养社会和民众的危机意识,完善现代危机管理体系,提高政府与社会的危机管理水平。

---

[1]　原刊于《广州大学学报(社会科学版)》2016年第8期。吉林省社会科学基金项目(2013B283)。

[2]　汤中彬,空军航空大学讲师,博士,吉林大学管理学院在站博士后,从事危机管理及领导力研究。

一、传统危机文化的起源及观点

（一）历史起源

《周易》是一部哲学书籍，是中华人民智慧与文化的结晶，被誉为"群经之首，大道之源"[1]。居安思危、自强不息、厚德载物等几千年来我们一直传承的中华文化精髓均出自它，它不仅蕴含着丰富的哲学、管理学思想，更是研究中国传统危机文化的起点。[2]《周易》中无论是卦象、卦名与辞爻，还是说卦、象传与系辞，都充满着危机管理的理念和思想。[3]

第一，《周易》成书于危机之中。《史记》载"文王拘而演《周易》"[4]，说明了《周易》的成书背景。相传周文王在被商纣王囚禁于羑里的7年里将伏羲氏的"先天八卦"演绎成六十四卦、三百八十四爻，每卦有卦辞，爻有爻辞，遂成《周易》。第二，《周易》最早、最鲜明地提出了危机管理的思想。[5]《周易·系辞下》指出："《易》之兴也，其于中古乎？作《易》者，其有忧患乎？"[6] 这是危机意识的最早表达。第三，《周易》的原功能就是用于危机管理。比如《周易·乾》："君子终日乾乾，夕惕若厉，无咎。"[7] 厉者危也，表明人不仅要自强不息、发奋有为，而且一天到晚都要心存警惕，

---

[1] 聂琳：《中国传统危机文化的脉络、特点及成因分析》，载《北京航空航天大学学报：社会科学版》2012年第5期。
[2] 聂琳：《中国传统危机文化的脉络、特点及成因分析》，载《北京航空航天大学学报：社会科学版》2012年第5期。
[3] 陈瑞宏：《〈周易〉中危机意识、危机理念及危机管理理论》，载《当代经理人》2006年第9期。
[4] 米继军：《先秦儒家中庸之道研究》，东北师范大学博士学位论文2004年版。
[5] 黄新根：《〈周易〉管理哲学研究》，山东大学博士学位论文2010年版。
[6] 来知德：《周易集注》，九州出版社2012年版。
[7] 来知德：《周易集注》，九州出版社2012年版。

好像有危险发生一样,才能免除灾祸,顺利发展。可见《周易》弥漫着古人从生产生活中提炼的关于吉凶祸福、利害得失的思想。①

(二)主要观点

在《周易》的基础上,我国古代先贤在对危机的思考与应对中不断发展和丰富着危机管理的思想和理念,尤其是春秋战国时期,诸子腾涌、百家争鸣,危机管理思想异彩纷呈。战争是一种典型的危机,历朝历代当政者和军队领导者无不希望处理好战争危机,于是以兵学、兵书为代表的著作纷纷问世。其中最为出名的是被誉为"世界古代第一兵书"的《孙子兵法》,它的战争哲学思维和忧患意识不仅可以应用于军事,更能运用于危机管理。纵观古代博大精深的传统危机文化,主要蕴含如下六种观点。

1. 得宠思辱,居安思危

勤劳智慧的先民,生活在生产落后、物资相对匮乏的年代,养成了"得宠思辱,居安思危"的习惯,即便生活在和平安宁的年代,也思辨危机发生的可能,警告人们提高警惕,具备随时准备应对危机的忧患意识。"危者,安其位者也;亡者,保其存者也;乱者,有其治者也。是故君子安而不忘危,存而不忘亡,治而不忘乱,是以身安而国家可保也。"②孟子的至理名言"生于忧患,死于安乐"和关于"水能载舟,亦能覆舟"③的忠告以及《孙子兵法》中"故明君慎之,良将警之,此安国全军之道也"④ 等至理名言都蕴含着居安思危的危机预防观。

2. 事先准备,未雨绸缪

未雨绸缪与有备无患、防患于未然是同义词。未雨绸缪的典故出自《诗

---

① 梁韦弦:《易学考论》,黑龙江人民出版社2005年版,第179页。
② 来知德:《周易集注》,九州出版社2012年版。
③ 国学整理社:《诸子集成》,中华书局2006年版。
④ 《孙子兵法》,臧宪柱译,北京联合出版公司2015年版。

经·豳风·鸱鸮》："迨天之未阴雨，彻彼桑土，绸缪牖户。"① 描述一只失去子女的鸟妈妈，趁着天还没有下雨，抓紧时间用桑树根的皮把鸟巢的空隙塞住，表达在危机来临之前做好准备，争取把引发危机的各种隐患消灭在萌芽状态的危机准备观。这种积极准备的危机观自商周就有，并一直受到人们的重视，相关论述举不胜举。《周易》强调通过卜筮"早辨"，及早察觉隐患，彰显着防患于未然、化险为夷、趋吉避凶的目的。"先谋后事者昌，先事后谋者亡""工欲善其事，必先利其器""凡事预则立，不预则废""长将有日思无日，莫等无时思有时""计能规于未兆，虑能防于未然""明者防祸于未萌，智者图患于将来""宜未雨绸缪，毋临渴而掘井"以及《孙子兵法》中"无恃其不来，恃吾有以待也""以虞待不虞者胜""庙算多算""知彼知己、知天知地"② 等先贤的观点都不约而同地强调"君子以思患而豫防之"的思想，事实上事先做好应对危机的准备，"防微杜渐""消千灾于无形"正是危机管理的最高境界。

3. 主动应对，临危不乱

直面危机的心态是危机处理的精神基础，中国古人在应对危机时有主动而坦然应对、临危不乱的传统，在应对危机时不逃避、不退缩。《周易·讼》中"君子以作事始谋"，清楚地表达了事情来临时要主动应对，而主动应对需要处理危机的勇气和智慧、临危不惧的心理素质和从容应对的能力。③ 孙中山先生在《治国方略》中写道："亟解纷者，益其纷；纵理御者，固其御；遏河之奔者，必恣其奔，息人之怒者，必饱其怒。"从中也可以悟出，危机处理时应该具有大将风度，处变不惊："静以幽，正以治"④，"泰山崩于前而色不变，麋鹿兴于左而目不瞬"，"临利害之际而不失故常"，只有这样才

---

① 刘薇薇：《中国传统文化中的危机观》，华南理工大学 2010 年版。
② 孙武：《孙子兵法》，臧宪柱译，北京联合出版公司 2015 年版。
③ 陈桂蓉：《传统危机意识的现代价值及其思考》，载《福建师范大学学报：哲学社会科学版》，2007 年第 6 期。
④ 孙武：《孙子兵法》，臧宪柱译，北京联合出版公司 2015 年版。

能"令民与上同意也，可与之死，可与之生，而弗诡也"①，才能上下同欲快速、有效地化解危机，甚至变不利为有利。"君子终日乾乾夕惕，若厉，无咎""良马逐，利艰贞，日闲舆卫，利有枚往"，也都清楚地表达了无论遇到什么灾难只要临危不乱、从容应对就能化险为夷，转危为安的观点。②

4. 福祸相倚，转危为机

我国传统危机观蕴含着危机具有危险、危害以及契机、机遇两面性的辩证思想。《周易》认为"天地不交谓之否，天地交则谓之泰"，"否"和"泰"是八卦中相对的两个卦名，分别代表不顺利和顺利，否极则泰来，是对危机两面性的辩证思考。③"祸兮福之所倚，福兮祸之所伏"④，"祸与福同门，利与害为邻"，"福祸相宜"，"有无相生"，"物极必反"以及《孙子兵法》中"是故智者之虑，必杂于利害。杂于利而务可信也，杂于害而患可解也""以迂为直，以患为利"⑤ 等辩证思想也有异曲同工之妙，告诫人们福中有祸，祸中有福，危险中往往蕴藏着机遇，要善于在危机发展过程中掌握时局，冷静思考危机中的机遇，在危机应对中把握机遇，则可能将谈之色变的危机转化为推动发展的契机。⑥

5. 死地后生，造危为机

传统危机文化中"主动应对，临危不乱"，强调危机爆发后沉着冷静，正确处理，从而化解危机，属于"兵来将挡，水来土掩"的被动型的方法；"福祸相倚，转危为机"对危机保持乐观的态度，强调辩证地看待危机，主动发现危机中潜藏的机遇，趋利避害，转危为机。《孙子兵法》中"投之亡

---

① 孙武：《孙子兵法》，臧宪柱译，北京联合出版公司2015年版。
② 杨恺钧：《〈周易〉管理思想研究》，复旦大学博士学位论文2004年版。
③ 聂琳：《中国传统危机文化的脉络、特点及成因分析》，载《北京航空航天大学学报：社会科学版》2012年第5版。
④ 国学整理社：《诸子集成》，中华书局2006年版。
⑤ 《孙子兵法》，臧宪柱译，北京联合出版公司2015年版。
⑥ 刘刚、雷云：《中国传统文化中的危机管理思想》，载《北京交通大学学报（社会科学版）》，2014年第1期。

地而后存，陷之死地而后生。夫众陷于害，然后能为胜败"① 是对"福祸相倚，转危为机"危机观的进一步延伸，强调主动创造危机，达到激发斗志，从危机中渔利的目的。这种危机观看似违背常理，实则属于创新型的方法，在理论层面为我国传统危机文化增添了浓墨重彩的一笔。② 汉代名将韩信的背水一战、楚霸王项羽的破釜沉舟等强调的就是这种危机管理思想。需要提醒的是"死地后生，造危为机"是兵家迫于形势不得已的策略，不到万不得已的情况，千万不可轻易采用。

6. 亡羊补牢，慎终如始

我国传统危机文化重视灾后及时亡羊补牢，慎终如始地做好灾后恢复工作。③《战国策·楚策四》中"见兔而顾犬，未为晚也；亡羊而补牢，未为迟也"是指当危机得到减缓和控制之后，必须将工作重心及时地从危机应对转入危机恢复，通过重建、评估总结和发展，恢复生产和生活状态。危机善后处理的合理与否，将影响后续发展。我国古人认为只有"危者使平，易者使倾，其道甚大。百物不废，惧以终始，其要无咎"④，注重从危机预警、发生至恢复整个过程，万事万物都不偏废，自始至终保持警惧忧患心态、谨慎周到，方能因"慎终如始""则无败事"⑤，使危机的不良影响快速消失。

---

① 《孙子兵法》，臧宪柱译，北京联合出版公司2015年版。
② 刘刚、雷云：《中国传统文化中的危机管理思想》，《北京交通大学学报（社会科学版）》，2014年第1期。
③ 刘薇薇：《中国传统文化中的危机观》，华南理工大学硕士学位论文2010年版。
④ 来知德：《周易集注》，九州出版社2012年版。
⑤ 国学整理社：《诸子集成》，中华书局2006年版。

二、传统危机文化对现代危机管理的启示

（一）对现代危机管理阶段划分的启示

不同的学者对危机管理的阶段有不同的看法，少则两个阶段，多则七个阶段，学界比较认同的是三段论和四段论。伯奇（Birch）和古斯（Guth）等将危机分为危机前、危机和危机后三段。[1] 美国联邦安全管理委员会将危机分为预防、准备、响应和恢复四段，即预防危机的发生；做好准备，防范可能存在的危机因子的影响；对实际发生的危机进行有效的响应；为危机后的恢复与重建提供计划和资源。[2]

我国古代传统危机文化有明显的四段论特征。"得宠思辱，居安思危"就是提高民众的危机意识，思辨地预防可能的危机。"事先准备，未雨绸缪"强调事先做好应对危机的准备，"防微杜渐""消千灾于无形"，发展应对危机的技能。"主动应对，临危不乱"、"福祸相倚，转危为机"及"死地后生，造危为机"从不同角度刻画对实际发生的危机的有效响应，体现了古人危机响应阶段思路的开阔性、手段的多样性。"亡羊补牢，慎终如始"则是灾后恢复与重建，以及研究、总结危机管理的经验，改进应对未来危机的能力。危机管理的周期由这四个阶段组成，并且是一个闭合的、循环往复的过程。我国古代传统危机文化中对危机管理阶段的划分，与美国联邦安全管理委员会不谋而合，也与世界著名危机管理大师罗森塔尔的观点一致，可见我国古人的聪明智慧，因此，我们要加紧分析和借鉴传统危机文化，尽快形成传统与现代相结合的危机观，进一步完善危机管理理论体系。

---

[1] 王宏伟：《公共危机管理》，中国人民大学出版社2012年版。
[2] 王宏伟：《公共危机管理》，中国人民大学出版社2012年版。

(二) 对现代危机管理实践的启示

1. 关口前移,提高民众危机意识

古人"得宠思辱,居安思危"的危机观启示我们"关口前移,提高民众危机意识"是危机管理的最高境界。它凸显以预防为主的理念,通过提前普及危机意识,可使民众和政府保持对危机的高度戒备状态,充分认识危机的非意愿性、不确定性、破坏性等,对危机有一个心理准备,危机来临时不至于惊慌失措、无所适从,而沉着冷静、从容应对。也可以使民众提前着手应对准备,对"消千灾于无形"起到积极的推动作用。地震频发的日本就是很好的例证,他们很重视这方面的工作,多发的大地震中,每每能井然有序、应对得体。

2. 积极准备,发展危机应对能力

中国传统危机文化中"事先准备,未雨绸缪"的观点,提醒现代人为了应对不期而至的危机"积极准备,发展危机应对能力"的重要性。尤其是2003年在我国以及世界肆虐的"非典"危机中,一些地方和部门缺乏应对突发事件的准备和能力,充分暴露了我国在危机准备工作方面存在的严重缺陷。"非典"之后,政府开始重视危机管理,也取得了一些成绩。但先人的智慧及残酷的现实,都警示我们要高度重视危机准备工作,积极建立全国危机准备体系和培育全新的危机准备文化,将危机准备提升为一个涵盖危机生命周期四个阶段中各项使命的基础性工作,努力发展应对危机的各种能力,有效减少危机的发生,降低危机发生后的种种损失。

3. 应对得体,拓宽危机响应思路

危机具有突发性,无论我们如何预防、准备,都不能完全阻止危机的发生或彻底解决危机带来的破坏。危机发生时,政府既要快速响应,及时处理,更要应对得体,拓宽响应思路。首先,危机管理者要临危不乱,结合危机现状,采取不同的危机响应策略,将危机的危害减少到最小程度并赢得生存和发展的机遇。既要有古人破釜沉舟、背水一战的勇气和智慧,"投之亡地而后存，陷之死地而后生"① 造危为机的素质和能力，更要有合理运用以消除或减轻威胁为目的的现代危机响应策略的能力。其次，要协调好中央和地方、政府和军队、政府组织和非政府组织，充分调动可使用的人财物等资源，形成应对危机的铜墙铁壁和强大合力。

4. 善后重建，丰富危机管理经验

恩格斯认为一个聪明的民族，是善于从灾难和错误中吸取经验的民族。②中华民族就是一个善于从灾难中学会如何应对灾难、善于化威胁为机遇的民族。在危机事态通过各种应对手段而得到基本控制之后，危机管理者开始将工作重心过渡到危机恢复。这一阶段既要有亡羊补牢式的重建，更要通过评估总结等手段丰富危机管理经验，不仅意味着复原，更包含着振兴的因素。把恢复重建作为增强社会防灾、减灾能力的契机，通过总结危机管理的经验得失，修订和改进旧的危机管理体系，提高社会应对未来危机的能力，整体提升全社会抵御风险的能力。

三、现代危机管理体系的传统借鉴与重构

我国传统危机管理文化既注重危机意识的培育、危机应对能力的培养，也注重危机响应思路的开拓创新和危机恢复时管理经验的总结提高。传统危机管理文化时刻提醒我们要想在危机的生命周期中有效地预防、处理和消弭危机，必须善于管理危机，而危机管理体系的构建则是关键所在。③

国内层出不穷、性质各异的危机和各类突发事件也告诫我们要重视危机管理体系的构建。2003年非典疫情之后，政府开始着手以"一案三制"为核

---

① 孙武：《孙子兵法》，臧宪柱，译．北京联合出版公司2015年版。
② 王宏伟：《公共危机管理》，中国人民大学出版社2012年版。
③ 孙多勇、鲁洋：《危机管理的理论发展与现实问题》，载《江西社会科学》，2011年第4期，第138—143页。

心的危机管理体系建设。2008年,我国危机管理体系已基本建立。[①] 但随着我国的危机朝着国际化程度高,组织性、暴力性、危害性强,高频率,领域多元等方向发展,危机管理的艰巨性、复杂性、挑战性越来越高。初步建立的危机管理体系已难以满足科学、和谐发展的需求,为此必须借鉴我国传统危机管理文化中精华的部分,并结合中国国情重构有中国特色的危机管理体系。这种管理体系一方面要符合受几千年传统危机文化熏陶的国人所形成的思维习惯和行事方式,另一方面需要结合现阶段我国危机的特点、危机管理及危机管理体系的现状。

(一) 教化为先——应急能力培育制度化、规范化

儒家思想重视通过"富民"和"教民"来"安民",使社会和谐、国泰民安。在危机管理过程中主张"必教而后刑",即教化为先。现代危机管理体系应在"一案三制"中设置体现"教化为先"的方针和预案,并为"教化为先"提供体制、机制及法制方面的机构、人力、资金、时间、法律、法规方面的保障,使对民众及危机救援队伍应急能力的教育和培训制度化、规范化。这不仅是对居安思危、预防为主危机观的贯彻,体现关口前移,把危机消灭在萌芽状态的治理策略,更是提高民众和危机救援队伍应急技能和能力的重要准备工作,对避免危机、减少危机损失大有裨益。

首先,专业化培训、宣传教育常态化。定期对危机管理人员进行应急演练,通过实践提升危机管理能力;定期对救援人员进行分层次、分类别的专业技能培训、考核;定期对民众进行风险防范、应急知识和技能的宣传教育。其次,专业化培训、宣传教育形式多样化。可以在政府的主导下,依托科研院所对各级、各类危机救援人员进行培训和演练;或者有针对性地建立实验基地或综合实验基地,既可以使培训更贴近实战,更出效益,也可以适度向民众开放,使民众对危机有更深层的认识;可以采用网络、电视、报刊

[①] 孙多勇、鲁洋:《危机管理的理论发展与现实问题》,载《江西社会科学》,2011年第4期,第138—143页。

等形式对民众进行宣传教育，对少年儿童应尽量采用灾难教育或演练的形式。再次，培训、宣传教育内容差异化。对不同人员培训、宣传教育的内容应考虑实用性，体现差异化。对危机管理人员主要培训预警、决策、总结等危机管理能力；对危机救援人员应根据其任务性质，突出专业能力，比如体现防火救灾、医疗救灾、维稳暴恐等各个类别的专业能力；对民众主要是宣传应急法规、预案，普及预防、避险、自救、减灾等知识，培养自救互救和应急避险能力。

（二）兵先定制——危机管理法制完善化、可操作

《尉缭子·制谈》中说"凡兵，必先定制。"[1] 若要用兵，首先必须制定各种军法条例和规章制度。可见，法制是规范危机管理行为，推动危机管理工作制度化、法制化、规范化的基础。[2]《司马法·定爵》中说"凡人之形；由众之求，试以名行，必善行之。若行不行，身以将之。若行而行，因使勿忘，三乃成章，人生之宜，谓之法。"[3] 这就是要求法规制度完善且可操作，某种意义上说法规制度是否完善、可操作是危机管理法制的核心。目前，我国危机管理法律体系尚不完善，且国家层面的《突发事件应对法》缺乏可操作性。[4] 因此，要构建和完善我国危机管理体系，迫切要求我们必须竭尽全力完善危机管理中各方面的法律法规，抓紧制定各项配套措施，做到内容全面、具体详细、易于操作和落实。其次，认真使各项法规和配套措施落实到位，避免法规制度流于文件、流于形式，真正使危机管理工作纳入到制度化、法制化、规范化的轨道上来。

---

[1] 徐勇：《尉缭子·吴子》，中州古籍出版社2010年版。
[2] 姜平：《中国特色应急管理体系的构建和完善》，载《理论探讨》，2011年第2期，第138—142页。
[3] 吴起、司马穰苴、孙膑等：《尉缭子、吴子、司马法、孙膑兵法》，北方文艺出版社2015年版。
[4] 薛澜、刘冰：《应急管理体系新挑战及其顶层设计》，载《国家行政学院学报》，2013年第1期，第10—14页。

《韩非子·有度》中说:"国无常强,无常弱。奉法者强,则国强;奉法者弱,则国弱。"① 薛澜认为目前负责应急工作的多是"最后进入领导班子的干部,将一些缺乏危机管理经验的领导干部推向前台,既不利于领导干部的培养,也不利于危机事件的处置应对。"② 这体现了执法者的重要性,其实,危机管理法规制度的完善、可操作,一定程度上有赖于危机管理队伍的整体素质。因此应加强危机管理队伍人员及其素质建设,注重选贤任能,注重实践经验,既有利于提高危机法制的针对性、规范性和有效性,也有利于法制在落实中得以完善、增强其操作性。

(三) 知彼知己——坚持信息透明,注重舆情监控

孙子言"知彼知己,胜乃不殆;知天知地,胜乃可全"③,强调信息的重要作用。老子则言:"古之善为道者,非以明民,将以愚之。民之难治,以其智多。故以智治国,国之贼;不以智治国,国之福。"④ 体现危机处置过程中封堵民众视听的"愚民"思想。危机发生后民众会产生焦虑、恐慌、绝望的情绪,在权威信息缺失的情况下,会产生流言蜚语,"愚民"的时间越长,矫治流言和谎言的成本会越高。因此,危机管理的全过程应及时、准确地发布危机信息,并从社会民众中获得信息反馈,形成政府与民众之间、政府各部门之间、各利益相关者之间良性的互动。其次,管理者也必须对舆情进行有效实时监控,分析舆情、研究舆情并引导舆情,使得舆情氛围有利于危机的处置。为此,危机管理体系构建中必须完善信息报送机制、信息发布机制、舆情监控与预测预警机制、舆情监控与社会动员机制等。⑤

---

① 国学整理社:《诸子集成》,中华书局 2006 年版。
② 薛澜、刘冰:《应急管理体系新挑战及其顶层设计》,载《国家行政学院学报》,2013 年第 1 期,第 10—14 页。
③ 孙武:《孙子兵法》,臧宪柱译. 北京联合出版公司 2015 年版。
④ 国学整理社:《诸子集成》,中华书局 2006 年版。
⑤ 王宏伟:《公共危机管理》,中国人民大学出版社 2012 年版。

(四)无为无不为——参与主体外移,管理重心下移

道家提倡道法自然,遵循事物发展变化的规律,强调无为无不为的危机管理思想。每当危机降临时,我国曾一度采取"举国体制"的"政府包揽"模式。这种模式具有响应及时、动员力度大、资源调配迅速等优势,可以快速形成强大的危机响应力量,直面危机,最大限度地降低危机的危害、阻止危机的蔓延。可是,这种体制忽视社会力量的参与,导致政府不得不把大量的时间精力投放在具体的响应工作中,造成资源的巨大浪费或不合理配置。同时,可能使民众形成对政府的高度依赖心理,弱化自身风险防范、自救、互救的意识和能力。

因此,应该将政府在危机管理中的职能重新定位,做到无为而无不为。首先,强调政府主导,而非政府包揽,鼓励非政府组织、企业、民众等的积极参与,强化社会力量的作用,使处理危机的参与主体进一步外移。为此,应重建危机管理体制,建立社会力量的广泛参与机制和评价激励机制。其次,决策、指挥权完全归属于中央的体制,会使地方政府消极、被动地等待上级的指使、命令,错失救援的最佳时机。可见,在中央与地方的定位上应该分级负责,使危机管理重心下移。为此,在危机管理体系设计中,要明确各部门与上下级之间的权责、科学分工,建立和完善以地方为主的危机管理权责机制。再次,重视地方政府在危机处置中的作用,确立"属地为主"的处置原则,除特殊情况或特别重大危机,中央和省级政府在危机处置中不必亲临事故现场,上级政府必须在地方政府请求后方可介入,只起辅导作用,并要尊重当地政府。

(五)治不易者乱——危机管理体系与时俱进、动态更新

《韩非子·心度》中说:"时移而治不易者乱,能治众而禁不变者削。故

圣人之治民也，法与时移而禁与能变。"① 它强调制度建设应与国情、民情等相适应，随着具体情况的变化而与时俱进、动态更新。危机管理体系也不能僵化不变，必须依据国情、政治体制、经济体制、人文和社会环境特征、危机特征等的变化而适时调整、改善。政府可以把危机管理体系公开化，接受民众的监督和批判，吸收民众的合理化建议；政府可以强制要求地方政府及危机管理部门定期修订，尤其要及时修订危机预案中的方案、组织结构、人力配置、自然情况及法规制度的变化情况；政府还可以将最新的研究成果、新的危机形式及其处置经验等及时、准确吸纳进危机管理体系中。除此之外，坚决摒弃古人"重道轻器"的错误思想，加大对应急物资、器具及技术的研究，大胆采用新的物资、器具和技术，必要的情况下，创新危机处理的技术和手段。

四、总结

面对国际化程度高，组织性、暴力性、危害性强，高频率，领域多元，处理的艰巨性、复杂性、挑战性越来越高等诸多特点的危机，必须构建完善的、可操作性强的危机管理体系。国内研究危机管理大多借鉴的是西方危机管理理论与方法，而对中国传统文化的研究严重不足。因此，研究我国传统危机文化，并结合西方危机管理理论，能够为构建符合我国国情的现代危机管理体系提供更有力的理论依据和经验借鉴。

第一，我国传统危机文化的历史起源是《周易》，经过几千年的发展，主要形成了居安思危、未雨绸缪、临危不乱、转危为机、造危为机、慎终如始六个方面的观点。这些观点明确了现代危机管理应划分为预防、准备、响应和恢复四个阶段，并且对每个阶段的管理实践都有现实指导意义。危机预

---

① 国学整理社：《诸子集成》，中华书局2006年版。

防阶段应重视培育民众危机意识，准备阶段应发展应对能力，响应阶段应拓宽响应思路，恢复阶段应丰富管理经验。

第二，传统危机文化启发我们现代危机管理体系建设应重视应急能力培育的制度化、规范化，危机管理法规制度的完善性、可操作性，危机管理生命周期中要坚持信息透明、注重舆情监控的原则，要重新定位各级政府的职能，使参与主体外移，提高社会组织、民众的参与积极性，使管理重心下移，强化地方政府的权责，确立属地为主的原则。

第三，需要特别强调的是传统危机文化有其精华的一面，也有其糟粕的一面，危机管理者在借鉴时一定要辩证思考，秉持"取其精华、去其糟粕""古为今用"的原则。另外，危机管理体系的建设是一个长期的、动态的过程，必须紧密结合国情、民情、危机特点规律的发展变化而及时调整。

城市社区应急文化体系构建研究[1]

张华文[2] 陈国华 颜伟文

引言

社区作为城市的细胞,是各类事故灾害承受的主体,在国家应急管理体系中发挥着重要作用,具有重要的应急职责和有效减轻灾难破坏性影响的功能[3]。国家高度重视基层的应急管理能力建设,把社区作为基层应急工作的重中之重。然而,社区应急管理往往过于强调应急技术与能力的培养,而忽略了应急文化的建设,普通民众缺乏必要的安全观念和危机意识[4],政府和

---

[1] 原刊于《灾害学》,2008年第4期。广东省科技厅软科学研究计划项目(2007B070900029)。
[2] 张华文(1983—),男,湖南汝城人,硕士生,从事工业安全与风险评价及安全管理信息系统研究。E-mail: zhw1004@163.com。
[3] 马英楠:《社区应急管理现状分析与对策研究》,载《安全》,2007年第6期,第65—67页。
[4] 杨小时、沈荣芳:《上海社区灾害和灾害管理中存在的问题》,载《灾害学》,2002年第4期,第72—75页。

其他社会主体也普遍缺乏对突发公共事件的预测、预警和防范意识，国民教育体系中缺失危机应急教育环节，整个社会没有形成一个成熟的应急文化体系[①]。事实上，应急管理不只是技术问题，它同时具备社会、文化和环境尺度。因此，应急管理战略不能只建立在技术数据之上，还必须有坚实的社会文化认识基础——应急文化。

一、国外应急文化发展经验

发达国家一直把塑造成熟的城市应急文化、提高市民和各种社会组织的应急意识和应急能力作为城市危机管理系统建设的一项基础工程。[②] 美国纽约等大城市通过政府各部门、社区志愿者、学区、红十字会、计算机网络等大量的渠道和机制，为市民和企业等提供危机应对知识和各种安全培训；通过建立政府与市民之间的互动合作关系，共同应对各种危机，使良好的安全意识和危机应对能力成为城市每一个成员具备的基本素质。1995年"阪神大地震"后，日本政府为打造防震抗灾的应急文化可谓不遗余力。东京以政府为主导，建立起首都相互应急救援的协作机制，并将重点放在"唤起民众"，提出"自救、共救、公救"的理念，建立健全市民自主防灾组织、企业自身防灾体系、政府和专业机构"四位一体"的合作机制，既充分体现了政府责任，又通过提供各种培训、学习和演练机会，培养了民众的灾害应急意识。在这种意识的作用下，日本民众养成了预见性的思维方式与考虑问题周全的良好习惯，这不仅使他们的日常生活变得有条不紊，而且还能有效地避免或减少因事故灾难所造成人身伤害甚至生命威胁。"有备无患，以防不测，以

[①] 石路：《论民族地区突发公共事件的预警与防范机制》，载《贵州民族研究》，2007年第1期，第45—49页。
[②] 赵成根：《发达国家大城市危机管理中的社会参与机制》，载《北京行政学院学报》，2006年第4期，第13—17页。

此来应对突发事件"已成为日本人的思维定式。①

相比而言，中国人更注重"眼见为实"，这是我国的一种民族文化心理特征。人们对已发生的灾难总是感受深切，而对未呈现的潜在危险却缺乏足够的敏感和认知，因而在面临灾难时难免处于消极被动的状态，一旦遇到突发事件，便产生恐慌心理，再加上缺乏自我保护知识和自救互救技能②，往往导致不必要的伤亡和损失。由此可以看出，立足危机，建立应急文化体系，对于提高培养国民的危机意识和应急能力具有重要意义。

二、应急文化的基本内涵及特点

文化是人类在社会历史发展过程中所创造的物质财富和精神财富的总和，这是一个非常庞大的、丰富的、动态的、发展的概念。③ 应急文化也不例外，它不仅仅包括意识形态层面（在社会占主导地位的对待应急准备的态度），也包括物质、技术、行为等具有文化形态的层面。

（一）应急文化的特点

1. 应急文化是一种责任文化

社会的各个成员都肩负着一份安全责任：在常态下，有避免事故灾害发生的责任；在事故发生后，有遏制事故、减少灾害损失的责任。一方面，普通民众有个人责任，他们要在危机面前学会如何保护自己和他人（比如，加拿大《联邦政府紧急事件法案》等法律规定，灾害发生后的自救互援是法律

---

① 高富：《危机意识与日本人的文化特性》，载《日本学论坛》，2003年第1期，第29—32页。
② 赵淑芹、周永、赵胜利：《我国城市社区防震减灾应急机制研究》，载《城市与减灾》，2004年第6期，第10—12页。
③ 陆柄情：《用好防灾科技学院教育平台创建和弘扬防震减灾文化——恭贺母校升本暨校庆30周年》，载《防灾技术高等专科学校学报》，2006年第2期，第3—6页。

赋予每个公民的职责）；另一方面，政府、企业和社会组织应该担负起更多的社会责任，为民众创造一个更为安全的社会环境。

2. 应急文化是一种预防文化

1997年7月，联合国秘书长安南在第二次世界减灾大会上提出："我们人类必须由反应文化转变为预防文化。"这种预防文化在应急管理理论体现为"居安思危"，即要在事故灾害危机处于孕育和萌芽时期，就能通过深入细致的观察和研究防微杜渐，提早做好物质、技术、能力等方面的防范准备，并在思想观念和行为习惯上培养预防型思维。因此，要通过各种形式对社区居民进行普及预防事故灾害的常识，加强应急教育和培训，树立预防文化观念，打造强化城市社区应急管理能力建设的社会心理学基础。

3. 应急文化是一种风险文化

社会风险理论研究认为，现代社会是一个高风险社会，自然的、社会的（传统的和非传统的）等不可预测或难以预测的因素，使我们的社会运行和社会管理处于一种脆弱的"高风险"状态，各种"天灾""人祸"不可抗拒地改变着人类社会的文明形态，并且对社会的破坏力也越来越具有不可预见性。因此，我们在对"天灾""人祸"的应急管理过程中需要建立一种基于风险的应急文化，提高人们对风险的认识。

4. 应急文化是一种协同文化

协同理论认为，从现代物理学的角度看，在各种不同类型的复杂系统中，许多要素的协同作用将超出各要素自身的单独作用，从而最终产生出整个系统的宏观模式，各种系统类型都必须发生从无序状态到有序状态的转变，即在内因和外因的共同作用下发生从无序状态到有序状态的转变。[1] 社区应急管理是一项涉及到政府不同部门、企事业单位、各种民间组织以及普通公众的社会系统活动，迫切需要建立多元应急主体的协同合作机制，通过

---

[1] 寇丽平：《基于协同性原理的突发公共事件应急体系》，载《公安教育》，2007年第3期，第29—31页。

建立为社区成员所认同的应急管理理念、制度和规范，使他们转变行为方式，在此基础上协调个体与整体的利益冲突，使得社区应急管理活动有序、统一，这也是应急文化的力量所在。

5. 应急文化是一种速度文化

事故灾害的突发特性犹如一面镜子，在给人们带来灾难的同时，也照出了现有应急管理体制的许多不足，其中针对事故灾害的快速反应机制的薄弱暴露得最为明显。应急文化建设的一个重要目标是要形成应急体系的快速高效运转机制，并将这种核心理念转化为社区公众的速度意识，使他们在危机情况下迅速反应，快速应对，以尽可能减少伤亡和损失。

（二）应急文化的层次结构

基于文化学和企业文化的一般理论和方法，我们将应急文化划分为 3 个层次（图 1）。

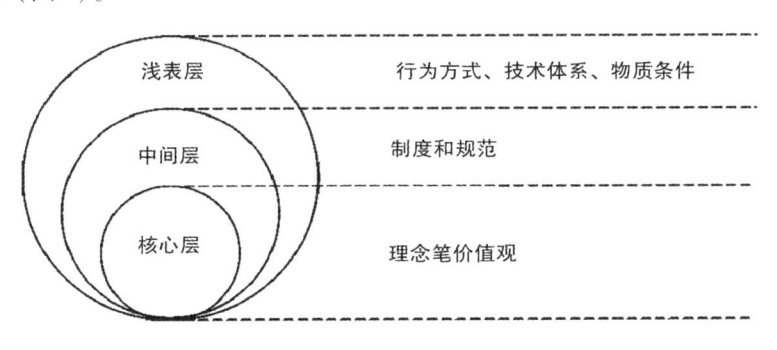

图 1　应急文化的层次结构

（浅表层：行为方式、技术体系、物质条件；中间层：制度和规范；核心层：理念笔价值观）

1. 核心层　应急文化的核心层的基本内容就是应急理念和价值观。核心层是整个应急文化有机体的神经系统，是应急文化的精神支柱和灵魂所在，是应急文化的隐性因素。它通过事故灾害与人和社会、事故灾难中人与人之间关系的调整与平衡，强化人们的人本意识和忧患意识，进而影响社区居民的行为方式，激发社区居民自觉培养预防型思维。

2. 中间层　应急文化的中间层是应急制度和规范，即应急管理中为维护应急管理秩序而人为制定的程序化、标准化的行为秩序和运行方式,它是核心层和表面层的中介,既是适应表面层文化形式的制度和规范,又是塑造核心层文化的主要机制和载体。

3. 浅表层 应急文化的浅表层并不涉及社会意识形态和管理体制等问题,它是应急文化的外显因素,主要是指应急管理过程中所必需的一系列物质条件和技术体系,以及在制度规范约束下群体应急的行为方式等。

三、社区应急文化体系塑造策略

社区应急文化体系建设包括物质、技术、行为、制度及精神5个层面(图2)。其中物质文化是基础,技术文化是途径,行为文化是表征,制度文化是支撑,精神文化是灵魂。这些文化的塑造对保障社区平安、促进和谐社会建设具有十分重要的现实意义。

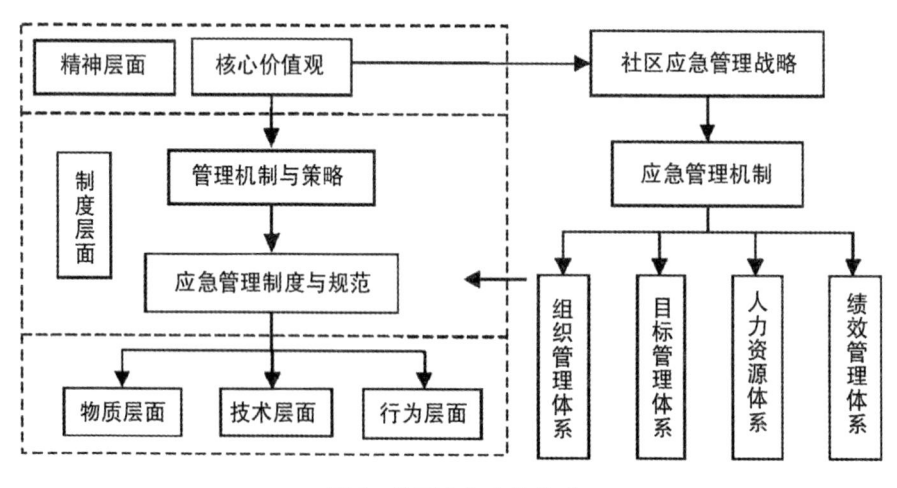

图2 社区应急文化体系

(一) 社区应急物质文化建设

应急物质文化是应急文化的物质形态,也是应急精神文化的物质基础,它是指社区中各种与事故灾难应急相关的实体所构成的总和。这些实体融入了人们应对和处置事故灾害的知识技能、价值取向及精神理念,已不单单是一个个物体或建筑物,而成为社区应急文化的重要组成部分。

社区应急物质文化建设,首先要保障应急条件下人、机、环境系统的相互协调性,从程序上要包括事故灾害的预防、救援(处置)和事后重建与恢复,从空间上要强调建构起安全、有序、协调、高效、人性化的空间设计及防护系统,不仅将自然开放的空间引入社区,还主动在社区其他功能设计中融入可防卫的空间;① 其次,要满足人的正常与应急行为模式的需要,加强多功能、全方位物质文化实体的建设,如将有一定规模的、已定为应急避难场所的公园、绿地、体育场所(学校操场)等建成具备两种功能的综合体,平时具有美化环境、环境保护、休闲、娱乐和健身等功能,在地震、火灾等突发公共事件发生时,配备的所需救灾设施和设备能够发挥避难场所的特殊作用;最后,将应急物质文化建设与城市社区建设与发展相结合、与社会经济效益相结合、与城市环境保护相结合,以保障在危机状态下对事故灾害的紧急处置及对人员和财产的防护作用为目标,能满足社区应急管理的需要。

(二) 社区应急技术文化建设

在社会科学理论中,关于技术发展问题的基本观点是,技术发展是在社会作用下进行的;从文化理论角度看,技术是以"技术文化"的角色存在于文化之中的。② 同样,作为应急管理中的技术也是如此,它是社区应急文化

---

① 金磊:《中国安全社区建设模式与综合减灾规划研究》,载《公共安全》,2007年第8期,第5—10页。
② 张明国:《"技术——文化"论:对技术文化关系的新阐释》,载《自然辩证法研究》,1999年第6期,第15—19页。

体系的构成要素之一,包括了应急知识、技能和其他各种技术形态的培养和塑造。

要建立社区应急技术文化体系,首先要转变观念,形成科学的安全和应急技能观。很多事故惨剧暴露出的问题表明,安全知识和应急技能的缺乏是造成伤亡的主要因素,尽管举办过无数次的应急演习,应急能力仍然没有得到有效提高,这也说明了进行应急技术文化建设的必要性。① 其次,要提高应急教育培训的深度和广度。充分利用和发挥电视、广播、报纸、板报、宣传读物等媒体的宣传作用和影响力,普及应急技能和安全知识,通过适当的教育、培训、演练和模拟等方式②,规范人的安全行为,学会自救、互救、应急逃生的技能,让应急知识和科技成为民众应该具备的基本素养。

(三) 社区应急行为文化建设

应急行为文化是人们在长期的应急管理实践活动过程中积淀下来的社会心理、思维和行为方式、习惯等具有外显性文化形态的总和,或者说是在精神价值观的支配下及在应急制度规范制约下的自觉活动。应急行为文化是整个应急文化体系的表征,应急精神文化和制度文化只有被贯彻到社区应急管理实践中,体现在居民的日常行为习惯中,形成良好的行为文化,精神文化和制度文化的激励、约束和规范功能才能得以实现。

从文化习性和生活方式来看,中国人更多地强调用典范及制度来影响和制约行为,而没有形成像西方人的那种在遵守安全规章制度表现出来的自觉性和自律性,强调保障安全是人的基本权利。③ 在应急文化层次结构中,影响行为文化的主要有两个:一个是制度约束下的行为文化,这是一种硬性的

---

① 金磊:《暴风雨考验中国城市管理》,载《城市开发》,2004年第11期,第38—41页。

② 陈霞、朱晓华:《试论灾害教育在防灾减灾中的作用》,载《灾害学》,2001年第3期,第92—96页。

③ 金磊:《暴风雨考验中国城市管理》,载《城市开发》,2004年第11期,第38—41页。

控制，此时社区成员并没有形成自觉的行为；一个是跨越制度文化，由精神文化直接影响下的行为文化。这种行为是居民的自觉行为，是他们已经认可的精神文化部分的体现。[1] 因此，社区应急行为文化建设的主要途径就是通过转变行为文化制约机制，加强居民行为文化的自觉性和自律性，将制度的制约、规范作用与精神价值观的影响力相结合，以激励、奖惩、教育、启迪、熏陶和感化等方式潜移默化地引导、规范和塑造居民的行为。

（四）社区应急制度文化建设

在社区应急管理过程中，需要发展应急制度文化来调整和处理各种相互关系，规范应急行为，此外，人们对应急的态度、意识、行为规范、技术能力和知识水平所形成和发展的自然环境和人文环境，也都需要制度文化发挥保障作用。因此，应急制度文化作为处理关系、规范行为和保障环境的一种机制，它不仅是社区应急文化的一种表现形式，而且体现着社区应急管理的内在精神。

要实现应急制度文化的这种调整、规范和保障功能，首先要依靠严明的组织机构、制度规范及赏罚分明的激励机制进行管理，形成一套严格完整的制度规范体系，使每个社区成员明确自己的安全责任，通过这样一种建立在"以物为本"基础之上的刚性制度文化的"熏陶"，使社区居民养成良好的安全行为习惯。

然而在应急管理工作中，也不能一味采用强制性的制度和手段来约束人们的行为，而非常需要积极采用行政指导、激励、说服教育等柔性管理的方式方法，以提高他们的积极性、创造性和自律性，突出社区居民的主体作用。所谓的"柔性管理"，即人性化管理，就是要在制度规范框架内，灵活处理问题与矛盾，因为要使人们自觉地遵守社区应急管理制度，提高应急意识，最根本的就是教育，不断提高人的主动性、积极性和责任心。柔性管理

---

[1] 刘国华、邓德香：《论企业文化建设中的物质文化》，载《兰州学刊》，2006年第12期，第186—189页。

的最大特点在于它不像刚性管理那样依靠外力的强制性规范约束,而是依靠权力平等的民主管理、激发内心深处的能力潜质、发挥个人的主动性和创造精神,实现对充满突发性的危机事件的应急管理。可见,柔性管理构成了应急管理的非技术支撑体系,其特点在于有很强的人际指向,有良好的人际环境和融洽的气氛,强调自觉性和自主管理。特别是在公共治理理念下,应急管理已经成为各级地方政府的重要职责和社会治理的基本环节,需要明确应急管理中政府与社会的关系,完善社会参与机制,形成政府为主导、社会为主体、个人参与的多元共治的危机治理模式,以具有动态适应性的公共危机柔性管理机制来实现对危机的回应和治理。①

(五) 社区应急精神文化建设

事故灾害及其应急管理的基本精神理念和价值观决定着应急反应的特点、行动逻辑以及应急管理体系的建构,而这一切又在特定的环境中决定着事故应急反应机制的效率、效果及影响,这是事故灾害应急反应模式的基本逻辑。② 简单而言,应急精神文化是指在应急管理过程中属于意识形态的价值体系或观念及精神氛围,包括人们对应急准备的态度、应急意识和安全观等,这是应急文化的核心和灵魂。

社区应急精神文化建设首先要提高社区居民的忧患意识和风险意识,培养正确的对待应急准备的态度,通过各种载体和多种形式将科学的应急价值观、应急管理理念、制度规范和行为准则,以教育、启迪、熏陶、感化和塑造等方式潜移默化地引导和规范居民的行为,逐步从"要我安全"提升到"我要安全""我会安全",进而形成良好而和谐的应急精神文化氛围。其次,要使居民正确地看待和认识事故灾害,尊重自然规律,倡导"安全第一,预

---

① 程宇:《特质与魅力:女性化组织在应急管理中的应用》,载《四川行政学院学报》,2007年第3期,第63—65页。

② 王强:《公共危机应急反应管理体系:反思与重建》,载《江海学刊》,2004年第2期,第90—93页。

防为主"的主导思想，了解有关社区事故灾害的知识及规律，掌握必要的避难和应急方法，提高心理承受能力，从而能在突发事故灾难中临危应变，争取最大的生存机会，减少不必要的伤亡及损失；在事故灾害发生后也能有生活（生存）的信心和勇气，积极抗灾救灾，增强主体意识，发扬团结互助的精神，共同战胜事故灾害。最后，对社区居民进行生命价值观和生命文化教育，要尊重人的生命价值（包括对自己生命价值的珍惜和对他人生命价值的尊重）和利益，在应急管理中体现人的生命存在、人的尊严及人的权利与责任；提高对"生命第一""珍视健康"等生命文化理念的认识，强化"应急避险权"所主张的"生命高于一切"的安全原则。①

总而言之，要促进社区应急文化与社区应急管理战略的有机结合，实现文化理念与管理行为的对接，使居民的应急行为既有价值理念的导向，又有制度化的规范，做到文化与管理一体、隐性与显性相融、刚性约束与柔性导向优势互补，从而促进应急文化体系的自我调节和完善，推动社区应急管理水平及能力的不断提升，并与社区其他文化体系相融合，为构建平安社区及和谐社会奠定坚实的基础。

四、结束语

社区居民既是承受事故灾害的主体，也是抗击事故灾害的主体。要推动社区应急体系建设向前发展，首先要全面提高社区居民的应急素质，因而不能忽视社区应急文化的重要作用，因为社区事故灾害应急管理能力的培育，特别是公众灾害意识的全面提升，并不能在短期内自然形成，而需要很长时

---

① 金磊：《暴风雨考验中国城市管理》，载《城市开发》，2004年第11期，第38—41页。

间的文化积淀。① 因此，加强应急文化建设，是进一步提高整个社会系统应急能力的核心问题。本文初步探讨了社区应急文化建设的 5 个层面，其具体建设方法还要社区根据自身情况制定建设方案。需要指出的是以上 5 个层次的建设并不是孤立的，而是一个相互联系、相互影响的有机整体。在实际操作中要将这 5 个层次结合起来使应急文化系统化，最终形成完善的社区应急文化体系。

---

① 胡杨：《危机管理的理论困境与范式转换——兼论我国政府应急管理制度创新的路径选择》，载《郑州大学学报：哲学社会科学版》，2007 年第 2 期，第 26—30 页。